Les interactions sociales en classe:
réflexions et perspectives

Exploration
Recherches en sciences de l'éducation

La pluralité des disciplines et des perspectives en sciences de l'éducation définit la vocation de la collection Exploration, celle de carrefour des multiples dimensions de la recherche et de l'action éducative. Sans exclure l'essai, Exploration privilégie les travaux investissant des terrains nouveaux ou développant des méthodologies et des problématiques prometteuses.

Collection de la Société Suisse pour la Recherche en Education, publiée sous la direction de Georges Felouzis, Rita Hofstetter, Nicole Rege Colet, Bernard Schneuwly et Bernard Wentzel.

Marcelo Giglio & Francesco Arcidiacono (éds)

Les interactions sociales en classe: réflexions et perspectives

PETER LANG

Bern · Berlin · Bruxelles · Frankfurt am Main · New York · Oxford · Wien

Information bibliographique publiée par «Die Deutsche Nationalbibliothek»
«Die Deutsche Nationalbibliothek» répertorie cette publication dans la «Deutsche Nationalbibliografie»; les données bibliographiques détaillées sont disponibles sur Internet sous ‹http://dnb.d-nb.de›.

Les éditeurs remercient le soutien de la HEP-BEJUNE dans l'édition de ce livre.

Réalisation couverture: Didier Studer, Peter Lang AG

ISBN 978-3-0343-2048-1 br.   ISBN 978-3-0343-2351-2 eBook
ISSN 0721-3700 br.   ISSN 2235-6312 eBook
ISBN 978-3-0343-2352-9 EPUB   ISBN 978-3-0343-2353-6 MOBI

Cette publication a fait l'objet d'une évaluation par les pairs.

© Peter Lang SA, Editions scientifiques internationales, Berne 2017
Wabernstrasse 40, CH-3007 Berne, Suisse
info@peterlang.com, www.peterlang.com

Tous droits réservés.
Cette publication est protégée dans sa totalité par copyright.
Toute utilisation en dehors des strictes limites de la loi sur le copyright est interdite et punissable sans le consentement explicite de la maison d'édition. Ceci s'applique en particulier pour les reproductions, traductions, microfilms, ainsi que le stockage et le traitement sous forme électronique.

Imprimé en Suisse

Sommaire

Introduction: pourquoi étudier les interactions sociales en classe?
Un débat ouvert autour d'expériences internationales de recherche   1
Francesco Arcidiacono et Marcelo Giglio

Première partie
Perspectives scientifiques d'étude sur les interactions sociales en classe

Apprentissage en classe: quand les émotions s'en mêlent   17
Nathalie Muller Mirza et Michèle Grossen

Travail collaboratif et processus d'enseignement
et d'apprentissage des mathématiques:
l'importance des mécanismes d'*inter-* et *intra-empowerment*   35
Margarida César

Outils culturels et dynamiques sociocognitives à l'œuvre
pour apprendre en science à l'école:
de l'intérêt de réitérer des situations interactives et outillées   55
Valérie Tartas

Dialogues et hétérogénéité des interactions en classe:
le cas d'une leçon de philosophie au secondaire II   77
Tania Zittoun et Michèle Grossen

Deuxième partie
Processus d'enseignement / apprentissage

Éduquer peut être dur! Quelques notes autour de la notion
de matérialité en éducation 97
Antonio Iannaccone

La production écrite des élèves de quatre ans:
un levier pour transformer les pratiques d'enseignement? 123
Christine Riat et Patricia Groothuis

L'enseignant-médiateur: quels nouveaux paradigmes
pour guider le processus enseigner-apprendre? 149
Britt-Mari Barth

Troisième partie
Perspectives pour les formations initiales et continues des enseignants

Le rôle des interactions entre pairs
sur l'alphabétisation précoce en milieu scolaire 169
Franca Rossi, Clotilde Pontecorvo et Francesco Arcidiacono

Apprendre ensemble: des pistes pour structurer
les interactions en classe 189
Céline Buchs

Créer un objet nouveau en classe.
Un dispositif d'innovation pédagogique et d'observation 209
Anne-Nelly Perret-Clermont et Marcelo Giglio

Conclusion: pistes de réflexion scientifiques,
pédagogiques et de formation pour enrichir l'enseignement 237
Marcelo Giglio et Francesco Arcidiacono

Notes biographiques des auteur(e)s 245

Introduction: pourquoi étudier les interactions sociales en classe? Un débat ouvert autour d'expériences internationales de recherche

Francesco Arcidiacono et Marcelo Giglio

Cet ouvrage découle du constat que les changements actuels des curricula scolaires de plusieurs pays qui soutiennent l'apprentissage de nouveaux savoirs exigent des activités pédagogiques innovantes. Pour conduire ces activités, les enseignants[1] et les formateurs d'enseignants ont besoin d'outils qui leur permettent de mieux comprendre les dynamiques sociocognitives émergeant de ces nouvelles activités et pouvoir agir sur elles (Giglio, Matthey & Melfi, 2014). Les institutions de formation d'enseignants ont le défi de préparer les acteurs de l'éducation à ces nouvelles perspectives au travers de mesures pédagogiques et politiques mises en place à différents moments dans la plupart des pays européens (Commission européenne, 2007). À titre d'exemples, nous pouvons citer la mise en place, dans le contexte suisse et plus particulièrement au sein de l'espace romand, d'une harmonisation des structures scolaires dans différents cantons (cf. HarmoS: accord intercantonal sur l'harmonisation de la scolarité obligatoire). Un Plan d'études romand (ci-après PER) a été adopté le 27 mai 2010 par la Conférence intercantonale de l'instruction publique de la Suisse romande et du Tessin et introduit progressivement à partir de la rentrée 2011-2012 pour tous les enseignants et disciplines des cantons concernés. Le PER prescrit les connaissances et les compétences à apprendre durant les trois cycles de

---

1 Dans ce manuscrit, la forme masculine désigne, lorsqu'il y a lieu, aussi bien les femmes que les hommes.

la scolarité obligatoire dans les différents domaines disciplinaires et de la formation générale, ainsi que des capacités transversales. Le PER constitue une référence permettant aux professionnels de l'enseignement de situer leur travail dans le cadre du projet global de formation de l'élève, de situer la place et le rôle des disciplines scolaires dans ce projet global, de visualiser les objectifs d'apprentissage, d'organiser leur enseignement et de disposer, pour chaque cycle, d'attentes fondamentales comme aide à la régulation des apprentissages. Mais plusieurs études (Cattonar *et al.*, 2007; Giglio, Melfi & Matthey, 2012; Lenoir, 2006; Lenoir, Larose & Lessard, 2005) montrent l'existence d'un écart entre l'adhésion des enseignants à un curriculum et leurs pratiques effectives. D'autres études montrent les différents décalages existant entre les représentations que se font les enseignants sur les activités à conduire et la réalité de l'activité quotidienne en classe (Berman, Hultgren, Lee, Rivkin & Roderick, 1991; Giglio *et al.*, 2014). Quelles sont ces «réalités» (parfois cachées) de la profession enseignante? Comment outiller les enseignants dans leur travail et leur permettre de mieux analyser et comprendre les dynamiques d'interactions sociales qui se produisent en classe? Comment former les enseignants dans un «agir» professionnel en maîtrisant différentes dynamiques sociocognitives lors des nouvelles activités à conduire en classe?

Dans une perspective internationale, le but de ce livre est de mieux comprendre, d'une part, comment les élèves peuvent apprendre à interagir avec l'autre, comment ils peuvent interagir avec l'autre pour apprendre et, d'autre part, comment les enseignants organisent les différentes formes d'interaction dans une dynamique discursive au sein de leurs classes. Dans ce sens, nous regroupons ici plusieurs contributions scientifiques de collègues et chercheurs de différents pays intéressés aux interactions sociales au sein de situations éducatives dans le cadre de l'enseignement obligatoire et de la formation supérieure.

Le projet de cet ouvrage a été lancé lors d'une journée d'étude que nous avons organisée en juin 2013 à la Haute école pédagogique BEJUNE de Bienne (Suisse) pour débattre avec plusieurs collègues autour des questions suivantes: comment les interactions sociales sont-elles vécues au sein de la classe dans différentes disciplines scolaires? Comment les enseignants interagissent-ils avec leurs élèves? Comment l'élève élabore-t-il ses propres savoirs au travers de la collaboration avec autrui? Quelles sont les retombées des recherches passées et actuelles pour l'enseignement et la formation d'enseignants? Cette journée d'étude nous a donné l'occasion d'ouvrir un espace de discussion sur nos différentes expériences de recherche et d'enseignement, et – plus globalement – de réflexion autour des interactions sociales à l'école. Par la suite, les invités à la journée d'étude ont accepté de travailler avec nous dans le but de contribuer à cette publication. Il s'agit ici d'un ouvrage qui se profile en même temps dans une perspective scientifique d'étude sur les interactions sociales en classe et dans une perspective d'enseignement-apprentissage à l'école. De plus, quelques contributions proposent des réflexions sur les formations initiale et continue des enseignants. Ces différents niveaux sont présentés au travers d'une pluralité de méthodologies, théories et perspectives autour des processus d'apprentissage, des dimensions psychosociales et culturelles de l'éducation et notamment des interactions sociales en classe.

Notre objectif est de permettre une nouvelle compréhension des dynamiques d'*enseignement-apprentissage* dans leur contexte de production et réalisation. Il s'agit de considérer les relations entre psychologie, sciences de l'éducation et modèles d'apprentissage au sein des sciences humaines en tant que processus interconnectés de développement individuel et social: en effet, l'approche proposée donne une place importante aux médiations sémiotiques (en particulier, le langage et le discours) et aux artefacts culturels (par ex. matières d'étude, outils, conditions et situations) qui sont impliqués dans les processus d'apprentissage et d'enseignement.

Dans le cadre du présent travail, le rôle de la participation de différents acteurs sociaux (*in primis*, enseignants et élèves) est considéré prioritairement dans une perspective socioculturelle. Comme la plupart des théories de l'apprentissage reconnaissent la centralité du rôle joué par la participation active de l'apprenant au sein d'une activité, l'importance des facteurs culturels nous porte à considérer l'organisation des milieux d'apprentissage en termes de communautés (Bruner, 1990; Lave & Wenger, 1991). Il s'agit de communautés d'apprentissage constituées d'activités incluant le discours, de communautés d'apprenants liés par des savoirs en jeu, par des outils utilisés pour les procédures d'apprentissage dans un réseau interpersonnel de communication, par leurs capacités de construire des relations avec les autres et leurs pratiques de travail en collaboration (Heath & Nicholls, 1997). Adultes et enfants, enseignants et étudiants ne se développent pas dans un vide social, mais ils agissent plutôt dans le cadre d'activités conjointes qui les confrontent avec différents discours, subjectivités, perspectives et opinions. Mais comment font-ils pour se développer? Dans quelles conditions et situations spécifiques? Comment arrivent-ils à se coordonner dans la variété d'activités quotidiennes à l'école?

Plusieurs aspects entrent en jeu dans cet ouvrage. Premièrement, comme déjà anticipé, un rôle fondamental est joué par la communication et le discours en classe. La pensée peut prendre forme à travers les conversations et les échanges. Les enfants peuvent apprendre progressivement certains modèles complexes de relations et d'usages de différentes ressources linguistiques pour «vivre» dans le contexte scolaire. Deuxièmement, le développement pourrait être considéré en termes d'appropriation d'un ensemble de pratiques culturelles dans lesquelles enseignants et élèves sont constamment engagés pour s'orienter et participer de manière plus ou moins active. Les exemples illustrés dans ce livre font appel aux nombreuses ressources à disposition des participants, ressources inscrites dans le contexte social et culturel dans lequel les interactions en classe évoluent. C'est pour ces raisons que les interactions sociales, médiatisées aussi par le langage, sont au cœur de ce travail et constituent une base commune pour ces études et réflexions proposées par les différents auteurs.

Pourquoi ces travaux sur les interactions en classe?

Les différents regards de la psychologie sociale sur l'école ont largement contribué à rendre plus solide une nouvelle image de l'apprentissage en classe. Mais pour exploiter et innover les multiples interactions en classe et pour mieux comprendre les conditions favorables aux processus d'enseignement-apprentissage, ces interactions sociales méritent d'être constamment réexaminées. Quant aux manières d'apprendre, nous ne pouvons plus sous-estimer en «quoi» et «comment» les contextes (sociaux ou de la classe) régulent le traitement des informations des élèves, de l'enseignant et les conduites susceptibles de découler de ce traitement.

Un autre aspect qui caractérise cet ouvrage est lié au constat que les interactions sociales en classe ne sont pas neutres à l'égard des compétences proposées par les plans d'études scolaires et dans le cadre du développement personnel des enfants. L'élève peut toujours apprendre au milieu des autres, avec les autres, grâce aux autres, dans un espace et un contexte situé, qui peut évoquer d'autres espaces et contextes dans lesquels les individus sont constamment sollicités pour aider, conseiller, collaborer, coopérer, négocier, s'opposer. Mais comment «orchestrer» les conditions nécessaires pour créer des interactions sociales favorables aux apprentissages? Car les actions des uns (enseignants, enfants, parents, institutions) ne sont jamais sans effet sur les actions des autres.

Ce serait trop s'éloigner des propos de ce livre que de s'interroger sur les interactions sociales soit dans le champ d'une didactique, soit dans celui de la linguistique ou de la psychologie sociale, voire dans la frontière entre deux ou plusieurs champs de recherche. Notre but n'est pas celui de donner un cadre exhaustif des études dans ces champs d'application. Tout au contraire, nous avons volontairement choisi de sélectionner des contributions scientifiques qui sollicitent la notion d'interactions sociales au sens large et permettent de comprendre les relations entre l'enseignant et l'apprenant sous des angles différents. Depuis notre perspective, ce choix nous permet d'avoir un regard à la fois micro-analytique et à la fois plus global autour des questions que nous avons mentionnées au début de cette introduction et qui ne se limitent pas à un seul champ de recherche spécifique.

De la définition d'interactions sociales dans le cadre des sciences humaines

Définir une interaction sociale peut être difficile. Plusieurs approches, théories, paradigmes se sont focalisés sur cette notion avec des buts et des présupposés épistémologiques différents, voire parfois contrastés. Dans cette introduction, nous proposons quelques repères pour guider le lecteur dans la sélection d'un certain nombre d'approches autour des interactions sociales, sans avoir la prétention d'être exhaustifs.

Du point de vue macro-analytique, proche de la sociologie, la notion d'interaction au sens large (et d'interactions sociales plus particulièrement) réunit des traditions de recherche telles que l'interactionnisme symbolique de Mead (1934) et de Goffman (1974) et l'ethnométhodologie de Garfinkel (1967). L'interaction sociale est considérée comme le lieu où l'ordre social est ratifié, transformé et approprié au sein d'une culture, d'un groupe et d'un contexte spécifique. Dans une perspective cognitiviste, les interactions entre les individus peuvent concerner une relation entre les sujets en tant que relation d'interdépendance (Perret-Clermont, 1996) entre un sujet connaissant (l'élève, par exemple) et un autre sujet connaissant, voire d'autres sujets connaissants (d'autres élèves, l'enseignant, etc.) face à l'objet qu'il se propose d'apprendre et connaître. La relation individuel-collectif est donc au centre de ce type d'approche. Dans le cadre des travaux phénoménologiques en éducation, fortement inspirés par Schön (1983), l'activité des enseignants en classe est située dans l'«ici et maintenant» qui se crée dans l'expérience vécue et par l'expérience vécue. Il s'agit donc d'un ensemble de situations d'interactions à interpréter via une réflexion-en-action. Dans ce cadre, les expériences vécues conduiraient à la production d'images personnelles circonstancielles fonctionnant comme des organisateurs cognitifs de l'activité (Casalfiore, 2000). D'autres approches, telles que le courant interactionniste, ont mis l'accent sur le caractère socialement construit de la cognition humaine où l'enseignement comprendrait des activités organisées par l'interaction sociale et les connaissances. Ces travaux ont souligné le fait que l'enseignement est une interaction fondée sur le langage, qui s'inscrit dans un contexte particulier qui lui donne du sens. En cela, l'interaction sociale ne peut pas être dissociée de son contexte (Bressoux, 2002).

Nous tenons d'abord à souligner que dans une interaction sociale les participants (dans ce livre, les enseignants et les élèves ou les étudiants) devraient rendre mutuellement reconnaissables leur compréhension et leur interprétation de l'activité dans laquelle ils sont conjointement engagés. C'est l'organisation même de l'interaction par les participants et sa construction pas à pas qui permettent la mise en place d'une compréhension partagée, d'une réciprocité de perspectives, l'accomplissement de l'intersubjectivité ou encore le déploiement d'une cognition socialement partagée. Dans une interaction donc, chaque acte, geste, parole, expression exhiberait une interprétation des actions précédentes, du contexte, de la nature de l'interaction (et de son but), des positionnements respectifs des participants (en termes de rôles, identités, états émotionnels). Dans ce sens, le terme «interaction» fait référence à la fois à un processus et à un produit et l'interaction sociale serait donc un processus d'ajustement réciproque et simultané entre des individus au moyen de mécanismes de régulation et de synchronisation (Arcidiacono, 2013; Baucal, Arcidiacono & Buđevac, 2011; Fasel Lauzon, 2009; Kerbrat-Orecchioni, 2005; Linell, 1998; Pontecorvo & Arcidiacono, 2014).

Cette vision de l'interaction sociale s'inscrit dans le cadre d'une approche socioculturelle. Le discours scolaire n'est pas vu comme un outil qui conduit simplement à une action «matérielle» déterminée. Ce sont plutôt l'action qui se fait par le discours et son propre résultat (le discours en soi) qui favoriseraient la construction sociale de la connaissance et qui font l'objet de négociations pendant le processus interactionnel. Dans cette perspective, une approche qualitative s'impose dans le but de comprendre «*how development-and-education in their social, cognitive, and linguistic features take place within a culture*» (Pontecorvo & Arcidiacono, 2010, pp. 19-20). En effet, considérer la négociation de significations et de sens en tant que pratiques qui structurent et transforment la réalité des participants a une conséquence en termes d'analyse: les actions des enseignants et des élèves ne sont pas simplement des contributions juxtaposées, mais il s'agit plutôt de conduites «*rhetorically shaped*», c'est-à-dire d'actions dans lesquelles les participants utilisent différentes stratégies et capacités dans la définition du cadre de participation en classe (Orsolini & Pontecorvo, 1992). Les élèves ne se bornent pas seulement à recevoir et reproduire des données, mais ils agissent comme des médiateurs dans la sélection, l'évaluation et l'interprétation de l'information, en donnant du sens à leurs expériences. L'analyse détaillée des situations d'interactions en classe nous semble donc la modalité privilégiée pour mettre en évidence le rôle des pratiques d'action et de conversation au cours des activités en classe. Cela demande une attention spécifique pour les activités mises en place dans le contexte scolaire et pour les interactions qui en dérivent dans la manière de s'approprier, partager, construire ces pratiques avec l'autre. Par le terme «pratiques» nous nous référons ici à «l'ensemble des processus de transformation d'une réalité en une autre réalité» (Barbier, 2000, p. 20), c'est-à-dire un processus qui intègre des dimensions fonctionnelles mais également intellectuelles et affectives. Les pratiques sont donc le fruit d'une interaction entre plusieurs dimensions relevant des situations, des participants et des processus en œuvre.

Dans ces perspectives, l'étude des aspects cognitifs et réflexifs des activités collectives qui mobilisent aussi le langage comme moyen de faire, de dire et de penser ensemble dans un contexte scolaire seront au cœur des contributions de cet ouvrage.

ORGANISATION DE L'OUVRAGE: PERSPECTIVES ET CONTRIBUTIONS

Les chapitres[2] du présent livre s'inscrivent dans différents niveaux d'analyse et de réflexion sur les interactions sociales liés aux perspectives scientifiques ou pédagogiques en ce qui concerne les processus d'enseignement-apprentissage d'une classe ou dans le cadre d'une formation initiale et continue des enseignants. Des espaces multiples d'interactions sociales (en termes de situations, scénarios, scènes, pratiques, gestes et rôles dans leur dimension communicationnelle et discursive) seront présentés et discutés, avec une attention particulière pour les outils et les instruments, pour les relations avec l'autre, pour les objets symboliques, culturels et matériels (transformables et transformés), ainsi que pour les dynamiques de transformation et créativité.

***

Dans la première partie de ce livre, nous avons groupé quatre contributions qui offrent une vision globale de l'état de la recherche sur les interactions sociales et sur les aspects liés aux processus d'enseignement/apprentissage en classe. L'étude proposée par Nathalie Muller Mirza et Michèle Grossen se focalise sur l'apprentissage en classe et sur la nature des émotions des élèves, souvent peu prises en compte dans les études scientifiques. Les auteurs partent du constat qu'une des spécificités de l'école est le fait qu'elle requiert de l'élève un travail d'émancipation de l'expérience ordinaire immédiate pour construire une relation de second ordre à l'expérience du monde, aux outils qui permettent d'agir sur cette expérience, au langage et à soi. Muller Mirza et Grossen nous proposent de découvrir comment se réalise cette relation de second ordre à l'objet enseigné, avec quels effets et dans quelles dynamiques interactives en classe.

Le chapitre de Margarida César porte sur l'importance des mécanismes de *inter-* et *intra-empowerment* au sein de situations de travail collaboratif et de processus d'enseignement/apprentissage des mathé-

---

2 Mis à part la structure et certains aspects formels uniformisés par les éditeurs de l'ouvrage, la responsabilité de chaque chapitre, de son contenu et sa propriété scientifique et littéraire reste aux auteurs des contributions.

matiques. L'étude proposée est contextualisée par rapport à la réalité du Portugal, pays dans lequel les documents de politique éducative soulignent l'importance des interactions sociales dans l'apprentissage des mathématiques. César nous présente un projet innovant, mis en place pour faire face aux échecs liés aux mathématiques et aux représentations sociales négatives de cette discipline.

Le troisième chapitre se focalise sur les outils culturels et sur les dynamiques sociocognitives mis à l'œuvre dans l'apprentissage des sciences à l'école. L'auteure, Valérie Tartas, nous montre à quel point il est important de pouvoir réitérer des situations interactives et outillées pour favoriser l'apprentissage en classe. L'auteure présente un nouveau dispositif de type «micro-histoire didactique» pour permettre aux élèves de construire une meilleure compréhension du phénomène des saisons et du cycle jour-nuit dans le cadre de l'apprentissage des sciences à l'école primaire. L'analyse de différentes interactions «enfant-enfant-adulte-outil-objet à apprendre» permet de comprendre comment les élèves peuvent transformer le savoir en outil médiatisant pour résoudre des problèmes scientifiques.

La première partie de l'ouvrage est complétée par la contribution de Tania Zittoun et Michèle Grossen sur l'hétérogénéité des interactions en classe au sein des cours de philosophie et littérature au secondaire II. Dans une perspective dialogique, les auteures proposent de considérer les échanges en classe comme entrant en résonance avec l'expérience des protagonistes hors de la situation. L'étude montre comment des interactions en classe de littérature et de philosophie se lient aux expériences et aux représentations des élèves et des enseignants.

***

La deuxième partie de l'ouvrage concerne les processus d'enseignement/apprentissage à l'école du point de vue pédagogique, voire didactique. Le chapitre de Antonio Iannaccone ouvre cette section en proposant quelques notes autour de la notion de matérialité en éducation. Au sein du débat sur les interactions sociales en classe, Iannaccone met en évidence deux aspects peu clarifiés dans les études actuellement disponibles: les processus sociocognitifs sollicités par des activités d'ingénierie élémentaire «socialisée» chez les enfants; et la fonction des objets (et de leurs intégrations à la cognition) dans ces espaces socioculturels de réalisation d'activités scientifiques. L'étude proposée ouvre des pistes de réflexion utiles pour clarifier les enjeux de certains types d'interactions sociocognitives en contexte éducatif et contribue à repenser la fonction des objets dans les processus d'enseignement/apprentissage.

Le chapitre suivant, proposé par Christine Riat et Patricia Groothuis autour de la production écrite d'élèves de 4 ans en tant que levier pour transformer les pratiques d'enseignement, permet la transition à un aspect-clé de l'activité didactique à l'école primaire. En effet, dans le cadre de l'introduction d'un nouveau moyen d'enseignement dans le domaine de la lecture-écriture en Suisse romande, les auteurs proposent l'idée d'une transformation de pratiques des enseignants. Dans leur contribution, la mise en visibilité de ce changement est considérée comme la voie pour qualifier des mécanismes de résistance, d'ajustement et de redéfinition des tâches nécessaires aux changements en cours.

La deuxième section de l'ouvrage est complétée par la contribution de Britt-Mari Barth autour du rôle de l'enseignant-médiateur. L'auteure propose un parcours de réflexion à partir du constat que, par la médiation de l'adulte, l'enfant acquiert un cadre pour interpréter son expérience et apprendre un langage commun qui lui sert à négocier le sens de ses activités. À travers la présentation des résultats de sa recherche, Barth montre comment apprendre devient apprendre à se servir ensemble d'outils intellectuels, notamment de modes de pensée, de procédures et de concepts-clés de chaque discipline.

***

La section finale de l'ouvrage ouvre une réflexion sur les perspectives actuelles pour les formations initiales et continues des enseignants. Le chapitre proposé par Franca Rossi, Clotilde Pontecorvo et Francesco Arcidiacono se focalise sur le rôle des interactions entre pairs sur l'alphabétisation précoce. Les auteurs présentent une réflexion sur les différentes phases de l'acquisition de l'écriture chez des groupes d'enfants de 4-6 ans dans une perspective socioconstructiviste. Les résultats de l'étude sont discutés en termes d'effets sur le développement des enfants et sur le rôle des interactions sociales dans le processus d'enseignement/apprentissage d'un système d'écriture.

Le rôle de la dimension collective dans l'apprentissage est aussi mis en évidence dans le chapitre de Céline Buchs. L'auteure présente et discute un dispositif d'enseignement/apprentissage pour de nombreux contextes (de l'école primaire à l'université), tout en s'appuyant sur des recherches empiriques expérimentales et corrélationnelles. Buchs nous offre une lecture de l'apprentissage coopératif en termes de travail de groupe structuré par l'enseignant de manière à assurer à la fois un bon fonctionnement social et un travail cognitif efficace grâce aux interactions entre participants.

Dans le dernier chapitre, Anne-Nelly Perret-Clermont et Marcelo Giglio présentent les résultats d'une recherche adoptant un dispositif pédagogique et d'observation innovant pour réfléchir aux processus de création d'un objet nouveau en classe. Dans leur contribution, les auteurs soulignent comment le regard scientifique sur le développement des compétences et sur l'apprentissage a changé. Ce chapitre sur la collaboration créative et réflexive entre élèves et enseignants constate que la diversification des rôles dans lesquels on place l'élève en tant que producteur de nouvelles idées ou de nouveaux objets pluridisciplinaires entraîne immanquablement certaines actions de l'enseignant qui peuvent être déterminantes pour l'apprentissage des élèves.

***

Nous sommes convaincus que l'ensemble des chapitres que nous livrons aux lecteurs peut pour le moins contribuer à l'étude des interactions sociales dans la classe dans ses multiples et riches dimensions toujours liées aux contextes d'application et aux outils disponibles. De plus, les différentes contributions de cet ouvrage impliquent plusieurs retombées sur les formes scolaires et sur les pratiques d'enseignement et, *ipso facto*, sur les contenus à aborder dans les formations initiales et continue d'enseignants. En quelque sorte, nous estimons que ce livre atteint son objectif de ne pas proposer qu'une suite de plusieurs contributions, mais plutôt de traiter, sous différents angles de recherche et de la pratique, de multiples manières dont les élèves et les enseignants peuvent apprendre à interagir avec l'autre, apprendre des savoirs en interagissant et des pratiques d'enseignement nécessaires pour «orchestrer» les différentes formes d'interactions sociales au sein de la classe. Bonne lecture!

Références bibliographiques

Arcidiacono, F. (2013). Intersubjectivité et agency dans la conversation quotidienne: pratiques de socialisation en contexte. In C. Moro, N. Muller Mirza & P. Roman (Eds.), *L'intersubjectivité en questions. Agrégat ou nouveau concept fédérateur pour la psychologie?* (pp. 292-312). Lausanne: Antipodes.

Barbier, J.-M. (2000). *Analyse de la singularité de l'action*. Paris: Presses universitaire de France.

Baucal, A., Arcidiacono, F. & Buđevac, N. (Eds.) (2011). *Studying interaction in different contexts: A qualitative view*. Belgrade: Institute of Psychology.

Berman, L.M., Hultgren, F.H., Lee, D., Rivkin, M.S. & Roderick, J.A. (1991). *Toward curriculum for being*. Albany: State University of New York Press.

Bressoux, P. (2002). *Les stratégies d'enseignement en situation d'interaction*. Grenoble: Programme École et sciences cognitives.

Bruner, J.S. (1990). *Acts of meanings*. Cambridge: Harvard University Press.

Casalfiore, S. (2000). L'activité des enseignants en classe. Contribution à la compréhension de la réalité professionnelle des enseignants. *Les Cahiers de recherche du GIRSEF, 6*.

Cattonar, B., Lessard, C., Blais, J.G., Larose, F., Riopel, M.C., Tardif, M. *et al.* (2007). *School principals in Canada: Context, profil and work. Pancanadian surveys of principals and teachers in elementay and secondary schools (2005-2006)*. Montréal: Chaire de recherche du Canada sur le personnel et les métiers de l'éducation.

Commission européenne (2007). *Improving the quality of teacher education. Communication from the commission to the council and the European Parliament*. Bruxelles: Commission européenne.

Fasel Lauzon, V. (2009). *L'explication dans les interactions en classe de langue: organisation des séquences, mobilisation de ressources, opportunités d'apprentissage*. Thèse de doctorat, Université de Neuchâtel.

Garfinkel, H. (1967). *Studies in Ethnomethodology*. Englewood Cliffs: Prentice-Hall.

Giglio, M., Matthey, M.-P. & Melfi, G. (2014). *Réactions des formateurs d'enseignants à un nouveau curriculum scolaire*. Bienne: Éditions HEP-BEJUNE.

Giglio, M., Melfi, G. & Matthey, M.-P. (2012). Adhésion aux réformes éducatives en cours et répercussions prévues dans l'activité de formation des enseignants. *Actes de la recherche de la HEP-BEJUNE, 9*, 97-116.

Goffman, E. (1974). *Les rites d'interaction*. Paris: Minuit.

Heath, C. & Nicholls, G. (1997). Animated texts: Selective renditions of new stories. In L. Resnick, R. Säljö, C. Pontecorvo & B. Burge (Eds.), *Discourse, tools and reasoning: Essays on situated cognition* (pp. 63-86). Berlin: Springer.

Kerbrat-Orecchioni, C. (2005). *Le discours en interaction*. Paris: A. Colin.

Lave, J. & Wenger, E. (1991). *Situated learning. Legitimate peripheral participation*. Cambridge: Cambridge University Press.

Lenoir, Y. (2006). Du curriculum formel au curriculum enseigné: comment des enseignants québécois du primaire comprennent et mettent en œuvre le nouveau curriculum de l'enseignement primaire. *Curriculum, enseignement et pilotage, 1*, 119-141.

Lenoir, Y., Larose, F. & Lessard, C. (2005). *Le curriculum de l'enseignement primaire: regards critiques sur ses fondements et ses lignes directrices*. Sherbrooke: Éditions du CRP.

Linell, P. (1998). *Approaching dialogue. Talk, interaction and contexts in dialogical perspectives*. Amsterdam: Benjamins.

Mead, G.H. (1934). *Mind, self and society from the standpoint of a social behaviorist*. Chicago: University of Chicago Press.

Orsolini, M. & Pontecorvo, C. (1992). Children's talk in classroom discussion. *Cognition and Instruction, 9*, 113-136.

Perret-Clermont, A.-N. (1996). *La construction de l'intelligence dans l'interaction sociale*. Berne: Peter Lang.

Pontecorvo, C. & Arcidiacono, F. (2010). Development of reasoning through arguing in young children. Культурно-Историческая Психология/*Cultural-Historical Psychology, 4*, 19-29.

Pontecorvo, C. & Arcidiacono, F. (2014). Social interactions in families and schools as contexts for the development of spaces of thinking. In T. Zittoun & A. Iannaccone (Eds.), *Activity of thinking in social spaces* (pp. 83-97). New York: Nova Science Publishers.

Schön, D.A. (1983). *The reflexive practitioner. How the professional think in action*. New York: Basic Books.

Première partie

PERSPECTIVES SCIENTIFIQUES D'ÉTUDE SUR LES INTERACTIONS SOCIALES EN CLASSE

Apprentissage en classe: quand les émotions s'en mêlent

Nathalie Muller Mirza et Michèle Grossen

Expériences personnelles et verbalisation des émotions à l'école: le cas de l'éducation à la diversité

Apprendre, selon l'approche qui sera développée dans ce chapitre, est un processus qui n'est pas strictement cognitif: c'est une activité qui implique la personne dans ses différentes facettes, sociales, relationnelles, identitaires et émotionnelles (Grossen, 2009; Muller Mirza, 2012a). À l'école cependant, ces dimensions, auxquelles le nouveau Plan d'étude romand (PER) accorde pourtant une place importante, soulèvent parfois la perplexité des enseignants: si ceux-ci ne doutent en général pas que la vie personnelle des élèves ne puisse être coupée des apprentissages et de l'expérience scolaires, ils s'interrogent sur la manière concrète de les travailler en classe.

La question de la place de la verbalisation des émotions et des expériences que les élèves ont vécues en dehors de la sphère scolaire se pose en particulier à propos de certains contenus d'enseignements, notamment ceux qui relèvent des «éducations à» (Audigier, Fink, Freudiger & Haeberli, 2011). Parmi celles-ci, l'éducation à la diversité culturelle (nommée parfois «éducation interculturelle») se trouve de fait doublement liée à la dimension émotionnelle: par ses objets d'enseignement et par sa focalisation sur le rapport entre soi et autrui. Expliquons-nous.

Les objets de l'éducation interculturelle[1] sont hétérogènes, intégrant à la fois des contenus liés à des disciplines telles que la géographie ou

---

1 Il s'avère difficile d'identifier les objets d'enseignement de cette éducation puisque ses contours sont relativement flous et ses finalités diverses (voir Meunier, 2007; Nicollin & Muller Mirza, 2013).

l'histoire, mais aussi des contenus discutés ou vécus dans les sphères familiales et les médias, lorsqu'il est question, par exemple, de thèmes comme la migration ou la relation à l'altérité. Ces objets convoquent donc en classe certaines expériences qui constituent des facettes identitaires des élèves (linguistiques, culturelles, de genre, etc.), et peuvent avoir des résonances émotionnelles importantes. De plus, dans certains documents pédagogiques, les enseignants sont encouragés à établir des liens explicites entre ces différentes sphères d'expérience des élèves et à discuter de leurs vécus et de leurs affects. La question de la verbalisation des émotions répond également à une visée plus générale de l'éducation interculturelle qui s'attache à développer des connaissances sur la relation entre soi et l'autre (Lanfranchi, Perregaux & Thommen, 2000). Cet accent sur la relation soi-autrui met au centre de l'attention enseignante les perceptions, les représentations, le vécu, les émotions verbalisées des élèves.

Ce chapitre vise à examiner les enjeux et les conditions d'une prise en compte des émotions et de leurs verbalisations dans le contexte scolaire: lorsque les objets d'enseignement mobilisent fortement les expériences personnelles des élèves et sont émotionnellement chargés, quels sont les apprentissages visés? Quelles sont les difficultés rencontrées par les enseignants? Quelles sont les conditions qui permettent la construction de connaissances dans ces situations? Il s'agit ainsi de contribuer à la réflexion sur des questions de très grande actualité, en étudiant les pratiques concrètes des enseignants dans des contextes éducatifs particuliers. Pour ce faire, nous présentons et discutons quelques résultats d'observations réalisées dans le cadre d'une recherche portant sur l'expression verbale des émotions et le récit d'expériences personnelles dans des leçons en éducation interculturelle et sur les échanges auxquels ces verbalisations donnent lieu.

Mais avant de présenter les détails de cette recherche, situons brièvement notre cadre théorique.

UNE PERSPECTIVE SOCIOCULTURELLE ET DIALOGIQUE DE L'APPRENTISSAGE

Notre perspective théorique s'inscrit dans le champ de la psychologie socioculturelle qui, à la suite du psychologue Lev Vygotski (1934/2013), porte sur les facteurs sociaux en jeu dans les processus de développement et l'apprentissage. Nos propres travaux, situés notamment dans la lignée de ceux développés par Anne-Nelly Perret-Clermont (voir par exemple Perret-Clermont & Nicolet, 2001), ont porté sur le rôle des interactions sociales dans le développement de la pensée et dans l'apprentissage, et ceci dans différents contextes: par exemple des passations de tests psychologiques, des situations d'enseignement-apprentissage à l'école ou de formation d'adultes, ou encore la transmission de savoirs en dehors de l'école. Ces travaux montrent qu'il y a un lien étroit entre les conditions sociales et situationnelles dans lesquelles un savoir est transmis ou une compétence évaluée et l'apprentissage ou le niveau de performance qu'actualise une personne, en situation de test psychologique par exemple. Ils soulignent également la place centrale des processus de construction de sens qui se développent entre les individus (élèves et enseignants, enfants et adultes expérimentateurs, etc.), chacun cherchant à comprendre les attentes de l'autre. Le sens que prennent l'activité menée et les objets de savoir concerne non seulement la situation d'enseignement-apprentissage proprement dite, mais aussi les autres situations sociales auxquelles celle-ci est liée aux yeux des personnes (Grossen, 2009; Muller Mirza, 2012a). On peut en effet considérer que toute situation fait écho à d'autres situations, qu'elle est par conséquent «mise en dialogue» avec d'autres situations, ou sphères d'expérience (voir Grossen, Zittoun & Ros, 2012, et chapitre de Zittoun et Grossen, ici même) et que ces relations entre la situation présente et d'autres situations aident à interpréter ce qui se passe ici et maintenant, mais peuvent aussi être sources de tensions ou de malentendus.

Ce cadre théorique rapidement décrit oriente nos choix méthodologiques. Il nous incite à analyser en détail les interactions qui se déploient dans des situations concrètes, à prendre en considération l'environnement institutionnel dans lequel ces interactions se situent et à examiner la façon dont enseignants et élèves donnent sens à la situation, à la tâche et aux objets de savoir à enseigner ou à apprendre, et en particulier aux contenus qui renvoient aux expériences émotionnelles des élèves. Concrètement, nous travaillons à partir de données constituées par des enregistrements d'interactions, des entretiens et l'analyse de documents écrits.

La recherche «Transformation des émotions et construction de savoirs» (TECS), que nous présentons plus loin, fournit une illustration de nos procédures méthodologiques.

Une perspective socioculturelle des émotions en situation d'apprentissage

Les émotions: le point de vue de la psychologie socioculturelle

Le concept d'émotion est particulièrement difficile à définir. En général, on distingue trois composantes de l'émotion: une sensation subjective (le sentiment, l'affect) qui permet de distinguer différents types d'émotions (comme la joie, la peur, la colère), des manifestations physiologiques et des manifestations observables du comportement (gestes, postures, actions, verbalisations) (Cosnier, 1994). Si le terme même d'émotion (du latin *ex-movere*) suggère un mouvement qui partirait de l'intérieur vers l'extérieur mettant en évidence les ancrages physiologiques des émotions, la dimension intra-personnelle des émotions est aujourd'hui associée à des dimensions sociales et culturelles, amenant à penser le mouvement inverse, de l'extérieur vers l'intérieur (Leont'ev, 1978; van der Veer & Valsiner, 1989; Ratner, 2000; Roth, 2008; Zittoun, 2014).

C'est précisément dans cette perspective que Vygotski (1933/1999) examine le phénomène des émotions. Considérant les relations entre les émotions et le fonctionnement cognitif, il soumet l'étude des émotions aux principes généraux de sa théorie du développement socioculturel: les notions de développement et de médiation par les signes. En effet, selon Vygotski, les signes culturellement construits (par exemple le langage) médiatisent la relation entre la personne et le monde, et permettent de coordonner non seulement les actions entre les personnes, mais aussi les processus de pensée de l'individu. Les émotions, comme les autres processus psychologiques, trouvent donc une origine dans les relations interpersonnelles et sont ensuite internalisées. Les émotions personnelles résulteraient ainsi d'un processus d'internalisation d'expériences faites avec autrui (Vygotski, 1925/2005).

Pourtant, aussi curieux que cela puisse paraître pour des enseignants, la question des relations entre émotion et apprentissage à l'école est relativement peu abordée par la psychologie en général, et même par la psychologie socioculturelle (Crahay, 2010; Nonnon, 2008; Valsiner, 2007; Zittoun, 2014). Il s'agit pourtant d'une question importante à plus d'un titre. Sur le plan relationnel, l'émergence d'émotions dans l'espace de la classe peut s'avérer délicate pour l'enseignant car l'élève se trouve ainsi exposé au regard des autres. De plus, si les émotions concernent un élément de la vie personnelle de l'élève, c'est sa vie privée qui est mise sur la place publique. Mais c'est aussi sur le plan des apprentissages que la question se pose. Les émotions peuvent-elles entrer dans un processus d'enseignement-apprentissage? À quelles conditions le cas échéant? Est-il en particulier possible de transformer la relation de l'élève à ses émotions, comme on transforme sa relation au langage ou aux mathématiques? Autrement dit, est-il possible de secondariser les émotions, c'est-à-dire les appréhender, non pas seulement comme une expérience subjective (un «ressenti»), mais comme une expérience qui dépasse l'expérience propre et peut être pensée, mise en mots et référée à des expériences partagées par d'autres? Examinons cette question de plus près.

LA SECONDARISATION DES ÉMOTIONS EST-ELLE POSSIBLE?

L'école a pour rôle principal de susciter le développement de la pensée scientifique et de formes de langage spécifiques. C'est pourquoi les apprentissages scolaires introduisent nécessairement une rupture avec les formes de la pensée quotidienne, une rupture entre concepts quotidiens et concepts scientifiques. La relation entre ces deux formes de pensée apparaît donc comme une question centrale. Ainsi, prenant l'exemple du mot «frère», Vygotski (1934/2013) montre que l'expérience personnelle que l'élève en a (par exemple parce qu'il a lui-même un frère) peut constituer un obstacle à sa compréhension du concept en tant qu'élément d'un système de parenté. Cet exemple contredit l'intuition selon laquelle l'expérience directe d'un phénomène facilite nécessairement l'apprentissage; il incite ainsi à s'interroger sur la dimension émotionnelle et sur les résonnances personnelles des objets enseignés à l'école, d'autant plus lorsque ceux-ci sont explicitement mis en lien avec des expériences de la vie quotidienne.

Vygotski apporte encore un autre élément intéressant, repris par certains auteurs contemporains: celui de la transformation de l'expérience personnelle dans les situations d'enseignement. En effet, en situation scolaire, l'élève est confronté à des éléments de connaissances qu'il a eu l'occasion d'expérimenter dans sa vie quotidienne, mais qui, dans le cadre de l'école, sont travaillés sur un plan différent. Par exemple, en classe de français, l'enfant n'apprend pas simplement à parler, il apprend à considérer le langage qu'il utilise tous les jours comme un système langagier complexe. Or, ce travail exige de l'élève qu'il devienne conscient de ce qu'il fait quotidiennement sans y prêter attention. Il doit ainsi travailler de façon réflexive sur son propre fonctionnement (Brossard, 2005; Vygotski, 1933/2012). La notion de secondarisation (Bautier, 2005; Jaubert, Rebière & Bernié, 2004) désigne précisément l'opération par laquelle une expérience vécue, en devenant un objet de réflexion, permet à la personne de mettre sa propre expérience à distance, de la regarder, en quelque sorte, avec les yeux d'autrui. D'expérience vécue, l'émotion peut ainsi prendre le statut d'objet de réflexion, ainsi que d'objet partagé par d'autres et partageable avec d'autres (Muller Mirza, 2012b, 2014; Muller Mirza, Grossen, de Diesbach Dolder & Nicollin, 2014).

LA RECHERCHE «TRANSFORMATION DES ÉMOTIONS ET CONSTRUCTION DE SAVOIRS» (TECS)

La recherche que nous allons présenter est fondée sur une méthode, fréquente dans le domaine de la psychologie socioculturelle, qui consiste à observer et analyser les interactions en classe. Dans le cadre de cette recherche, notre but est de décrire les pratiques des enseignants lorsqu'ils cherchent à transmettre des savoirs associés à l'éducation interculturelle et de comprendre comment ceux-ci s'y prennent et font face aux difficultés liées à cet enseignement. La recherche TECS[2] vise à décrire les pratiques des enseignants et le contexte institutionnel et politique dans lequel elles se déploient en Suisse romande.

LA DÉMARCHE AVEC LES ENSEIGNANTS

Notre recherche a requis la collaboration de 12 enseignants volontaires (11 femmes et un homme) des sept cantons ou régions de la Suisse romande, soit six classes de niveau primaire (degrés 7 et 8 Harmos, 11-12 ans) et six classes du niveau secondaire I (degrés 10 et 11 Harmos, 14-15 ans).

Les enseignants étaient invités à utiliser deux matériaux pédagogiques distribués par la Fondation Éducation et Développement (www.globaleducation.ch): le «Photolangage L'humanité en mouve-

---

2   Ce projet est financé par le Fonds National de la Recherche Scientifique (100013-132292 – Michèle Grossen). Il est réalisé sous la direction de Nathalie Muller Mirza, avec la collaboration de Laura Nicollin, chercheure junior FNS, et Stéphanie de Diesbach-Dolder, doctorante FNS.

ment», constitué d'un ensemble de 50 photos en lien avec la migration et la différence, et une bande dessinée (BD) sans texte intitulée «Où vont nos pères?», relatant le récit d'un père forcé à quitter son pays et sa famille. Imposée par les chercheurs, cette procédure permettait de comparer la manière dont, au-delà des suggestions ou consignes fournies avec le matériel, chaque enseignant interprète la finalité pédagogique de ces activités et les utilise en classe. Notons que ces deux matériaux, dans la façon dont ils sont présentés dans les fiches pédagogiques qui les accompagnent, visent de manière directe ou indirecte l'expression et l'analyse des émotions et expériences personnelles des élèves, en lien avec des thématiques associées de manière large à la migration.

Le dispositif de la recherche comprenait cinq temps principaux: (1) pré-entretien avec l'enseignant sur sa conception de l'éducation interculturelle et la manière dont il entend utiliser les deux documents à disposition; (2) production écrite individuelle des élèves autour d'une photo tirée du Photolangage; (3) observation et enregistrement vidéo[3] des leçons élaborées par l'enseignant à partir des deux documents à disposition; (4) focus-group de cinq à six élèves; (5) post-entretien avec l'enseignant sur le déroulement des leçons.

Dans ce chapitre, nous nous centrerons sur le temps 3 au cours duquel nous avons recueilli un corpus de 83 leçons (entre deux et dix leçons par enseignant) portant sur les deux documents.

ANALYSE DES DONNÉES

Notre travail a tout d'abord consisté à préparer les données en vue de leur analyse. Chaque leçon a été découpée en épisodes, un épisode correspondant à une tâche (par exemple, dans le Photolangage, choisir une photographie). Pour chaque leçon, nous avons ainsi obtenu une vision synoptique du déroulement de la leçon (Schneuwly, Dolz & Ronveaux, 2006).

Nous avons ensuite repéré les épisodes dans lesquels un élève (ou l'enseignant, même si c'est moins fréquent) verbalisait une émotion ou relatait une expérience personnelle, les deux choses étant souvent liées. Il s'agit par exemple d'énoncés comme «cela me rend triste» ou de l'expression d'un événement survenu dans la vie privée de l'élève et à

---

3   Les vidéos ont été réalisées avec l'accord écrit des parents à qui nous avons transmis des informations précises sur l'usage du matériel recueilli.

propos duquel celui-ci fait part d'une émotion. 195 épisodes que, pour faire bref, nous appelons «Épisodes Émotions» ont été identifiés. On constate ainsi d'emblée que la verbalisation d'émotions ou d'expériences personnelles occupent une place importante dans les leçons observées.

L'analyse des données porte sur ces 195 épisodes et examine: (a) comment la verbalisation d'émotions ou d'expériences personnelles est introduite dans l'espace de la classe; (b) comment elle circule entre les participants; (c) en quoi il y a secondarisation des émotions. Nous focalisant sur la dynamique de co-construction d'objets de discours qui concernent les émotions, nous examinons la manière dont des éléments verbalisés relevant de la sphère personnelle des élèves (une connaissance, un élément d'expérience) sont susceptibles d'être transformés en objets de réflexion et secondarisés.

L'ENTRÉE DES ÉMOTIONS SUR LA SCÈNE DE LA CLASSE

La verbalisation des émotions

Comment les émotions ou expériences personnelles entrent-elles sur la scène de la classe? Deux cas de figure principaux se présentent. Dans le premier, c'est toute la leçon qui, dès la présentation de l'activité (Photolangage ou BD) et l'énoncé des consignes, est structurée autour de la verbalisation des émotions. L'activité tout entière est centrée sur un objectif pédagogique explicite: donner une occasion aux élèves de faire part de leurs émotions (de les mettre en mots) et les inciter à utiliser un lexique qui désigne le plus explicitement possible une émotion ou une expérience personnelle. Ce type d'épisode peut par exemple être initié par une question de l'enseignant:

Exemple 1 (Eléonore_m89)

> Eléonore   vous regardez l'image, vous vous en imprégnez, vous vous posez la question «qu'est-ce qu'elle éveille en moi' qu'est- qu'est-ce- quelles émotions elles convoquent' qu'est-ce qu'elles- qu'est-ce que je RESSENS ça me fait penser- ça me fait penser à quoi'/»[4]

---

4   Voir les conventions de transcription à la fin du chapitre.

Dans le second cas de figure, la verbalisation d'émotions apparaît au détour d'une tâche ne portant pas directement sur les émotions. Elle a donc un caractère spontané:

Exemple 2 (Edwige_n9)

Edwige	pourquoi tu es là ouais, quelle est ton histoire' là il y a l'histoire de cette femme qui s'appelle Rosa, et vous avez aussi une histoire, vos parents ils ont aussi une histoire ou bien vos grands-parents, alors
Nicolas	ben en tout cas, je crois que ma mère ben: ça serait euh: mon grand-père, il vivait en France et ma mère ben elle vivait au bled, en Côte-d'Ivoire. (rire de quelques élèves) et euh: mon grand-père il l'a amenée ici- en France d'abord, et après je crois qu'elle est allée en Suisse et: moi j'étais au pays toujours=
Edwige	=donc ah ouais toi t'étais au pays=
Nicolas	=et ma mère elle me manquait, j'avais envie de la voir tout, je demandais chaque fois, après je suis venu en vacances ici, après j'ai demandé pour rester et voilà

Dans ces deux cas, les émotions des élèves ont donc des statuts différents: elles sont soit un objet d'enseignement explicitement construit par l'enseignant, soit un élément imprévu qui surgit au détour d'une question portant sur un objet différent. Toutefois, dans les deux cas, les enseignants doivent faire face aux effets de la verbalisation des émotions, que ce soit sur la personne qui les a exprimées ou sur les autres élèves. À ce propos, les enseignants rapportent des expériences dans lesquelles l'expression d'émotions ou d'expériences personnelles a eu des conséquences négatives. Ainsi à la fin d'une leçon, une enseignante nous dit qu'il faut «poser un cadre pour éviter qu'il y ait des débordements, éviter qu'il y ait des moqueries [...] ça casse la classe ça détruit les enfants » (Eva, enseignante 8e Harmos).

LE DEVENIR DES ÉMOTIONS SUR LA SCÈNE DE LA CLASSE

Une fois entrées sur scène, donc dans l'espace discursif de la classe, qu'advient-il des émotions verbalisées ou des expériences personnelles évoquées et quels sont les gestes des enseignants pour les «travailler»? Nous retiendrons deux cas de figure parmi ceux observés. En premier lieu, nous relevons que parfois l'émotion ne fait qu'être mentionnée et n'ouvre aucun dialogue avec l'enseignant ou les autres élèves. Tout se passe alors comme si, aux yeux de l'enseignant, la mise en mots d'une émotion constituait un objectif en soi. En second lieu, les enseignants réalisent certains gestes qui consistent à s'appuyer sur ce que l'élève dit, pour l'amener soit à replacer son vécu personnel dans un contexte plus général, soit au contraire à examiner sa situation personnelle au regard de situations plus générales.

LA VERBALISATION DE L'ÉMOTION COMME FIN EN SOI

Toute verbalisation d'émotions qui fait son entrée en classe ne donne pas nécessairement lieu à des échanges développés au sein de la classe:

Exemple 3 (Eléonore_m89)

Eléonore	on est bien d'accord avec ça' ((Marie hoche de la tête)), tu l'as vu aussi, et puis est-ce que ça réveille quelque chose de gai, de triste, de: qui te fâche ou qu'est:/ comment plutôt' s
Marie	de triste
Eleonore	plutôt triste, d'accord merci. et Michel' Michel euh ça ((PH27)), […]

L'émotion ou l'expérience personnelle rapportée ici par un élève s'inscrit dans une routine de type Question-Réponse-Feedback, dont le feedback est minimal et consiste surtout à prendre acte de la réponse de l'élève avant de donner la parole à un autre élève. Cette routine peut se répéter plusieurs fois, donnant lieu à une juxtaposition de verbalisations d'émotions ou d'expériences personnelles. Dans ces échanges, c'est surtout le partage des expériences personnelles et émotions qui prime, l'enseignant jouant le rôle de chef d'orchestre dans la distribution des tours de parole.

À partir de cette structure des échanges, on peut inférer que l'objectif des enseignants est d'ouvrir un espace dans lequel les élèves peuvent prendre la parole et réaliser un travail de verbalisation des émotions. Ce travail de verbalisation, qui n'est en général pas suivi d'une évaluation ou d'un jugement sur le contenu, peut être considéré comme une première forme de secondarisation. On peut alors faire l'hypothèse que ce travail relève d'une théorie (plus ou moins implicite, mais relayée par la littérature sur les émotions) selon laquelle la verbalisation des émotions favorise les relations interpersonnelles et permet d'éviter les actes de violence (Zimmermann, Salamin & Reicherts, 2008).

LA ROUTINE UNICITÉ-GÉNÉRICITÉ

Dans certains cas, la verbalisation des émotions donne lieu à une reprise et un développement de la part de l'enseignant. L'analyse a alors mis en évidence ce que nous avons appelé la «routine unicité-généricité» (Muller Mirza *et al.*, 2014). Cette routine prend deux formes. Dans la première, la verbalisation d'une émotion personnelle donne lieu à une généralisation plus ou moins importante à d'autres personnes ou d'autres situations. L'élève ou l'enseignant est ainsi amené à mobiliser des concepts, objets de savoir encyclopédiques, connaissances sociales ou pratiques collectives. On observe, autrement dit, un mouvement qui part de la description d'un cas unique (unicité) et aboutit à la mise en évidence d'un cas plus général (généricité). Dans la seconde forme, le mouvement est inverse: l'enseignant ou l'élève reprend un élément relatif à l'expérience ou l'émotion d'un tiers (individu ou groupe) et le contextualise à la situation personnelle des élèves, voire parfois de l'enseignant lui-même. Dans ce cas, le mouvement va donc du général au particulier.

Ces deux mouvements peuvent s'observer dans un même Épisode Émotion, comme l'illustre l'exemple 4, tiré de l'observation d'une leçon avec des élèves en 10 et 11ème Harmos (les élèves ont entre 15 et 17 ans). Eléonore, l'enseignante, mène une discussion portant sur l'interprétation des dessins d'une page de la BD où l'on voit le personnage principal effrayé par un petit animal qui ressemble au monstre qui, à l'origine du récit, l'a poussé à quitter son pays et sa famille. Nous notons en marge le type de mouvement réalisé.

Exemple 4 (Eléonore_m89)

48 Eléonore	oui c'est vrai c'est son papa, effectivement c'est ce père le monsieur il a encore peur il dit mais, «ah: j'ai vraiment eu un gros souvenir » et pis le papa il vient, comment il fait pour l'aider'	*Généricité: référence à l'expérience d'un tiers (le personnage de la BD)*
22 Manuel	il le rassure	
49 Eléonore	co- mais comment il le rassure' regardez sur l'image	

10	Michel	en le tapant euh:	
21	Martin	il lui met la main sur l'épaule	
50	Eléonore	il a il a un geste./ il a un geste et ce geste qu'est-ce que c'est'quel geste'	
22	Martin	«ne t'en fais pas, je suis là, si il faut»	
51	Eléonore	ouais regardez quand je vous parle maintenant/je suis à: deux mètres trois mètres, hein je suis, ni trop loin parce que sinon vous m'entendez plus=	*Mouvement vers l'unicité: référence à l'expérience présente entre l'enseignante et les élèves («je»/ «vous»)*
23	Manuel	=il est près de lui=	
52	Eléonore	=mais je suis pas trop près non plus parce que ça vous dérangerait, d'accord' il y a une juste distance, mais quand quelqu'un est très triste, qu'est-ce qu'on fait automatiquement'	*Mouvement vers la généricité: «quelqu'un» «on»*
24	Manuel	on s'approche de lui,/	
53	Eléonore	on va s'approcher, on va s'approcher de la personne, et si elle est très triste on va la prendre dans ses bras./ donc on va réduire cette distance./ est-ce que ça c'est quelque chose de culturel'	*Mouvement encore plus extrême vers la généricité: «culturel»*
1	Maxime	((en même temps que Manuel)) oui	
54	Eléonore	vous croyez' c'est pas quelque chose qui est dans tous les pays la même chose'	*«dans tous les pays»*
25	Manuel	non=	
23	Martin	=euh dans des pays on n'a pas le droit par exemple	
55	Eléonore	ah ah alors là=	
24	Martin	=par exemple ici en Suisse comme ça euh si: c'est il y a une fille qui est triste un truc dans le genre, un mec peut la serrer dans ses bras quelque chose=	*Mouvement vers l'unicité tout en restant sur le pôle de la généricité: l'élève prend un exemple concret qui s'applique à un ensemble d'individus génériques «une fille», «un mec»*
56	Eléonore	=d'accord	

Apprentissage en classe: quand les émotions s'en mêlent

Ce jeu dynamique entre unicité et généricité tel qu'il se dessine dans cet exemple a au moins deux fonctions: en effectuant un mouvement du générique à l'unicité, l'enseignante aide les élèves à comprendre le problème discuté; elle effectue une mise en lien entre l'expérience de l'élève et de nouveaux éléments d'expériences ou de savoir. En revanche, en effectuant le mouvement inverse, de l'unicité à la généricité, elle incite les élèves à se décentrer de leurs propres points de vue pour prendre celui d'autrui, ce qui est précisément un des buts recherchés par l'éducation interculturelle.

Mis ensemble, ces deux mouvements relèvent d'un geste professionnel visant à la secondarisation, puisqu'ils incitent les élèves, d'une part à prendre en compte des éléments qui dépassent leur expérience immédiate, d'autre part à considérer leurs propres expériences et émotions à partir de celles des autres. Il s'ensuit une forme de mise en perspective qui permet aux élèves (et à l'enseignante!) de s'interroger sur la spécificité de leur perception en regard de celles des autres. On relèvera toutefois que nos observations ne permettent pas toujours d'attester que la secondarisation visée soit effectivement atteinte.

Conclusion

Que ce soit de manière implicite ou explicite, certains objets d'enseignement suscitent l'expression des émotions de la part des élèves. Les objets abordés en leçon d'éducation interculturelle font certainement tout particulièrement partie de cette catégorie, et ceci d'autant plus lorsque les enseignants cherchent à prendre en considération et valoriser les expériences des élèves relatives aux questions de migration ou de rencontre interculturelle. Devant la difficulté posée par l'émergence au sein de la classe d'émotions et d'expériences personnelles, les enseignants mettent en œuvre des gestes professionnels spécifiques. À partir de l'observation de leçons en éducation interculturelle, ce chapitre cherchait à mettre en évidence certaines de ces pratiques et à en discuter les effets en termes de secondarisation. L'analyse a permis pour l'instant d'identifier deux types principaux de pratiques.

Dans un premier type de pratiques, la verbalisation des émotions et d'expériences personnelles constitue une fin en soi. Elle semble remplir plusieurs finalités, telles que permettre l'expression d'émotions dans un cadre qui assure que la parole de chacun soit entendue et respectée, susciter la mise en mots des émotions, développer des relations plus personnelles entre les élèves et entre les élèves et l'enseignant. Si la finalité de ces pratiques reste à mieux comprendre, on peut d'ores et déjà se demander quel sens ces activités revêtent aux yeux des élèves et quels effets elles ont sur eux. Est-ce vécu comme une occasion de faire valoir sa singularité dans le cadre plus ou moins anonyme de la classe? Une occasion de faire autre chose que les leçons habituelles? Une intrusion dans sa vie privée? Une occasion d'apprentissage? Si ces questions restent ouvertes, nous avons observé que ce type de situations suscitait parfois l'expression d'affects négatifs: certains élèves ont refusé de s'engager dans une activité qui portait sur un récit personnel, ou se sont trouvés au bord des larmes lorsqu'ils évoquaient des scènes de leur enfance en situation de guerre ou de séparation. En tant qu'objets de discussion et de développement en classe, les émotions peuvent ainsi être elles-mêmes le lieu de l'émergence d'autres émotions parfois difficiles à maîtriser, ce dont les enseignants interrogés sont d'ailleurs bien conscients.

Dans un second type de pratiques, la verbalisation des émotions devient une occasion d'enseignement. Les interactions qui se développent autour de ces verbalisations sont alors le lieu d'un développement de nouvelles connaissances, portant aussi bien sur des objets extérieurs à l'élève que sur des objets relatifs à sa propre expérience. Les émotions sont objets d'observation, de discussion et de mise en perspective dans le dialogue avec les autres participants. La routine unicité-généricité que nous avons observée, qui se caractérise par un mouvement discursif oscillant entre l'expérience propre, idiosyncrasique, et une expérience partagée, collective, décrit une pratique par laquelle les enseignants favorisent la transformation des émotions, dans une visée de secondarisation. Nous pouvons en relever les potentiels dans le cadre d'un enseignement de ce type puisque ce mouvement permet précisément de diminuer les risques – souvent associés à l'éducation interculturelle par ailleurs – d'une surgénéralisation, à travers notamment la référence aux stéréotypes ou aux catégories nationales ou culturelles, et les risques d'une surparticularisation et surpersonnalisation des expériences vécues par les élèves.

Nous avons ainsi pu mettre en évidence le fait que le problème n'est pas tant de savoir s'il est important ou non de solliciter les émotions et expériences personnelles, que de se demander à quelles conditions elles peuvent se révéler des ressources discursives dans l'apprentissage. Au terme de cette exploration des gestes de l'enseignant, nous avons pu esquisser quelques-unes de ces conditions. Les analyses en cours nous permettront d'affiner la compréhension des processus en jeu et leurs effets sur la dynamique pédagogique. Il nous semble en effet que des analyses fines des pratiques concrètes des enseignants sont nécessaires lorsque l'apprentissage est considéré dans ses dimensions à la fois cognitives et identitaires.

Remerciements

Nous remercions la Fondation Éducation et Développement (www.globaleducation.ch) à Lausanne, et tout particulièrement sa directrice au moment de l'enquête, Madame Anahy Gajardo, pour l'aide très précieuse qu'elle nous a fournie pour entrer en contact avec les enseignants. Nous remercions également les autorités scolaires des divers collèges concernés de nous avoir ouvert leur établissement. Toute notre gratitude s'exprime envers les enseignants et leurs élèves, qui nous ont consacré beaucoup de temps. Sans eux, cette recherche n'aurait pu se faire.

Références bibliographiques

Audigier, F., Fink, N., Freudiger, N. & Haeberli, P. (2011). *L'éducation en vue du développement durable: sciences sociales et élèves en débat* (Cahiers de la Section des sciences de l'éducation, 130). Genève: Université de Genève.

Bautier, E. (2005). Formes et activités scolaires, secondarisation, reconfiguration, différenciation sociale. In N. Ramognino & P. Vergès (Eds.), *Le français hier et aujourd'hui. Politiques de la langue et apprentissages scolaires* (pp. 49-67). Aix-en-Provence: Université de Provence.

Brossard, M. (2005). *Vygotski. Lectures et perspectives de recherches en éducation*. Villeneuve d'Ascq: Presses universitaires du Septentrion.

Cosnier, J. (1994). *Psychologie des émotions et des sentiments*. Paris: Retz.

Crahay, M. (Ed.) (2010). *Psychologie des apprentissages scolaires*. Bruxelles: De Boeck.

Grossen, M. (2009). Les dialogues de l'apprentissage entre l'ici et l'ailleurs de l'interaction. In J.J. Ducret (Ed.), *Construction intrasubjectives des connaissances et du sujet connaissant. Actes du troisième colloque «Constructivisme et éducation»* (vol. 15, pp. 377-392). Genève: Service de la recherche en éducation.

Grossen, M., Zittoun, T. & Ros, J. (2012). Boundary crossing events and potential appropriation space in philosophy, literature and general knowledge. In E. Hjörne, G. van der Aalsvoort & G. de Abreu (Eds.), *Learning, social interaction and diversity: Exploring school practices* (pp. 15- 34). Londres: Sense.

Jaubert, M., Rebière, M. & Bernié, J.-P. (2004). Significations et développement: quelles «communautés»? In C. Moro & R. Rickenmann (Eds.), Situation éducative et significations (pp. 85-104). Bruxelles: De Boeck.

Lanfranchi, A., Perregaux, C. & Thommen, B. (2000). *Pour une formation des enseignantes et enseignants aux approches interculturelles. Principaux domaines de formation – Propositions pour un curriculum de formation – Indications bibliographiques* (Dossier 60). Berne: CDIP.

Leont'ev, A.N. (1978). *Activity, consciousness, and personality.* Englewood Cliffs, CA: Prentice-Hall.

Meunier, D. (2007). La médiation comme «lieu de relationnalité». *Questions de communication, 11*, 323-340.

Muller Mirza, N. (2012a). Interactions sociales et dispositifs de formation: une perspective psychosociale. In V. Rivière (Ed.), *Spécificités et diversité des interactions didactiques* (pp. 169-185). Paris: Riveneuve.

Muller Mirza, N. (2012b). Civic education and intercultural issues in Switzerland: Psychosocial dimensions of an education to "otherness". *Journal of Social Science Education, 10*(4), 31-40.

Muller Mirza, N. (2014). Secondarisation des émotions et apprentissage dans des activités «interculturelles» en classe. In C. Moro & N. Muller Mirza (Eds.), *Sémiotique, culture et développement psychologique* (pp. 255-276). Villeneuve d'Ascq: Presses universitaires du Septentrion.

Muller Mirza, N., Grossen, M., De Diesbach-Dolder, S. & Nicollin, L. (2014). Transforming personal experience and emotions through education to cultural diversity: An interplay between unicity and genericity. *Learning, Culture and Social Interactions, 3*(4), 263-273.

Nicollin, L. & Muller Mirza, N. (2013). *Le rapport à l'altérité et à la diversité dans les plans d'étude de Suisse romande: Quelles conceptions d'une éducation à l'altérité?* Lausanne: Université de Lausanne, Faculté des sciences sociales et politiques.

Nonnon, E. (2008). Travail des mots, travail de la culture et migration des émotions: les activités de français comme techniques sociales du sentiment. In M. Brossard & J. Fijalkow (Eds.), *Vygotski et les recherches en éducation et en didactique* (pp. 91-121). Pessac: Presses universitaires de Bordeaux.

Perret-Clermont, A.-N. & Nicolet, M. (2001). *Interagir et connaître*. Paris: L'Harmattan.

Ratner, C. (2000). A cultural-psychological analysis of emotions. *Culture and Psychology, 6,* 5-39.

Roth, W.-M. (2008). Knowing, participative thinking, emoting. *Mind, Culture, and Activity, 15,* 2-7.

Schneuwly, B., Dolz, J. & Ronveaux, C. (2006). Le synopsis: un outil pour analyser les objets enseignés. In M.-J. Perrin-Glorian & Y. Reuter, *Les méthodes de recherche en didactiques* (pp. 175-189). Villeneuve d'Ascq: Presses universitaires du Septentrion.

Van der Veer, R. & Valsiner, J. (1989). Overcoming dualism in psychology: Vygotsky's analysis of theories of emotion. *The Quarterly Newsletter of the Laboratory of Comparative Human Cognition, 11,* 124-136.

Vygotski, L.S. (1933/2012). Analyse paidologique du processus pédagogique. In F. Yvon & Y. Zinchenko (Eds.), *Vygotski penseur de l'enseignement et de l'éducation. Recueil de textes et commentaires* (pp. 141-171). Moscou: Université d'État de Moscou Lomonossov.

Vygotski, L.S. (1925/2005). *Psychologie de l'art*. Paris: La Dispute.

Vygotski, L.S. (1933/1999). The teaching about emotions. Historical-psychological studies. In R.W. Rieber (Ed.), *The collected works of L. S. Vygotsky (Vol. 6: Scientific Legacy)* (pp. 71-235). New York, NY: Plenum.

Vygotski, L.S. (1934/2013). *Pensée et langage*. Paris: La Dispute.

Zimmermann, G., Salamin, V. & Reicherts, M. (2008). L'alexithymie aujourd'hui: essai d'articulation avec les conceptions contemporaines des émotions et de la personnalité. *Psychologie française, 53,* 115-128.

Zittoun, T. (2014). *Mille sabords! Usages de ressources symboliques et élaboration des affects*. In C. Moro & N. Muller Mirza (Eds.), *Sémiotique, culture et psychologie du développement* (pp. 237-254). Villeneuve d'Ascq: Presses universitaires du Septentrion.

Conventions et transcription

=	enchaînement très rapide entre deux locuteurs, à la fin de A et au début de B
:::	rallongement de voyelles, selon longueur du rallongement
	(chuchotement) (soupir) (rire) comportement non verbal
(( ))	commentaires du transcripteur
MAJUSCULES	accentuation d'un mot ou d'une syllabe
'	intonation montante (pas nécessairement une question)
,	intonation descendante
.	intonation descendante avec courte pause
/ //	pauses

Travail collaboratif et processus d'enseignement et d'apprentissage des mathématiques: l'importance des mécanismes d'*inter-* et *intra-empowerment*

Margarida César

INTRODUCTION

Au Portugal, les directives de politique éducative soulignent l'importance des interactions sociales dans l'apprentissage des mathématiques (Abrantes, Serrazina & Oliveira, 1999). Pourtant, entre les discours et les pratiques il y a une énorme différence. Selon une étude nationale faite par l'association des enseignants de mathématiques (APM – *Associação de Professores de Matemática*), l'enseignement magistral, suivi de résolutions d'exercices, est celui qu'on observe le plus souvent dans les cours de mathématiques et les interactions sociales sont souvent verticales – enseignant/élève(s). Celles entre pairs sont moins fréquentes et si elles ne sont pas interdites, elles ne sont pas encouragées non plus (Precatado *et al.*, 1998). Cette étude est corroborée par une autre plus récente mais plus restreinte (Leite & Delgado, 2012). Même si les documents de politique éducative suggèrent que les enseignants doivent proposer des tâches de natures différentes, comme la résolution de problèmes, les investigations ou les projets, la majorité des enseignants ne font appel qu'aux exercices (Precatado *et al.*, 1998). Cet écart entre les résultats des recherches qui sont repris dans les documents de politique éducative et les pratiques des enseignants peut être expliqué par deux sortes de raisons: (1) les changements des politiques éducatives qui sont fréquents et sans une évaluation sérieuse; et (2) la formation des enseignants qui n'apporte pas d'exemples de pratiques adaptées aux caractéristiques, aux intérêts et aux besoins des élèves. Donc, malgré les directives de politique éducative, la plupart des enseignants finissent par répéter ce qu'ils ont vécu, en tant qu'élèves, quand ils assument le rôle d'enseignant.

Il faut souligner qu'au Portugal les élèves échouent beaucoup en mathématiques et leurs représentations sociales de cette discipline, de ce savoir et d'eux-mêmes, comme apprenants de mathématiques, sont souvent assez négatives (César, 2009, 2014; Machado, 2014; Machado & César, 2012, 2013). Mais les mathématiques jouent un rôle très important dans les choix professionnels que les élèvent peuvent, ou ne peuvent pas, entreprendre. Beaucoup d'études professionnelles et universitaires exigent un diplôme d'études secondaires en mathématiques. L'échec est sélectif et cumulatif. Donc, ceux dont les parents sont moins instruits et ceux qui vivent cet échec dès l'école primaire sont plus susceptibles de redoubler et de vivre des formes plus ou moins subtiles d'exclusion scolaire et sociale (César, 2009, 2013a). L'échec en mathématiques – et dans l'école en général – est aussi un phénomène lié aux cultures, particulièrement à la langue maternelle, car les évidences empiriques illuminent que les élèves dont la langue maternelle est le créole (par exemple, ceux du Cap-Vert), une langue idéographique, préfèrent les raisonnements géométriques et les approches globales des problèmes, tandis que ceux dont la langue maternelle est le portugais, ou une autre langue phonétique, ont tendance à se sentir plus à l'aise dans les raisonnements analytiques et les approches pas à pas, qui sont d'ailleurs les plus habituels et les plus valorisés dans les cours de mathématiques au Portugal (César, 2009, 2013a; Meyer, Prediger, César & Norén, 2016), probablement parce que la majorité des enseignants parle une langue maternelle phonétique et la langue d'instruction – le portugais – est aussi phonétique.

Nous concevons les contextes comme des macro-systèmes qui changent lentement et auxquels chacun de nous participe (par exemple, le contexte scolaire ou le contexte familial, entre autres) et les scénarios comme plus restreints que les contextes et, surtout, comme au théâtre, décidés et construits surtout par ceux qui ont le pouvoir de décision. Dans un contexte scolaire, ce sont les enseignants qui construisent, dans un premier temps, les scénarios d'apprentissage formel. Quand ils distribuent leur pouvoir en utilisant des mécanismes de *inter-empowerment*, les scénarios sont aussi construits par les élèves. Nous considérons la salle de classe comme un scénario. Pendant un cours il y a plusieurs situations – le travail en dyades, la discussion générale, une conversation particulière avec un élève qui pose une question, un commentaire fait par l'enseignant, entre autres. Dans un contexte, il y a plusieurs scénarios qui coexistent et dans chaque scénario plusieurs situations qui sont vécues par les participants, dans ce cas, par l'enseignant et les élèves. Les performances mathématiques des élèves sont configurées par le contexte, le scénario et la situation dans lesquels cette performance a lieu et en particulier par les interprétations que les élèves font de ce qui leur est demandé et des attentes que les enseignants ont sur eux, en tant qu'apprenants de mathématiques.

Différents auteurs ont souligné le rôle fondamental de la communication dans l'apprentissage des mathématiques. Sfard (2008) affirme qu'apprendre c'est communiquer et que penser est une forme de communication. Elle souligne l'importance de la communication dans les apprentissages, particulièrement les plus formels. Nous avons étudié le rôle des interactions sociales entre pairs dans les activités de mathématiques en contexte d'éducation formelle (César, 2009, 2013a, 2014; Machado, 2014; Machado & César, 2012, 2013). Ces interactions sont configurées par les interprétations faites à partir de ce que l'on écoute (Bakhtine, 1929/1981), par les significations qu'on attribue aux tâches mathématiques proposées par les enseignants et aussi par l'intersubjectivité qu'on est – ou on n'est pas – capable d'établir avec ceux qui développent les activités mathématiques avec nous, comme les collègues du groupe ou la dyade. Cela signifie que nous utilisons la désignation *tâche* pour les propositions de travail faites par les enseignants et *activités* par les actions des élèves pendant qu'ils s'engagent dans la résolution des tâches que les enseignants leur proposent, suivant la distinction conçue par Christiansen et Walther (1986).

Mais les interactions sociales sont aussi liées au pouvoir et à la voix (Apple, 1995; Wertsch, 1991), au sentiment d'avoir le droit de s'exprimer comme participant légitime ou seulement comme participant périphérique (César, 2009, 2013a, 2014; Lave & Wenger, 1991), aux attentes que nous avons des autres et qu'ils ont de nous et qui configurent notre trajectoire de vie et de participation (*life trajectory of participation*), notamment à l'école (César, 2013a, 2013b, 2014; Courela & César, 2012; Machado & César, 2013). Quand le pouvoir est plus distribué et les élèves expriment leurs différentes voix, y incluant celles de ces différentes positions identitaires (*I-positions*), qui font partie de leur *dialogical self* (Hermans, 2001), nous sommes en train de promouvoir l'équité et une éducation qui permet plus aux élèves d'avoir accès à la réussite scolaire.

Cela joue un jeu essentiel dans la construction de leurs identités (César, 2013a, 2014; Cobb & Hodge, 2007). Les pratiques mises en place par les enseignants configurent les performances mathématiques des élèves, particulièrement de ceux qui ont besoin d'aides éducationnelles spécialisées (César, 2014; César & Santos, 2006), ou qui participent à des cultures vulnérables, socialement peu valorisées (César & Kumpulainen, 2009; Ligorio & César, 2013; Marsico, Komatsu & Iannaccone, 2013).

Développer le travail collaboratif entre les élèves, en dyades ou en groupe, s'est avéré une façon de promouvoir une éducation plus inclusive et plus interculturelle (César, 2009, 2013a, 2014; César & Santos, 2006). Le travail collaboratif peut être une façon de donner une/des voix aux élèves qui habituellement gardent le silence car ce sont les élèves qui décident la distribution des activités réalisées par la dyade ou par le groupe. Le travail collaboratif développe l'autonomie et la responsabilité, car il est moins centré sur le rôle et le pouvoir de l'enseignant et il met le focus de l'action sur les élèves (Machado, 2014; Ventura, 2012). Il aide aussi à respecter la diversité culturelle et la diversité des raisonnements, les stratégies de résolution et les argumentations utilisées par différents élèves qui participent à des cultures très diversifiées. Il permet de créer des espaces de pensée (*thinking spaces*), que Perret-Clermont (2004) conçoit comme des espaces où les élèves se sentent en sécurité pour poser des questions, argumenter, ou partager leurs réflexions. Mais, selon nous, ces espaces/temps de pensée ne seront pas possibles si les enseignants n'utilisent pas des mécanismes d'*inter-empowerment* et si les élèves ne sont pas capables de les internaliser et de les transformer en mécanismes d'*intra-empowerment* (César, 2013a, 2014). D'une façon semblable à celle théorisée par Vygotsky (1934/1962) en ce qui concerne la connaissance, les mécanismes d'*empowerment* existent en premier lieu dans le social (inter-) et seulement après dans l'individuel (intra-). Ces mécanismes sont particulièrement importants pour les élèves qui participent à des cultures vulnérables, qui sont souvent confrontés à l'échec et construisent des représentations sociales négatives sur les mathématiques et sur eux-mêmes, en tant qu'apprenants de mathématiques. Alors, ils ne croient plus qu'ils sont capables d'apprendre. Les pratiques mises en place par les enseignants sont essentielles pour leur permettre de construire des mécanismes d'*intra-empowerment*, qu'ils seront capables d'utiliser plus tard, d'une façon autonome, même dans d'autres contextes, scénarios ou situations (César, 2013a, 2013b, 2014; Machado & César, 2013).

Ces mécanismes jouent aussi un rôle très important dans les trajectoires de vie et de participation de ces élèves, soit à l'école soit ailleurs. On a longtemps souligné l'importance de la voix et du pouvoir. Mais l'existence de mécanismes d'*inter-* et *intra-empowerment* vient juste d'être théorisée (César, 2013a) et elle s'est imposée quand on a analysé en détail les données de plus de 12 années de recherche, y compris 10 années de *follow up*, qui appartiennent au *corpus* empirique du projet Interaction et Connaissance (IC). Ces mécanismes peuvent aussi être utilisés avec les familles, surtout celles qui participent à des cultures vulnérables, leur permettant de participer d'une façon plus légitime à l'école, donnant d'autres contributions aux trajectoires de vie et de participation de leurs enfants (César, 2013b; César & Ventura, 2012). La richesse de ces concepts est illuminée par son utilisation dans l'analyse d'autres *corpus* empiriques, qui n'ont pas été recueillis par cette équipe. Ces deux concepts, associés à celui de trajectoires de vie et de participation (César, 2013a), nous permettent de mieux répondre à la question de départ qui nous a été adressée: comment les interactions sociales peuvent-elles être définies, conceptualisées et vécues au sein de la classe d'après nos études?

Méthode

Le projet *Interaction et Connaissance* (IC) a été développé dans les différentes régions du Portugal, y compris les Açores, pendant 12 ans (1994/95-2005/06). Comme nous souhaitions connaître les impacts de ce projet à long terme, nous avons mis en place un *follow up* sur 10 ans (voir César, 2009; Machado, 2014; Ventura, 2012). Le but principal de l'IC était d'étudier et de promouvoir les interactions sociales en scénarios d'éducation formelle. Nous voulions aussi contribuer à la promotion d'une éducation plus inclusive et interculturelle. Ce projet a été développé dans des classes de mathématiques, sciences, histoire, langues, philosophie, de l'école primaire et de l'université. Nous allons nous concentrer sur les données concernant les mathématiques dans l'enseignement secondaire.

Les membres de l'équipe de l'IC ont assumé une approche interprétative (Denzin, 1998). Nous avons exploré les questions de recherche dans trois démarches différentes: (1) études *quasi-expérimentales;* (2) projets de recherche-action; et (3) études de cas (plus de détails dans

Hamido & César, 2009; Ventura, 2012). Ce chapitre discute les résultats des classes de mathématiques dans le cadre des projets de recherche-action car cette démarche concerne directement l'intervention et la réflexion sur les pratiques (Mason, 2002).

Nous avons étudié presque 600 classes et 67 praticiens/chercheurs de mathématiques. Ces élèves, leurs familles et les praticiens/chercheurs, cinq psychologues, d'autres agents éducatifs, des observateurs et des évaluateurs externes ont participé à l'IC. Cela permettait la triangulation des sources d'information. L'équipe du IC travaillait de façon collaborative. Les tâches et les données étaient discutées par plusieurs chercheurs, ce qui constituait la triangulation des chercheurs. Les décisions de recherche étaient prises par les membres de cette équipe. Ainsi, on les considère aussi comme participants.

Les instruments pour recueillir les données étaient l'observation (enregistrée dans le journal de chaque praticien/chercheur et des chercheurs, comme les psychologues; parfois elle était enregistrée en photos, audio ou vidéo), les questionnaires, les entretiens, les conversations informelles, les rapports des praticiens/chercheurs, chercheurs, observateurs et évaluateurs externes, des documents, des protocoles des élèves, un instrument pour évaluer leurs capacités et compétences (IACC – pour des détails, voir Machado, 2014) et des tâches d'inspiration projective (TIP). La variété des instruments permettait leur triangulation.

Chaque classe était suivie au moins pendant une année scolaire. Certaines classes étaient suivies pendant un cycle, par exemple, de la 7e à la 9e année, ou de la 10e jusqu'à la 12e (équivalent au bac). Cela dépendait de la position professionnelle des praticiens/chercheurs, car certains d'entre eux étaient encore au début de leur carrière et changeaient d'école chaque année, tandis que d'autres travaillaient dans la même école depuis plusieurs années et pouvaient faire un suivi pédagogique. Les procédures de recueils de données incluaient une première semaine destinée à mieux connaître les élèves: leurs capacités et leurs compétences, besoins et intérêts (voir César, 2009, 2013a; Machado, 2014; Ventura, 2012). Pendant cette semaine on utilisait l'observation, une TIP, un questionnaire et le IACC. Les données recueillies avec ces instruments servaient à prendre les décisions sur les premières dyades, car cette tâche était une des responsabilités des praticiens/chercheurs. L'observation, les protocoles des élèves et les conversations informelles étaient recueillis pendant toute l'année scolaire. Les questionnaires et les TIP étaient utilisés au début de l'année scolaire (mi-septembre – première semaine de cours), au début de la 2ᵉ période (janvier) et à la fin de l'année scolaire (juin). Les entretiens avaient lieu à la fin de la 1ᵉʳᵉ période (mi-décembre) et à la fin de l'année (juin). Pendant le *follow up*, ils avaient lieu à la fin de l'année (juin). Les dates pour recueillir les rapports et les documents variaient beaucoup selon les écoles et les classes.

Les procédures de traitement et d'analyse des données étaient basées sur une analyse narrative de contenu (Clandinin & Connelly, 1998), qui nous permettait de tracer les trajectoires de vie et de participation des élèves. Cette analyse commençait par une lecture qui devenait plus centrée et approfondie dans les lectures suivantes, ce qui nous permettait d'identifier des patterns et des différences entre les différents parcours des élèves (voir César, 2009, 2013a; Ventura, 2012). Les catégories d'analyse sont inductives, ainsi que les concepts qui ont été théorisés à partir de l'analyse des données du *corpus* empirique de l'IC (César, 2013a, 2013b).

Résultats

Bien que ces résultats concernent les classes de mathématiques, les mécanismes d'*inter-* et *intra-empowerment* et les trajectoires de vie et de participation jouent un rôle aussi important dans les autres disciplines (Courela & César, 2012) et dans les relations école/famille (César, 2013b; César & Ventura, 2012). En mathématiques, nous avons déjà analysé leurs rôles dans une dyade que nous avons étudiée pendant le *follow up* et dont nous avons discuté précédemment (César, 2009, 2013a, 2013b). Cette dyade était constituée par V (première lettre de son prénom, pour garantir son anonymat), un garçon dont la famille était du Cap-Vert, de 16 ans et avec beaucoup d'échecs en mathématiques, et par M, une fille de 14 ans, l'âge attendu pour la 9ᵉ année, participant à la culture dominante et avec une grande réussite en mathématiques.

Les mécanismes d'*inter-empowerment* sont présents dans les pratiques des praticiens/chercheurs de l'IC dès la première semaine des cours. Nous avons décidé que pendant cette première semaine on ne s'occuperait pas de contenus mais de connaître les élèves pour mieux adapter les pratiques à leurs caractéristiques, intérêts et besoins (Machado, 2014; Ventura, 2012). Comme beaucoup d'élèves ont une estime de soi très négative, surtout en ce qui concerne les mathématiques, nous avons mis en place une première semaine où les implicites jouent un rôle fondamental pour commencer à développer une estime de soi positive. Alors, quand les élèves ont déjà répondu au IACC, les praticiens/chercheurs analysent les réponses et ils décident quels élèves participeront à la discussion générale de cet instrument. Mais ils voulaient que tous les élèves soient appelés à aller au tableau pour montrer à la classe comment ils avaient résolu une des tâches ou une partie d'une tâche. Ce message implicite – tous les élèves sont capables d'apprendre les mathématiques et d'avoir des performances suffisamment intéressantes pour que leurs collègues les enregistrent par écrit – a eu une force immense, surtout pour les élèves qui étaient en échec et ceux qui n'avaient jamais été appelés pour aller au tableau en mathématiques. Ceci est un premier mécanisme d'*inter-empowerment* et un des plus mentionnés par les élèves dans les questionnaires, les entretiens et les conversations informelles. Il est aussi souvent rapporté dans le journal du praticien/chercheur.

> J'avais l'habitude d'aller au tableau, surtout quand les exercices étaient plus difficiles. La classe n'était pas très bonne... je veux dire, il n'y avait que moi et trois autres filles avec des Niveaux 4 ou 5 [Le Niveau 5 est le plus haut possible]. Il y avait pas mal d'élèves qui n'avaient jamais eu une note positive en maths [Cela correspond aux Niveaux 1 et 2]. Alors, les profs appelaient toujours les mêmes filles pour résoudre les exercices. Je me rappelle que dans la première semaine, quand le prof a demandé à nos collègues d'aller au tableau j'étais morte de rire, car je pensais qu'ils allaient échouer, faire de la rigolade, comme d'habitude. Mais après, j'étais étonnée: le prof savait exactement comment faire... je veux dire, qui appeler... et mes collègues... ils faisaient ce qu'ils voulaient... et ils le faisaient bien... C'était incroyable! Je me suis mise à copier leurs résolutions et à penser comment ces types qui ne faisaient rien en maths étaient capables d'aller au tableau et d'expliquer leurs résolutions. [...] Là, j'ai compris que ces cours allaient être bien différents!... (M, Entretien, décembre, 9e année).

M illustre la force de cette pratique, soit pour ceux qui habituellement échouaient, soit pour ceux qui réussissaient bien. Les premiers avaient besoin d'avoir une voix et l'opportunité de devenir des participants légitimes, car ils agissaient comme des participants périphériques (César, 2009, 2013a, 2014; Lave & Wenger, 1991). Parfois, ils n'essayaient même pas de résoudre les tâches car ils étaient tellement convaincus qu'ils étaient nuls qu'ils préféraient ne rien faire du tout plutôt qu'être confrontés à un autre échec. Les autres avaient besoin de changer leurs représentations sociales concernant leurs collègues en tant qu'apprenants de mathématiques. Cela correspond, pour Hermans (2001) et dans le cadre de la théorie du *dialogical self*, à modifier leur *Me-position* (la façon dont M voyait ses collègues) et cette modification leur permettrait, plus tard, quand elle serait internalisée, de travailler de façon collaborative et d'apprendre les uns avec les autres. Pour V, c'était encore plus difficile, car il devait changer ses *I-positions*, en particulier celles qu'il assumait comme élève, mais aussi comme fils, ou comme ami des personnes de son quartier – un quartier très pauvre où l'école n'était pas valorisée.

Ce changement est lent, mais il n'a pas beaucoup de chances de se produire sans des pratiques qui permettent aux élèves de se rendre compte de leurs capacités et compétences et de celles de leurs collègues. L'interaction sociale analysée par César (2009) en donne un exemple et si on reprend seulement les premières lignes, on peut l'illuminer. Cette dyade – V et M – est en train de résoudre un problème. V a toujours échoué en mathématiques, dès la 5ᵉ année. Il a un Niveau 1, le plus bas possible et rare, car il signifie que l'élève a des problèmes disciplinaires et ne fait pas d'efforts. Les attitudes comptent aussi pour la classification finale. Alors, M n'était pas du tout contente d'avoir ce partenaire. Mais V n'était pas content non plus, car il avait une représentation sociale très négative de M et il la voyait comme une «petite fille de famille, bien gâtée» (V, Entretien, décembre, 9ᵉ année). Mais comme ils étaient tous les deux étonnés par ce praticien/chercheur hors du commun, ils ont décidé de travailler ensemble, comme prévu dans le contrat didactique (Schubauer-Leoni, 1986), négocié entre les élèves et le praticien/chercheur, bien qu'ils se soient assis le plus loin possible l'un de l'autre, pour partager encore la même table.

> [V commence à dessiner une circonférence, après il s'arrête et il lit le problème une nouvelle fois.]
> 1 M – Qu'est-ce que c'est ça?
> 2 V – C'est un fromage…
> 3 M – Un fromage?… Pour quoi faire avec?
> 4 V – Maintenant, je vais dessiner ce qu'il a vendu…
> 5 M – Mais je crois qu'on doit faire cela avec des calculs…
> 6 V – Je ne sais pas faire avec des calculs… alors, je vais voir si ça fonctionne…
> 7 M – Alors tu fais le tien, je fais le mien et on explique après.

On peut voir plusieurs aspects intéressants dans cet extrait: (1) M n'est pas du tout convaincue qu'elle peut apprendre les mathématiques avec V. Elle croit plutôt qu'il est nul en maths; (2) elle essaie de le convaincre de suivre sa stratégie de résolution, qui est une stratégie arithmétique et de valider cette stratégie car en mathématiques on doit faire des calculs; (3) V reconnaît qu'il ne sait pas utiliser une stratégie arithmétique, mais il décide d'essayer la sienne – une stratégie de représentation graphique; (4) cette façon de réagir de V illumine les impacts des mécanismes d'*inter-empowerment* utilisés par leur praticien/chercheur pendant la première semaine et qu'il est en train d'internaliser; (5) ces mécanismes ont eu un effet sur son estime de soi, en tant qu'apprenant de mathématiques, car il croit déjà qu'il faut essayer, qu'il est capable de résoudre ce problème, avec ce raisonnement géométrique, celui qu'il préfère et qu'il a aussi utilisé quand il est allé au tableau pendant la première semaine; (6) comme V ne veut pas la suivre, M décide que chacun fera à son goût et qu'ils discuteront leurs stratégies de résolution après; et (7) pendant cet extrait, M assume le rôle de leader car c'est elle qui pose les questions et qui prend la décision finale.

Si on se rappelle que V, dans les années précédentes, ne faisait rien du tout dans les cours de mathématiques, cet épisode nous montre une façon d'agir et de réagir qui est déjà bien différente, surtout si on se rend compte qu'on était à la troisième semaine de l'année scolaire. Mais, pour arriver à ce point, il a fallu que le praticien/chercheur ait des informations sur les capacités et les compétences de ces élèves, pour adapter les tâches mathématiques à leurs caractéristiques. Par l'analyse des résolutions au IACC, il savait que M préférait une approche pas à pas des problèmes et des raisonnements analytiques, tandis que V se sentait plus à l'aise avec une approche globale et des raisonnements géométriques. M connaissait bien les contenus des années précédentes et était très organisée, tandis que V les ignorait, n'avait pas d'outils, mais il était très créatif, avait de l'intuition mathématique et du sens critique. Le praticien/chercheur a cru – et le déroulement de l'année lui a donné raison – que V pouvait bien progresser, du point de vue des connaissances mathématiques, s'il travaillait avec M. Mais elle pouvait aussi apprendre avec lui, car elle avait besoin de développer son raisonnement géométrique, l'intuition mathématique, le sens critique et la créativité. Alors, ce que leur praticien/chercheur a fait, en respectant les contenus prévus dans le curriculum, c'est profiter des tâches qu'il leur proposait pour permettre à V et à M de jouer le rôle de pair plus capable dans des moments différents et de travailler dans leur zone de développement proximal (ZDP), ce qui leur facilitait la transformation des capacités et compétences qu'ils ne mobilisaient pas encore en développement réel (Vygotsky, 1934/1962).

Mais, pour en arriver là, il a fallu utiliser des mécanismes d'*inter-empowerment*. Sans eux, V aurait continué à être convaincu qu'il était nul et qu'il valait mieux ne rien faire. Pour lui prouver que ses performances étaient aussi basées sur des raisonnements et des connaissances mathématiques, donc acceptées dans les cours et examens, il fallait proposer aux élèves des tâches de nature différente, ouvertes, avec des défis, mais qui permettaient de leur faire apprendre les contenus mathématiques. Cela constituait le plus grand défi: choisir, adapter ou élaborer les tâches dont on avait besoin. L'autre défi était de convaincre 24 élèves qui n'avaient jamais réussi que cela était possible – processus auquel les mécanismes d'*inter-empowerment* ont joué un rôle fondamental. Mais comme la 9e année menait à un examen final national et ces élèves auraient un autre enseignant l'année suivante ou commenceraient à travailler, il fallait bien qu'ils soient capables de les internaliser et les transformer en mécanismes d'*intra-empowerment*.

Après les premières leçons, M a confié dans une conversation informelle: «Maintenant je suis contente de travailler avec V. Vous aviez raison: je peux bien apprendre avec lui!» (Dit par M, journal du praticien/chercheur, septembre, 9e année). Pour elle, ce processus était simple: elle a vite compris les avantages de travailler avec V – elle serait capable d'avoir ses très hautes classifications (Niveau 5) et de développer de nouvelles capacités et compétences. Pour V, ce processus était plus compliqué car il participait à une culture très éloignée de celle de l'école et ce qui était prévu pour lui comme trajectoire de vie et de participation ne passait pas par des études longues, mais par commencer à travailler et à gagner de l'argent dès qu'il finirait la 9e année. Avoir eu un très bon niveau à l'école lui a permis d'y vivre mieux, car il était apprécié. Mais ça lui a posé des problèmes dans le quartier où il habitait et dans sa famille qui ne voulait pas qu'il continue à étudier (voir César, 2009, 2013a, 2013b). Cela illumine que les mécanismes d'*inter-empowerment* utilisés par les praticiens/chercheurs sont plus en accord avec les attentes des familles de la culture dominante que de celles qui participent à des minorités socialement peu valorisées (César, 2013a, 2013b). Pour ces derniers élèves, internaliser des mécanismes d'*intra-empowerment* est cause de conflits entre les différentes positions identitaires qu'ils assument, comme celle d'élèves de mathématiques ou de fils de parents très pauvres, car cela met en cause une partie des décisions qu'ils avaient prises sur leur trajectoire de vie et de participation.

Si le *follow up* de 10 ans n'avait pas existé, on aurait des doutes sur les avantages soit du travail collaboratif soit des mécanismes d'*inter-empowerment* pour les élèves comme V, qui ne voulaient pas continuer leurs études. Ce qui nous a permis de bien comprendre le rôle de ces pratiques sont les récits de ces élèves sur leurs expériences, beaucoup plus tard. V et M, aussi bien que d'autres élèves de leur classe de 9e année, bien qu'orientés dans plusieurs classes en 10e, à cause de leurs choix d'études, ont continué à se rencontrer hors des cours pour étudier en dyade ou en groupes, de façon collaborative. Cette constatation a aussi été faite dans les autres classes qui ont participé au IC. Mais, surtout, face à des imprévus, ou à des difficultés – par exemple, un contenu des mathématiques plus difficile à apprendre – ils nous racontaient qu'ils faisaient appel à des ressources psychologiques qui correspondaient à l'utilisation de mécanismes d'*intra-empowerment*, comme quand M nous a dit:

> Mes collègues étaient complètement en panique avec les statistiques et, surtout, avec les probabilités. Mais moi, je savais que je pouvais toujours penser comme V pour approcher ce problème. Je pouvais aussi faire des schémas, des dessins, d'autres formes de résolution qu'habituellement on n'explore pas dans les cours de maths. Et puis, si tout ça échouait, je pouvais toujours lui téléphoner et étudier avec lui. Pour les probabilités, il est vraiment doué, vous savez? (M, Entretien, 2e année de l'université, juin).

Mais V ajoute encore des informations plus importantes quand il nous fait savoir ce qui suit:

> Ce que j'ai appris de plus important au IC, ce n'était pas que je pouvais être très fort en mathématiques car je l'ai vraiment cru seulement après, en 10e année et surtout à l'examen de la 12e année. Le plus important, c'était de comprendre qu'il y a toujours une autre façon de voir les choses, qu'on peut toujours trouver une solution et qu'il faut croire qu'on y arrivera. […] Et j'ai aussi compris que je ne pouvais pas utiliser mes capacités pour attaquer les autres, qu'il fallait apprendre aussi à travailler avec eux […] J'ai appris à être, à me voir et à me faire voir d'une autre façon (V, Entretien, 2e année de l'université, juin).

Ce qu'il rapporte, bien qu'en n'utilisant pas ces mots, c'est qu'il a internalisé des mécanismes d'*inter-empowerment* qu'il a su transformer dans des mécanismes d'*intra-empowerment*. Mais surtout, ça lui a permis, comme il dit, de croire en lui, de ne pas abandonner ce qu'il veut – comme il le faisait avant – et de continuer sa trajectoire de vie et de participation d'une façon différente, avec un parcours qu'il a su et pu construire grâce à ces mécanismes d'*intra-empowerment* qui l'ont aidé, par exemple, à survivre aux premiers temps à l'université, qu'il nous a décrits comme très complexes et difficiles. Alors, les impacts des mécanismes d'*inter-* et *intra-empowerment* vont bien au-delà de l'apprentissage des mathématiques, bien qu'ils soient essentiels pour ce processus.

Considérations finales

Plusieurs études développées en contexte scolaire ont mis en évidence l'importance des interactions sociales dans les processus d'enseignement et d'apprentissage. On a compris que les processus interactifs sont complexes et que la façon dont les enseignants organisent leurs pratiques configure – et est configurée – par les performances des élèves. Ces études ont aussi illuminé l'importance des cultures auxquelles on participe, donc, des familles, dans les attentes sur le rôle de l'école et celui des différents agents éducatifs dans la (re)construction des trajectoires de vie et de participation (César, 2013a). Ces attentes ont, elles aussi, des impacts sur l'engagement des élèves dans les tâches scolaires, particulièrement en mathématiques (César, 2009, 2014; César & Santos, 2006; Machado, 2014). Mais pour qu'ils soient capables de réussir à l'école, il faut qu'ils sentent leurs cultures familiales valorisées par l'école (César & Kumpulainen, 2009; César & Ventura, 2012; Ligorio & César, 2013; Marsico et al., 2013). Il faut aussi que les conflits entre leurs différentes *I-positions* ne leur provoquent pas trop de souffrance, les amenant à douter du chemin qu'ils sont en train d'adopter quand ils commencent à réussir à l'école, mais en même temps à se sentir plus loin de leur culture familiale (César, 2009, 2013a). Si cela est vécu comme une trahison face à leurs racines, à leurs familles, alors la réussite scolaire peut devenir si pénible qu'il vaut mieux échouer. Les écoles et les différents agents éducatifs ont un rôle décisif dans ce processus: celui de permettre la rencontre entre les différentes cultures, la valorisation de leurs façons respectives de vivre et de comprendre le monde, pour faciliter les transitions entre les cultures et le dialogue interculturel. Ceci est un aspect fondamental pour permettre aux élèves de s'épanouir, de s'affirmer comme participants légitimes dans plusieurs cultures, comme celle de l'école et celle de leurs familles, ou de leurs quartiers. Cela correspond à tout un travail pour apprendre qui on est – apprendre à être et à se voir tel qu'on est, ou se rendre compte des différentes *I-positions* qu'on assume – mais aussi pour apprendre à se faire voir par l'autre, à connaître ses et leurs *Me-positions* (César, 2013a; Hermans, 2001).

Pour les enfants dont les cultures sont socialement peu valorisées et plus éloignées de la culture dominante, celle de l'école, voir leurs raisonnements, stratégies de résolution et réponses acceptés et respectés par leurs enseignants est un pas fondamental pour faciliter leurs accès à la réussite scolaire. Habitués à agir/réagir et à être vus comme des participants périphériques, qui n'ont pas de voix (César, 2009; Lave & Wenger, 1991), les implicites des processus interactifs jouent, pour eux, comme l'illustre le cas de V, un rôle encore plus essentiel que pour leurs collègues, qui participent la culture dominante. Les élèves qui ont un passé lié à l'échec, peu valorisés à l'école et par les enseignants, en général, ont besoin de mécanismes d'*inter-empowerment* pour devenir des participants légitimes, avec la capacité d'exprimer leurs voix et d'assumer leurs différentes positions identitaires (César, 2013a, 2014; Hermans, 2001). Dans ces cas-là, les interactions école/famille prennent une importance encore plus grande. Ainsi, la médiation culturelle, aussi bien que le développement de dynamiques régulatrices entre l'école et les familles, jouent un rôle fondamental dans la transition de participant périphérique à participant légitime, un aspect essentiel dans la promotion d'une éducation interculturelle et inclusive, qui favorise l'accès à la réussite scolaire (César, 2013b; César & Ventura, 2012).

Dans ces écoles, le travail collaboratif entre les différents agents éducatifs, entre les chercheurs et ces agents, aussi bien que dans les classes, joue un rôle médiateur essentiel pour l'appropriation des connaissances et le développement de capacités et compétences. Ce travail collaboratif est donc fondamental aux trois niveaux: la classe, la formation et la recherche. Les enseignants ne sauront pas en profiter en classe – et les chercheurs non plus dans leur recherche – s'ils n'ont pas l'opportunité de vivre cette expérience pendant leur formation. C'est aussi pendant la formation que la discussion de cas réels, l'analyse de vidéos et le développement de projets peuvent faciliter l'apprentissage de comment utiliser et participer au travail collaboratif. Ces expériences d'apprentissage permettent aussi de mieux comprendre comment mettre en place des mécanismes de *inter-empowerment*, comment inférer l'existence de mécanismes de *intra-empowerment* et le rôle qu'ils jouent dans les trajectoires de vie et de participation, en particulier dans les écoles. Cela signifie que, même si la formation ne peut pas garantir que les enseignants mettront en place des pratiques plus adaptées aux caractéristiques, besoins et intérêts des élèves, l'absence d'une formation adaptée à la diversité des écoles actuelles, ne leur permettra pas de faire face aux défis auxquels ils seront confrontés dans leur vie professionnelle. Surtout, cette formation ne les aidera pas à développer une conscience épistémologique, dont ils auront besoin pour prendre des décisions adaptées aux besoins actuels.

Mais si l'on observe beaucoup de mécanismes d'*inter-empowerment* dans les pratiques scolaires, la formation et la recherche, ils n'étaient pas théorisés jusqu'à la conceptualisation de César (2013a). On les voyait très rarement discutés d'une façon plus approfondie. C'était rare que quelqu'un se rende compte qu'il était en train de les utiliser, ou de les éviter, dans les cas d'enseignants ou chercheurs qui ont des stéréotypes discriminatoires face à certains élèves ou cultures. Une théorisation des questions liées au pouvoir et à la possibilité de participation est essentielle, surtout dans les pays comme le Portugal, ou l'échec scolaire est encore très élevé, car environ 1/3 des adolescents abandonnent l'école sans avoir un diplôme de 9e année (César, 2013a). Comprendre comment promouvoir les interactions sociales, la participation et l'internalisation des mécanismes d'*inter-empowerment* en mécanismes d'*intra- empowerment* est très important pour réussir une éducation de qualité pour tous, y compris pour ceux qui échouent plus souvent et dont les familles ont moins de moyens pour les aider à vivre une trajectoire de vie et de participation sans trop de soucis. La formation d'enseignants, initiale et continue, peut y jouer un rôle. La discussion collaborative de cas de réussite, surtout s'ils ont un *follow up* qui nous permet de nous rendre compte de l'importance des mécanismes d'*inter-* et *intra-empowerment* à long terme, y compris dans la vie professionnelle, sont aussi importants dans la formation. L'analyse de plusieurs *corpus* empiriques et des nouvelles recherches ouvrent des voies pour une amélioration des pratiques et pour une éducation plus inclusive et interculturelle.

REMERCIEMENTS

Les trajectoires de vie et de participation sont partagées. La mienne a été particulièrement configurée par le travail collaboratif développé dans le projet *Interaction et Connaissance* (IC) et avec l'équipe d'Anne-Nelly Perret-Clermont. Je suis très touchée par leurs apports. L'IC a été financé par l'Instituto de Inovação Educacional, medida SIQE 2 (projet n. 7/96), en 1996/97 et 1997/98, et par le Centro de Investigação em Educação da Faculdade de Ciências da Universidade de Lisboa, dès 1996. Je remercie Claude Mesmin pour sa révision de la langue française. Je remercie Marcelo Giglio et Francesco Arcidiacono de m'avoir donné l'opportunité de participer à ces journées.

RÉFÉRENCES BIBLIOGRAPHIQUES

Abrantes, P., Serrazina, L. & Oliveira, I. (1999). *À matemática na educação básica*. Lisbonne: Ministério da Educação – Departamento da Educação Básica.
Apple, M. (1995). Taking power seriously: New directions in equity in mathematics education and beyond. In W. Secada, E. Fennema & L. Adajian (Eds.), *New directions for equity in mathematics education* (pp. 329-348). Cambridge, MA: Cambridge University Press.
Bakhtine, M. (1929/1981). *The dialogical imagination* (M. Holquist & C. Emerson, Trad.). Austin, TX: University of Texas Press. [Publié en russe en 1929]
César, M. (2009). Listening to different voices: Collaborative work in multicultural maths classes. In M. César & K. Kumpulainen (Eds.), *Social interactions in multicultural settings* (pp. 203-233). Rotterdam: Sense Publishers.
César, M. (2013a). Collaborative work, dialogical self and inter-/intra-empowerment mechanisms: (Re)constructing life trajectories of participation. In M.B. Ligorio & M. César (Eds.), *Interplays between dialogical learning and dialogical self* (pp. 151-192). Charlotte, NC: Information Age Publishing.
César, M. (2013b). Cultural diversity and regulatory dynamics of participation between schools and families. In G. Marsico, K. Komatsu & A. Iannaccone (Eds.), *Crossing boundaries: Intercontextual dynamics*

between family and school (pp. 35-81). Charlotte, NC: Information Age Publishing.

César, M. (2014). Inter- and intra-empowerment mechanisms: Contributions to mathematical thinking and achievement. In T. Zittoun & A. Iannaccone (Eds.), *Activities of thinking in social spaces* (pp. 167-186). Hauppauge, NY: Nova Science Publishers, Inc.

César, M. & Kumpulainen, K. (Eds.) (2009). *Social interactions in multicultural settings*. Rotterdam: Sense Publishers.

César, M. & Santos, N. (2006). From exclusion into inclusion: Collaborative work contributions to more inclusive learning settings. *European Journal of Psychology of Education, 21*(3), 333-346.

César, M. & Ventura, C. (2012). Regulatory dynamics between schools and families: Empowering families to facilitate mathematics learning. In J. Díez-Palomar & C. Kanes (Eds.), *Family and community in and out of the classroom: Ways to improve mathematics' achievement* (2ᵉ éd., pp. 101-112). Bellaterra: Universitat Autònoma de Barcelona.

Christiansen, B. & Walther, G. (1986). Task and activity. In B. Christiansen, A.G. Howson & M. Otte (Eds.), *Perspectives on mathematics education* (pp. 243-307). Dordrecht: Reidel.

Clandinin, D.J. & Connelly, F.M. (1998). Personal experience methods. In N.K. Denzin & Y.S. Lincoln (Eds.), *Collecting and interpreting qualitative materials* (pp. 150-178). Thousand Oaks, CA: Sage.

Cobb, P. & Hodge, L.L. (2007). Culture, identity, and equity in the mathematics classroom. In N. Nasir & P. Cobb (Eds.), *Diversity, equity, and access to mathematical ideas* (pp. 159-171). New York, NY: Teachers College Press.

Courela, C. & César, M. (2012). Inovação educacional num currículo emancipatório: Um estudo de caso de um jovem adulto. *Currículo sem Fronteiras, 12*(2), 326-363.

Denzin, N.K. (1998). The art and politics of interpretation. In N.K. Denzin & Y.S. Lincoln (Eds.), *Collecting and interpreting qualitative materials* (pp. 313-344). Thousand Oaks, CA: Sage.

Hamido, G. & César, M. (2009). Surviving within complexity: A meta-systemic approach to research on social interactions in formal educational scenarios. In K. Kumpulainen, C. Hmelo-Silver & M. César (Eds.), *Investigating classroom interactions: Methodologies in action* (pp. 229-262). Rotterdam: Sense Publishers.

Hermans, H. (2001). The dialogical self: Toward a theory of personal and cultural positioning. *Culture and Psychology, 7*(3), 323-366.
Lave, J. & Wenger, E. (1991). *Situated learning: Legitimate peripheral participation*. Cambridge, UK: Cambridge University Press.
Leite, C. & Delgado, F. (2012). Práticas curriculares no ensino da matemática: Percepções de alunos do 9.º ano de escolaridade e sua relação com a contextualização curricular. *Interacções, 8*(22), 83-112.
Ligorio, M.B. & César, M. (Eds.) (2013). *Interplays between dialogical learning and dialogical self*. Charlotte, NC: Information Age Publishing.
Machado, R. (2014). *Trabalho colaborativo e matemática: Um estudo de caso sobre o instrumento de avaliação de capacidades e competências do projecto Interacção e Conhecimento*. Thèse de doctorat, Faculdade de Ciências e Tecnologia da Universidade Nova de Lisboa.
Machado, R. & César, M. (2012). Trabalho colaborativo e representações sociais: Contributos para a promoção de sucesso escolar em matemática. *Interacções, 8*(20), 98-140.
Machado, R. & César, M. (2013). Contributos das representações sociais e do trabalho colaborativo para o acesso às ferramentas culturais da matemática. *Jornal Internacional de Estudos em Educacão Matemática/International Journal for Studies in Mathematics Education, 6*(1), 96-146.
Marsico, G., Komatsu, K. & Iannaccone, A. (Eds.) (2013). *Crossing boundaries: Intercontextual dynamics between family and school*. Charlotte, NC: Information Age Publishing.
Mason, J. (2002). *Researching your own practice: The discipline of noticing*. Londres, UK: Routledge Falmer.
Meyer, M., Prediger, S., César, M. & Norén, E. (2016). Making use of multiple (non-shared) first languages: State of and need for research and development in the European language context. In R. Barwell, P. Clarkson, A. Halai, M. Kazima, J. Moschkovich, N. Planas, M. Setati-Phakeng, P. Valero & M. Villavicencio Ubilliús (Eds.), *Mathematics education and language diversity: The 21st ICMI study* (pp. 47-66). New York, Dordrecht, London: Springer.
Perret-Clermont, A.-N. (2004). Thinking spaces of the young. In A.-N. Perret-Clermont, C. Pontecorvo, L. Resnick, T. Zittoun & B. Burge (Eds.), *Joining society: Social interaction and learning in adolescence and youth* (pp. 3-10). Cambridge, UK: Cambridge University Press.
Precatado, A., Lopes, A.V., Baeta, A., Loureiro, C., Ferreira, E., Guimarães, H., Almiro, J., Ponte, J.P., Reis, L., Serrazina, L., Pires, M., Teixeira, P. & Abrantes, P. (1998). *Matemática 2001: Diagnóstico e*

recomendações para o ensino e a aprendizagem da matemática – Relatório final. Lisbonne: Associação de Professores de Matemática (APM) et Instituto de Inovação Educacional (IIE).

Schubauer-Leoni, M.L. (1986). Le contrat didactique: Un cadre interprétatif pour comprendre les savoirs manifestés par les élèves en mathématique. *European Journal of Psychology of Education*, 1(2), 139-153.

Sfard, A. (2008). *Thinking as communicating*. Cambridge, MA: Cambridge University Press.

Ventura, C. (2012). *Interacção e Conhecimento: Um estudo de caso que analisa a história de um projecto*. Thèse de doctorat, Faculdade de Ciências e Tecnologia da Universidade Nova de Lisboa.

Vygotsky, L.S. (1934/1962). *Thought and language* (Myshlenie I rech', Trad.). Cambridge, MA: MIT Press.

Wertsch, J. (1991). *Voices of mind. A sociocultural approach to mediated action*. Hemel Hempstead: Harvester Wheatsheaf.

Outils culturels et dynamiques sociocognitives à l'œuvre pour apprendre en science à l'école: de l'intérêt de réitérer des situations interactives et outillées

Valérie Tartas

Dans ce chapitre, nous partons d'une double interrogation: comment permettre aux élèves de transformer leurs savoirs initiaux en futurs instruments[1] pour résoudre des problèmes dans les situations interactives d'enseignement-apprentissage guidées par l'enseignant? Comment étudier ces transformations dans ces situations du point de vue du chercheur en psychologie du développement et du point de vue de l'enseignant? À partir d'exemples d'interactions définies comme reposant sur quatre pôles (l'élève, l'enseignant et/ou les autres élèves, le savoir à apprendre et les systèmes de signes et technologies utilisés), l'objectif est de montrer qu'il y a différentes façons de participer à une interaction argumentée à l'école élémentaire en sciences. Nous montrerons que toutes ne conduisent pas à une transformation du rapport de l'élève à l'objet d'apprentissage. Il est d'ailleurs intéressant tant du point de l'enseignant que du point de vue du chercheur en psychologie du développement d'étudier la façon dont les idées voyagent (Saxe *et al.*, 2009), se transmettent, ou disparaissent au cours de situations d'interactions sociales outillées (via notamment les systèmes de notations externes élaborés conjointement). Nous avançons dans ce chapitre qu'une méthodologie de type micro-histoire d'une

---

1 Instrument est ici à comprendre dans le sens de Rabardel (1995), ce n'est pas un donné mais un construit par le sujet qui évolue au cours des situations d'usage. Nous emploierons donc instrument dès lors que les enfants ou l'enseignant utilisent un objet ou un signe pour résoudre une tâche.

situation d'apprentissage[2] que nous pourrions nommer *micro-histoire didactique*[3] fournit un cadre méthodologique utile pour essayer de comprendre comment les élèves parviennent à élaborer de nouvelles idées ensemble à propos d'un phénomène scientifique en classe.

Nous commençons par une brève description et narration des échanges entre élèves (10-11 ans) dans une classe de CM2 en France (soit grade 5) qui sont amenés par leur enseignant à répondre à la question suivante: «pourquoi fait-il plus chaud en été qu'en hiver?». Afin de leur permettre d'y répondre, il les a fait travailler sur les courbes des températures selon les mois de l'année. Puis, il a posé cette question à l'ensemble de la classe et récolté ainsi les principales réponses des élèves via une discussion avec le groupe classe. Il les a ensuite fait travailler par petits groupes[4] en leur demandant de trouver une réponse commune et en leur proposant une ressource qui vise à introduire de la perturbation (dans la mesure où une des réponses les plus fréquemment énoncées est la distance, par ex.: «*le soleil est plus proche de la Terre en été donc il fait plus chaud*»): un schéma scientifique qui présente les distances de la Terre et du Soleil lors des différentes saisons. L'enseignant passe dans les diffé-

---

2 Nommée *micro-histoires expérimentales* dans le cadre de travaux sur des situations quasi-expérimentales (Nicolet, 1995; Perret-Clermont, 1993; Perret-Clermont & Schubauer-Leoni, 1981; Tartas, Baucal & Perret-Clermont, 2010; Tartas & Perret-Clermont, 2012; Tartas, Perret-Clermont, Marro & Grossen, 2004).

3 En référence au micro-histoires expérimentales et également aux microgenèses didactiques (Saada-Robert & Balslev, 2006) avec l'idée qu'ici on insiste plus sur le développement des significations élaborées par les enfants dans l'enchaînement des interactions sociales enfant-adulte et entre enfants qu'uniquement dans les interactions enseignant-enfant afin de retracer au sein des interactions le partage de significations.

4 La situation décrite ici a été élaborée et filmée dans le cadre d'un projet européen ESCALATE coordonné par B. Schwarz. La démarche a été de proposer à des enseignants de l'école élémentaire de travailler sur les saisons (conformément au programme de l'école élémentaire à l'époque) en introduisant une démarche basée sur l'investigation (inquiry-based approach) et l'argumentation en sciences. Les petits groupes ont été élaborés à partir d'une première phase de type pré-test dans laquelle les enfants devaient expliquer différents phénomènes astronomiques (cycle jour-nuit, phases de la lune, saisons…) (cf. Tartas & Frède, 2007a) et se composent d'élèves de niveaux hétérogènes à propos de ces connaissances en astronomie.

rents groupes et les invite à échanger, à reformuler, à expliquer et se rend compte que certains vont rester sur leur hypothèse initiale, d'autres vont opposer leur point de vue. Certains élèves semblent même changer de point de vue au cours des échanges. Puis lors de la présentation des hypothèses par chacun des groupes, il peut y avoir encore des changements dans la façon d'expliquer le phénomène: par exemple, dans le petit groupe décrit brièvement ci-dessous, seule l'hypothèse de la distance sera proposée et discutée au sein de la classe, alors que celle de l'inclinaison qui avait été proposée et ne sera qu'à peine évoquée en fin de séance sans être reprise à ce moment-là. Les élèves vont ensuite travailler, à partir d'une hypothèse provenant d'un autre groupe, ou sur laquelle ils n'étaient pas parvenus à un consensus dans leur petit groupe, via un logiciel permettant d'argumenter en créant des systèmes de représentation externe de leur discussion ou cartes argumentatives (le logiciel est Digalo[5], voir Muller Mirza, Tartas, Perret-Clermont & De Pietro, 2007 et Muller Mirza & Perret-Clermont, 2008 pour une présentation plus détaillée de l'outil). Ces cartes représentent des propositions que les enfants écrivent dans des formes pré-élaborées qui visent à soutenir le débat (les enfants sont soutenus dans leurs échanges, ils ont ici accès de façon synchrone à ce qui est proposé par autrui et par eux via les systèmes de notations élaborés via l'ordinateur). Suite aux nombreux travaux sur l'argumentation à l'école, il a été montré que l'argumentation est une activité complexe et peu fréquente dans les situations quotidiennes. Il paraît donc important de construire des dispositifs et des instruments susceptibles d'aider les enfants mais aussi les adultes à apprendre l'argumentation et à argumenter pour apprendre (Andriessen, Baker & Suthers, 2003; Erduran & Jimenez-Aleixandre, 2008; Muller Mirza & Perret-Clermont, 2009). Ainsi, Schwarz et ses collègues ont montré que les interactions entre trois enfants ont permis d'augmenter la qualité des argumentations écrites au CM2 et insistent sur le fait que la connaissance à propos des expérimentations animales (thème du débat) est co-construite dans les activités argumentatives. Schwarz et son équipe (2009) en viennent à s'intéresser par conséquent au design des activités pédagogiques argumentatives avec l'idée que

---

5 Digalo a été élaboré lors d'un projet européen Dunes (Dialogical argUmentative Negotiation Educational Software) IST-2001-34153, coordonné par B. Schwarz; il permet l'élaboration de cartes argumentatives, représentations externes d'une discussion.

certains designs pédagogiques vont pouvoir contraindre les interactions entre pairs de telle façon à ce qu'elles soient argumentatives.

L'enseignant, dans ce type de dispositif basé sur les interactions sociales pour apprendre et pour entrer dans une démarche scientifique d'investigation, ne propose pas aux enfants une réponse à la question autour du pourquoi des saisons mais va les inviter à participer à différentes situations au cours desquels ils sont supposés agir et construire des connaissances (les approfondir, les opposer, les évaluer, les justifier…) au sein d'activités dialogiques (Grossen, 2010). L'enseignant expose un problème, invite les élèves à y réfléchir de façons différentes avec des ressources variées (schéma, globe terrestre, cartes argumentatives en train de se faire, cartes argumentatives reconstruites après coup, cahier de brouillon…) à différents moments. Il leur permet de rendre publics à différents moments leurs points de vue en exposant devant la classe pour chaque groupe leurs propositions. Il essaie également de les faire réfléchir aux relations entre ces propositions, leur propose d'évaluer les arguments (les accepter ou les rejeter tout en les justifiant). Ainsi, il organise différentes activités qui s'appuient sur le dialogue, l'échange d'idées en utilisant différents systèmes de signes afin de pouvoir générer de nouvelles façons d'appréhender le phénomène scientifique examiné.

Nous proposons de présenter de façon plus détaillée le design des séances d'enseignement-apprentissage élaboré dans le cadre du projet ESCALATE (Tartas & Frède, 2007a) basé sur une approche socioconstructiviste du développement des connaissances. Nous faisons l'hypothèse que permettre aux élèves d'interagir en petits groupes et en grand groupe classe ainsi que leur permettre de réutiliser ce qu'ils ont élaboré précédemment pour s'engager dans une nouvelle activité est source de transformations dans la participation à l'activité et donc d'un potentiel développement conceptuel. En d'autres termes, comme nous l'avons développé ailleurs en s'appuyant sur Furberg et Arnseth (2009), nous proposons de reconsidérer le changement conceptuel à partir d'une perspective socio-historique. Cette reconsidération amène à prendre au sérieux non seulement les situations sociales d'appropriation des concepts scientifiques mais aussi les interactions sociales et verbales ainsi que les différents instruments impliqués dans le processus de construction de significations (Tartas, 2013). Trop souvent, en effet, les travaux sur le changement conceptuel se centrent sur les représentations individuelles de l'enfant ou l'adulte au détriment des activités collaboratives et verbales de construction de significations permettant de montrer à la fois le rôle de l'enseignant, le rôle des ressources et, plus largement, de l'institution. De plus, il convient également d'un point de vue méthodologique de développer des dispositifs susceptibles d'étudier les processus de transformation des connaissances. C'est ce que nous proposons ici au travers du dispositif *micro-histoire didactique* qui ne se limite pas à une analyse pré- et post-test rendant opaques les transformations qui s'opèrent dans la construction des significations par les élèves, mais, qui permet d'analyser, au cours de différentes phases collectives et individuelles de travail, la façon dont les idées évoluent via les différents systèmes de signes utilisés. Une démarche tout à fait comparable se retrouve dans le travail proposé par Giglio dans l'enseignement-apprentissage de la musique (Giglio, 2013, dans cet ouvrage).

En d'autres termes, pour l'astronomie, c'est tout à fait dans le prolongement des travaux de Schoultz, Säljö et Wyndham (2001), qui ont montré qu'on ne peut pas rendre compte des connaissances de l'enfant en astronomie si on ne tient pas compte des discours et des instruments en situation (le globe avait été proposé aux enfants pour mieux construire un objet de discussion commun quand il s'agit d'essayer de comprendre comment les enfants conçoivent la Terre[6] qui fondent leur raisonnement), que se situe la présente étude. Ces travaux s'opposent ainsi à ceux de Vosniadou et collaborateurs qui n'envisagent les artefacts[7] et les interactions que comme facteurs de développement mais jamais comme entrant dans le processus même de conceptualisation ou alors de façon tardive à l'échelle du développement (Vosniadou & Brewer, 1992; Vosniadou, Skopeliti & Ikospentaki, 2004).

---

6   Il est de plus important de noter qu'en français nous disposons du même mot pour désigner la planète Terre et la terre, le sol. Il n'est jamais certain dans les travaux sur les premières représentations des enfants de la planète que le référent soit toujours partagé entre l'expérimentateur ou l'enseignant et l'enfant.

7   Vosniadou et coll. utilisent le terme d'artefact renvoyant principalement aux outils culturels mis à disposition des enfants sans distinguer entre outils mis à disposition, proposés et instruments renvoyant aux outils en-train-d'être-utilisés pour résoudre la tâche.

Le design de la séquence «enseigner/apprendre les saisons»

Le design de la séquence d'apprentissage s'appuie sur différentes hypothèses relevant des approches socioconstructivistes dans le domaine de l'apprentissage: favoriser l'action et l'engagement des élèves dans les situations d'enseignement-apprentissage, proposer des situations individuelles et collectives de résolution de problème et veiller à ce que les élèves puissent revenir sur ce qui a été produit pour s'engager dans une nouvelle forme d'activité. Ainsi, la situation proposée par Vygotski et reprise par Clot (2004), lorsqu'il essaie de comprendre comment relancer un enfant dans une activité de dessin dans laquelle il est devenu progressivement peu investi, est tout à fait pertinente ici pour comprendre l'importance accordée à l'activité de résolution de problème comme étant dirigée triplement: vers l'objet immédiat de l'action, vers autrui et envers le sujet lui-même. Si on reprend l'expérience de Vygotski en quelques mots, un adulte expérimentateur demande à un enfant de dessiner et lorsque l'enfant sature, l'idée de Vygotski est d'essayer de contraindre l'enfant à poursuivre son activité. Il montre qu'en lui demandant d'expliquer à un partenaire (autre enfant), l'enfant se relance dans une nouvelle activité dans laquelle le produit de l'activité initiale (le dessin) devient l'instrument de réalisation de cette nouvelle activité et Clot souligne: «l'action ne se dote pas de nouveaux instruments techniques mais se trouve aussi réalisée maintenant par le langage, instrument psychologique qui relaie et étaye les premiers: montrer c'est faire et dire dessiner et commenter» (Clot, 2004, p. 6) et un peu plus loin il précise «il y a là développement du fonctionnement grâce à l'organisation d'une répétition sans répétition au sein d'une nouvelle activité dirigée» (p. 6). Ainsi, créer des conditions pour permettre aux élèves de pouvoir réutiliser leurs productions (par exemple la carte argumentative produite à partir des interactions médiatisés par Digalo) à un autre moment pour devenir un possible instrument et, ainsi, donner un nouveau sens à l'activité pour l'élève (sans être jamais certain que cela se passe ainsi) a dirigé la présente démarche. De plus, cela peut être un bon indicateur tant pour le chercheur que pour l'enseignant d'observer qu'une production individuelle ou collective d'élèves devient signe dans une autre activité ou de créer les conditions pour que cela soit possible.

La séquence est organisée en sept phases décrites ici très brièvement (cf. figure 1): les élèves sont amenés à échanger autour du même problème à résoudre plusieurs fois au cours de la séquence au travers de situations individuelles, situations d'interactions en petits groupes (l'enseignant intervient peu ou pas) ainsi que lors de discussions en grand groupe classe (présentation des hypothèses et débats) dirigées par l'enseignant.

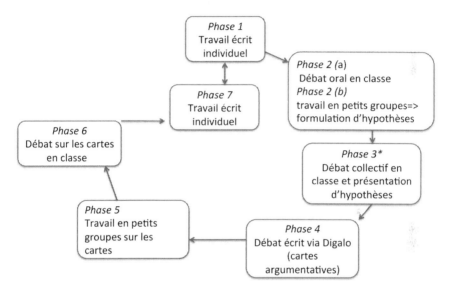

Figure 1. Exemple d'une séquence d'enseignement-apprentissage basée sur la démarche d'investigation et d'argumentation en sciences.

* il y a également une autre phase avant la phase 3 qui consiste à familiariser les élèves à Digalo, il y a donc un enseignement plus spécifique sur l'argumentation et sur l'usage de cet outil, ses fonctionnalités. Digalo n'est pas envisagé comme un simple auxiliaire neutre qui ne nécessite aucune phase d 'apprentissage. Les élèves apprennent donc à s'en servir pour débattre sur un autre sujet scientifique que l'astronomie.

Phase 1 et *phase 7*. Il s'agit d'un travail individuel qui est proposé au début et à la fin de la séquence: l'élève doit répondre individuellement à des petites questions sur différents phénomènes en astronomie (saisons, cycle jour-nuit, phases de la lune).

Phase 2(a). L'enseignant présente la question sur laquelle va porter l'ensemble des activités lors de la séquence d'apprentissage au grand groupe classe, invite certains élèves volontaires à présenter leur réponse puis, à partir de ces premiers échanges en grand groupe, va proposer aux élèves un travail en petit groupe.

Phase 2 (b). Les élèves sont amenés à travailler par groupe de 4 (avec des niveaux hétérogènes établis à l'issu des connaissances mobilisées lors de l'écrit de la phase 1). Ils doivent proposer une solution commune et la justifier.

Phase 3. Les élèves présentent au grand groupe classe leur proposition et justifications, les uns après les autres. L'enseignant propose une discussion en grand groupe à partir des présentations. Cela permet au groupe de s'accorder dans un premier temps sur des connaissances communes et reconnues par l'ensemble (par exemple, les élèves vont tout d'abord passer beaucoup de temps à discuter de ce qui bouge versus ne bouge pas (Soleil/Terre) et s'accorder sur le fait que la Terre bouge et non le Soleil malgré son mouvement apparent dans le ciel!). Cette phase de présentation des hypothèses et discussion a donné lieu à l'élimination en grand groupe de certaines propositions (par ex.: «*le soleil bouge*»).

Phase 4. Les élèves sont sur l'ordinateur et discutent avec deux autres enfants de leur groupe (même groupe de 4 que précédemment) via Digalo, c'est-à-dire par l'intermédiaire d'une carte argumentative à partir d'une hypothèse qui n'était pas la leur lors de la phase 2 (b) ou sur laquelle ils ne s'étaient pas mis d'accord. Leur discussion est organisée par un médiateur (un adulte observateur) qui intervient peu essentiellement pour relancer, rediriger la discussion si celle-ci ne concerne plus le sujet…

Phase 5. À partir des cartes produites par les enfants et des arguments et justifications apportés par les élèves, deux cartes ont été élaborées par les chercheurs et proposées à la classe pour être évaluées. L'enseignant présente donc ces deux cartes aux élèves dans le grand groupe classe puis leur demande de travailler en petits groupes sur celles-ci pour décider des arguments valides ou non en justifiant leurs propos. Cette nouvelle activité d'évaluation de la carte permet d'utiliser la carte produite en phase 4 dans une nouvelle activité.

Phase 6. Il s'agit du débat collectif final dirigé par l'enseignant et s'appuyant sur le travail préalable basé sur un réexamen des cartes argumentatives imprimées et distribuées dans chaque petit groupe.

Comment procédons-nous pour saisir ce qui se transforme au cours des différentes phases ?

Deux niveaux temporels d'analyse caractérisent notre démarche :

– les analyses conduites à *un niveau macro*. Il s'est agi de comparer les différentes productions des élèves selon trois niveaux scolaires différents notamment lors des phases 1 et 7 et lors des phases de production de cartes argumentatives (Tartas & Frède, 2007a et b). Ceci a permis de montrer de grandes différences dans la façon de se saisir du problème en fonction du niveau scolaire des enfants, des connaissances des enfants et de leur évolution, ainsi que des différences du côté des enseignants, tous les enseignants participant au projet n'étant pas à l'aise de la même façon avec le rôle des interactions sociales pour apprendre les sciences à l'école. Ainsi, nous avons pu mettre en évidence l'organisation des connaissances et de l'argumentation lors de l'analyse des échanges et des changements repérables entre les trois niveaux scolaires (juxtaposition d'idées, peu de justifications et de coordination des points de vue avant le grade 5) (cf. Tartas & Frède 2007a et b, pour les résultats généraux). Ainsi, c'est seulement au niveau du CM2 que cette phase de «répétition sans répétition» (travail sur les cartes argumentatives après coup) semble avoir permis aux élèves ensemble d'aller au-delà de leur niveau de raisonnement initial.
– En revanche, ce sont des analyses plus fines, de type *micro-historiques didactiques* en lien avec le fait qu'à chaque étape l'enfant interprète, donne du sens aux situations sociales dans lesquelles il est amené à résoudre un problème proposé par l'enseignant (Tartas & Perret-Clermont, 2012); il convient de situer ces processus de construction de sens dans un enchaînement de situations sociales susceptibles de faire évoluer les connaissances et les significations. À ce niveau, ce sont des études de cas qui nous permettent d'examiner plus finement les processus en jeu et de distinguer les différentes idées proposées par les élèves et leur devenir dans la classe. Les analyses développées

à ce niveau micro reposent actuellement sur un travail fin d'analyse de quelques séances retranscrites à partir des échanges oraux, des échanges via Digalo et de la reprise de cet outil-carte argumentative- pour produire de nouveaux échanges en petits groupes et en classe. Ce travail d'élaboration de techniques empiriques (Saxe *et al.*, 2009) est encore en cours[8] basé sur l'unité analyse des actions médiatisées en contexte (telle que l'a proposée Cole, en 1996, *mediated action in context*) comprenant l'usage de notations externes (comme les dessins, les différents systèmes de notation au brouillon; dans les documents proposés par l'enseignant, le cours rédigé par l'élève, le globe). L'analyse de ces actions concerne deux plans: le plan communicatif avec une analyse des dynamiques argumentatives (Argument-Réponse-Contre-Argument) (Leitao, 2000; Muller Mirza *et al.*, 2007) et sur le plan des connaissances, la dimension de compréhension, de faire sens (*meaning-making*) du phénomène «les saisons». Nous proposons ici une analyse plus spécifique, à partir du cas d'un petit groupe d'enfants de grade 5 suivi au cours des différentes phases, pour montrer comment les idées sont proposées, contredites, reprises et transformées, disparaissent pour un temps et peuvent réapparaître plus tard. Et nous souhaitons particulièrement insister sur le fait que la carte argumentative devient à un moment donné, non pas dans son usage synchrone, mais, après coup, un «véritable instrument pour soi» dans le petit groupe pris ici en exemple.

Devenir des idées et des signes pour expliquer les saisons au sein d'activités dialogiques outillées

L'hypothèse de la distance est donc celle qui était préférentiellement utilisée par les élèves lors du premier débat oral dans la classe avant que

---

8 Il repose à la fois sur l'analyse des discours argumentatifs en s'inspirant du pattern proposé par Leitao (2000), A-R-CA (argument-réponse-contre-argument). Mais aussi plus récemment sur une analyse croisée entre didactique et psychologie à partir du modèle théorique de l'action conjointe didactique (Sensevy, Mercier & Schubauer-Leoni, 2000; Sensevy, 2007) et des patterns d'interactions argumentatives issus de Leitao) d'une séance (la phase 6) qui a permis d'identifier lors de la phase de débat final différents obstacles épistémiques (Tartas & Simonneaux, 2015).

les enfants ne travaillent par petit groupe. L'enseignant, conscient que cette hypothèse est la plus fréquente, propose d'emblée de la mettre en conflit avec une ressource qui apporte une preuve contraire, un schéma scientifique avec les distances Terre-Soleil en fonction des saisons. Cependant, les enfants n'utilisent pas véritablement ce document-là comme un instrument à cette étape-là de leur démarche. Un petit groupe de quatre enfants de CM2 ayant des niveaux différents de connaissances en astronomie (évalués lors la phase 1) doivent répondre à «pourquoi il fait plus chaud en été qu'en hiver?». Ce petit groupe est composé de Bri. qui, dès la première phase, montre qu'il a de bonnes connaissances dans le domaine de l'astronomie: il ne retient pas l'hypothèse de la distance pour expliquer les saisons mais celle de l'inclinaison de la Terre, il sait que la Terre tourne autour du Soleil en une année et qu'il n'y a pas les mêmes saisons pour deux pays n'appartenant pas au même hémisphère. Aud. et Lud. connaissent la révolution de la Terre et les liens entre les hémisphères et les saisons mais expliquent les saisons avec l'hypothèse de distance (la Terre est plus proche du soleil en été). Fra. donne lui des réponses plutôt incohérentes à propos de la distance et ne connaît pas le mouvement de révolution de la Terre.

Dans la phase 2(b) de travail, il apparaît que seul Bri. qui avait déjà un niveau de conceptualisation scientifique du phénomène des saisons lors de la phase 1 propose une explication du phénomène en évoquant l'hypothèse de l'inclinaison des rayons (il n'explique pas clairement que l'axe est incliné mais que les rayons le sont). Lud., elle, sait que le soleil ne tourne pas mais qu'il s'agit de la Terre qui tourne (c'est la première à apporter son idée dans les discussions entre enfants) et corrige donc dès qu'elle peut ses partenaires sur ce point précis. Fra., lui, propose une autre hypothèse qui est celle de la distance. Bri., à plusieurs reprises, va tenter de reformuler et de proposer une sorte de synthèse entre sa propre explication et celle apportée par ses partenaires au fur et à mesure des échanges. Sur le plan de l'argumentation, les propositions se succèdent sans lien les unes avec les autres dans la première partie des échanges. Puis, Bri. propose une synthèse reprenant l'ensemble des idées. Au final ce sont deux hypothèses qui coexistent dans le groupe (le rapprochement de la Terre et du Soleil et l'inclinaison).

Extrait 1: lors de la phase 3 quand Bri. rapporte les hypothèses de son groupe[9]

Bri.: <Bri. regarde sa feuille> *moi c'est parce que la terre est en orbite autour du soleil* <Bri. fait un signe circulaire avec ses mains> *il y a des moments elle est plus proche du soleil* <Bri. joint son pousse et son index pour représenter le soleil> *qu' à des moments donc du coup ce qui fait qu'il fait plus chaud!* (hypothèse de la distance)

Après Bri., Mar. expose l'hypothèse retenue par son groupe: <Mar. lit les hypothèses qu'il a écrites sur sa feuille> *car une moitié de la terre est souvent face au soleil et souvent XXX*[10] *et quand une partie de la terre est face au soleil c'est l'été et souvent quand elle l'est pas c'est l'hiver.* (hypothèse face au soleil = été)

L'enseignant: *qu'est-ce que vous pensez de l'hypothèse de Mar.?* (question de l'enseignant sur hypothèse de Mar.)

Bri.: *non mais la Terre elle tourne sur elle-même en un jour la Terre elle tourne sur elle-même en un jour la terre donc du coup si tu es du côté pénombre en un jour… déjà une saison ça dure trois mois donc en un jour tu vas te retrouver quand même en été même euh…* (CA/hypothèse de Mar.)

Un peu plus tard dans les échanges l'enseignant souligne que Bri. et Max. ont dit que la Terre tourne sur elle-même en un jour et demande: *ça correspond à quel phénomène ça?* Une élève répond: *le jour et la nuit.* L'enseignant reformule ce qu'ont dit certains élèves à propos du cycle jour nuit: *en vingt-quatre heures ça veut dire que dans dix heures on aura le soleil qui sera de l'autre côté de la Terre XXX de rotation de la Terre donc la question c'est est-ce que quand il fait nuit on est en hiver est-ce que quand il fait jour on est en été?*

Après une élève va dessiner au tableau la Terre et le Soleil et tenter une explication mais qui ne sera pas retenue par l'enseignant.

Clem.: *plus on se rapproche d'un radiateur par exemple on a plus chaud* (proposition 1)

Enseignant: *ça vous paraît juste…* (demande d'évaluation proposition 1)

Les enfants: *oui* (réponse valide la proposition 1)

Enseignant: *est-ce que ça peut s'appliquer au Soleil et à la Terre?* (contextualisation de la part de l'enseignant de la proposition 1)

Élève: *oui*

L'enseignant: *bon vous avez d'autres hypothèses intéressantes?*

Après plusieurs dessins et explications, Bri.: *là c'est le soleil* <il montre le soleil> *et les rayons ils arrivent comme ça* <Brice montre le trajet des rayons du soleil sur le schéma de l'enseignant> *et que en hiver les rayons ils arrivent comme ça* <Brice trace le trajet des rayons du soleil en direction de l'automne> *donc du coup il fait moins chaud.*

---

9 Concernant les transcriptions le code retenu est le suivant: les propos en italiques sont les verbalisations, ce qui se trouve dans les <…> correspond aux gestes effectués, au matériel utilisé.

10 Les croix XXX signalent une partie inaudible.

Outils culturels et dynamiques sociocognitives 67

Dans ces échanges, on retrouve l'hypothèse du rapprochement de la Terre et du Soleil, cette explication a été formulée dans la classe pour expliquer les saisons dès la phase 1. Cette réponse intuitive largement utilisée renvoie sur le plan de l'expérience quotidienne, au principe souvent admis: plus on se rapproche d'une source de chaleur et plus on a chaud comme le souligne ici Clem. Vers la fin de la mise en commun dans le groupe classe, Bri. expose l'hypothèse de l'inclinaison mais celle-ci reste peu explicite pour les enfants de la classe. De plus, l'enseignant, à ce moment-là, cherche à faire réagir les élèves sur une telle conception qui s'applique dans le quotidien mais qui pourrait ne pas s'appliquer au phénomène étudié. Les élèves semblent en être convaincus et la proposition de Bri. ne sera pas reprise ni par l'enseignant ni par les élèves dans ce travail de mise en commun.

Dans la phase suivante (phase 4), les enfants se retrouvent à discuter deux à deux via Digalo sur l'ordinateur, à partir de l'hypothèse de la distance qui est apparue dans leurs échanges dès la phase 2(b) principalement avec les propositions de Fra. Fra et Bri sont ensemble à échanger avec Lud. et Aud. Voici la carte co-élaborée par les quatre enfants de CM2.

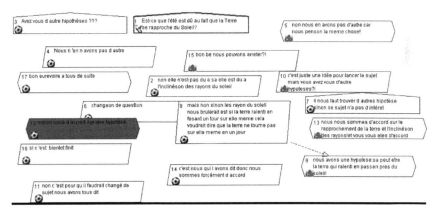

Figure 2. Exemple de carte argumentative en CM2 (grade 5).

Légende: les trois formes utilisées

Les deux garçons (Bri. et Fra.) ayant des points de vue opposés sont tous les deux face aux deux filles (Aud. et Lud.) qui n'avaient pas exprimé clairement leurs points de vue lors du travail en petit groupe: leur carte (figure 2) va commencer par l'hypothèse de la distance qui est d'emblée contredite par les garçons qui postulent l'hypothèse de l'inclinaison des rayons du soleil, les deux filles écrivent qu'elles sont d'accord puis les garçons leur demandent si elles n'ont pas une autre hypothèse. Elles finissent par proposer une autre hypothèse «*ça peut être la Terre qui ralentit en passant près du Soleil*» (bulle n° 8 sur figure 2), hypothèse totalement nouvelle qui n'apparaît pas antérieurement. Ceci est suivi d'un refus de cette proposition par les garçons «*mais non sinon les rayons du Soleil nous brûleraient et si la Terre ralentit en faisant un tour sur elle-même cela voudrait dire qu'elle ne tourne pas sur elle-même en un jour*» (bulle n° 9, figure 2). Les filles répondent que cela était juste une idée. Le patron de réponse de type «Proposition-Contre-proposition-Réponse» (*Claim-counter-Claim-Reply*) (Leitao, 2000) apparaît ici dans cet exemple de carte au CM2. De plus, au travers de cet exemple, les élèves de CM2 montrent qu'ils sont capables d'invalider une hypothèse via l'argumentation au travers de la carte argumentative et Digalo. C'est d'ailleurs le seul moment où ils ont eu recours à une flèche pour montrer le désaccord et l'expliquer. Sur le plan argumentatif, il y a donc un enrichissement des échanges et des liens entre les propositions via la carte argumentative-en-train-de-se-faire.

Ensuite, les cartes ont été reprises et reconstruites à partir des propositions des élèves. Deux cartes ont ainsi été élaborées par les chercheurs et l'enseignant visant à mettre en tension les connaissances des enfants à la fois du point de vue de la qualité des arguments utilisés tout autant que des connaissances mobilisées pour alimenter la discussion: une carte plutôt pauvre tant sur le plan de l'argumentation (les propositions ne sont jamais justifiées ni coordonnées entre elles) que sur le plan des connaissances mobilisées et, une carte plus riche sur laquelle apparaissent des contradictions, des arguments opposés, justifiés et coordonnés entre eux.

L'enseignant va ensuite introduire une nouvelle activité: travailler sur deux nouvelles cartes argumentatives pour les évaluer. Il propose donc avant la phase 5 une forme d'étayage basé sur la reformulation et le fait de rendre explicite le travail à la fois discursif et conceptuel sur la carte en examinant avec le grand groupe classe la première carte (peu riche, peu argumentative). Il permet ainsi aux enfants de la classe de construire un espace commun de discussion. Une fois cet espace intersubjectif co-élaboré, l'enseignant laisse les élèves travailler en petits

Outils culturels et dynamiques sociocognitives

groupes avec une autre forme d'étayage: le travail entre élèves sur des cartes imprimées. Les petits groupes composés de quatre enfants (mêmes groupes que précédemment) travaillent sur un nouvel objet: la carte reconstruite plus riche tant sur le plan argumentatif que conceptuel. Ils doivent à la fois discuter de la cohérence des cartes tant sur le plan des aspects argumentatif (est-ce bien expliqué, cohérent, les exemples sont-ils pertinents?) que conceptuel (les notions et termes utilisés sont-ils les bons, pourquoi, etc.).

Dans le groupe, ils parviennent à un accord: dans la proposition qui est faite, ils rejettent le fait que le soleil bouge, ce n'est pas lui qui fait une trajectoire mais la Terre qui fait une trajectoire. Puis ils vont utiliser le document donné en phase 2 (le schéma de la distance Terre-Soleil aux différentes saisons) et discuter de l'hypothèse de la distance en la rejetant grâce aux données scientifiques proposées dans ce schéma qu'ils vont réutiliser ici comme ressource pour contredire cette proposition de la distance.

Extrait 2: phase 5b discussion en petit groupe sur la carte argumentative imprimée

Bri: *la huit* ***est-elle dû à l'inclinaison des rayons du soleil*** *bah oui c'est ce qu'on a dit là le soleil il est plus haut <fait un mouvement de hauteur avec ses mains> voilà c'est dû à l'inclinaison <il représente un mouvement incliné avec ses mains> des rayons du soleil par rapport à la terre ben on l'avait dit l'autre fois et après neuf XXX hypothèse ça c'est eux peut être que la terre ralentit en passant près du soleil ça c'est vrai par contre mais non parce que sinon les rayons du soleil nous brûleraient et si la terre ralentit en faisant un tour sur elle-même, ça veut dire que ce serait contradictoire à ce qu'on dit <il représente la terre avec ses mains> la terre ferait pas un tour sur elle-même pendant vingt-quatre heures mais en moins puisque si elle ralentit donc c'est pour ça et après onze* ***nous sommes d'accord sur le rapprochement de la terre et l'inclinaison…***
Fran.: *des rayons* (termine la phrase de Brice)
Lud.: *des rayons*
Bri.: *bah oui voilà ça <montre une hypothèse sur sa feuille> on a dit que c'était bon donc ça on est d'accord <lecture à haute voix>* ***en hiver les rayons du soleil arrivent*** *XXX d'accord*

Le groupe va ainsi examiner une à une chaque proposition lue sur la carte (en gras) et essayer de raisonner à partir d'elle et de l'évaluer. Il s'ensuit également un travail réflexif: les élèves se demandent si l'hypothèse proposée dans la carte arrive au bon moment, s'ils peuvent la faire évoluer suite à l'intervention de l'enseignant. Ainsi se construit une discussion spécifique à propos des échanges externalisés par la carte qui va leur permettre de développer une explication des saisons telle qu'attendue par l'enseignant (l'inclinaison est proposée, mais il s'agit de l'inclinaison des rayons). Ce travail spécifique sur la carte a permis aux élèves du petit groupe de mettre à distance leur propre niveau d'explication ou de compréhension du phénomène et de revenir sur ce niveau en l'évaluant à la lumière du point de vue d'autrui ce qui permet de valider ou non la proposition précédemment discutée. Il y a en quelque sorte une possibilité qui est offerte lors de cette phase – évaluer leurs propres propositions et d'autres mises en scène dans une nouvelle carte. Cette possibilité de retour sur les propositions permet de comprendre autrement le phénomène examiné. Ils parviennent ainsi à un autre niveau d'explication qui est celui attendu par l'enseignant lorsqu'ils travaillent tous ensemble en groupe. Cependant lors de la phase finale d'évaluation individuelle (phase 7), tous n'ont pas pu mobiliser ce savoir pourtant partagé dans la phase antérieure lors des échanges pour résoudre une tâche individuelle.

Ces quelques illustrations empiriques relevant des différentes phases soulignent donc à la fois l'importance des échanges entre élèves et entre élèves et enseignant dans la co-construction des significations du phénomène étudié et du rôle central que joue l'enseignant lorsqu'il décide ou non de ne pas formaliser les connaissances à un moment donné (cf. Tartas & Simonneaux, 2015). Le guidage proposé par l'enseignant (cf. chapitre de Barth dans cet ouvrage) est central, il doit être ajusté et évolue au cours des différentes phases et activités proposées tout comme doivent l'être les outils qu'il propose aux élèves qui, du point de vue du chercheur comme de l'enseignant, permettent d'accéder aux traces des activités de conceptualisation et d'argumentation des élèves lors de leurs possibles utilisations.

Conclusion

Ce chapitre avait pour objectif de montrer qu'il est possible de transformer les façons de réfléchir sur un phénomène scientifique en pratiquant l'argumentation et la démarche d'investigation scientifique (questionner un phénomène, pratiquer des activités médiatisées par différentes sources) voire même de provoquer un développement des connaissances à l'école élémentaire. Nos résultats à un niveau micro-historique développés ici ont permis de montrer l'importance de connaissances déjà-là (pour l'élève mais aussi au sein du groupe) pour entrer dans la discussion autour des saisons. La connaissance du cycle jour-nuit, de la rotation de la Terre, par exemple, sont des préalables importants et, à différentes phases, il a été nécessaire de reprendre l'un ou l'autre de ces phénomènes pour les élèves et l'enseignant tant en grand groupe classe que dans les petits groupes pour écarter certaines explications apportées par les élèves (ralentissement de la Terre; la rotation de la Terre comme explicative des saisons avec confusion du cycle jour-nuit et du cycle des saisons). Ce rappel des connaissances partagées fonctionne comme un préalable aussi dans le groupe afin de pouvoir s'appuyer sur un consensus pour aller plus loin dans la construction des significations. L'autre élément qui a fait consensus aussi concerne ce qui bouge ou ne bouge pas: seule la Terre bouge, c'est encore une connaissance préalable. Pour construire cet accord, les enfants ont été amenés via le discours guidé par l'enseignant, basé sur l'argumentation orale et écrite via les cartes argumentatives (en synchrone et dans un usage après-coup) à reprendre leurs productions. Cette reprise ou répétition sans répétition semble avoir permis une prise de distance avec le phénomène étudié. C'est en effet durant cette phase de travail en petit groupe que les enfants ont eu recours au schéma scientifique pour évincer l'hypothèse de la distance qui jusque-là coexistait avec celle de l'inclinaison. Reste que parfois ce qui fait consensus dans le petit groupe ou grand groupe classe n'est pas un savoir du point de vue de l'enseignant et du scientifique. Il convient donc pour l'enseignant de relancer les activités dialogiques autour de ce savoir à construire.

Nous avons montré dans ce chapitre l'importance d'étudier un enchainement de situations interactives en classe au sein de différents types de groupe via différents outils (langage et systèmes de signes écrits extérieurs) afin de mieux comprendre les changements dans les façon de dire, expliquer le phénomène étudié en situation. Il a été souligné dans ce chapitre, l'importance de donner des occasions aux enfants de pouvoir utiliser leurs propres traces écrites comme moyen d'entrer dans un nouveau rapport au savoir en jeu. Proposer ce type de réitération de situation sociale (participation à une discussion et reprise de cette discussion après coup pour examiner le phénomène en jeu autrement) nous semble une piste intéressante, tant du point de vue de l'enseignant que du chercheur, pour provoquer un changement chez l'apprenant.

Sur le plan de la recherche sur les interactions sociales, il semble que du point de vue théorique, les approches dialogiques de la pensée s'entendent sur la nécessité de concevoir les activités sociocognitives comme impliquant au moins quatre pôles: le sujet (élève) – l'objet – d'autres sujets médiatisés par le langage – et différents systèmes de signes (dont les notations ici argumentatives); l'unité d'analyse est donc fixée, il semble qu'il y ait cependant encore beaucoup de travail sur le plan des indicateurs à considérer pour saisir le devenir des savoirs et des significations co-élaborés entre élèves et enseignant sans oublier les instruments qui les rendent possibles.

Remerciements

L'auteur tient à remercier plus particulièrement Valérie Frède, astronome, pour sa collaboration à l'étude (construction des séances, recueil des données et analyses quantitatives non présentées ici), et Marie-Hélène Chaput, enseignante, pour sa disponibilité et pour son aide.

Références bibliographiques

Andriessen, J. Baker, M. & Suthers, D. (2003). *Arguing to learn: confronting cognitions in computer-supported collaborative learning environments*. Dordrecht: Kluwer.

Cole, M. (1996). *Cultural psychology: A once and future discipline*. Cambridge: Harvard University Press.

Clot, Y. (2004). Le travail entre fonctionnement et développement. *Bulletin de psychologie, 57*(1), 5-12.

Erduran, S. & Jimenez-Aleixandre, M.P. (Eds.) (2008). *Argumentation in science education: Recent developments and future directions*. Dordrecht: Springer.

Furberg, A. & Arnseth, H. C. (2009). Reconsidering conceptual change from a socio-cultural perspective; analyzing students' meaning making in genetics in collaborative learning activities. *Cultural Studies of Sciences of Education, 4*, 157-191.

Giglio, M. (2013). *Cuando la colaboración creativa cambia la forma de enseñar*. Santander: Publicaciones Universidad Cantabria.

Grossen, M. (2010). Interaction analysis and psychology: A dialogical perspective. *Integrative Psychological and Behavioral Science, 44*, 1-22.
Leitão, S. (2000). The potential of argument in knowledge building. *Human Development, 43*(6), 332-360.
Muller Mirza, N. & Perret-Clermont, A.-N. (2008). Dynamiques interactives, apprentissages et médiations: analyses de construction de sens autour d'un outil pour argumenter. In L. Filliettaz & M.L. Schubauer-Leoni (Eds.), *Processus interactionnels et situations éducatives* (pp. 231-253). Bruxelles: De Boeck.
Muller Mirza, N. & Perret-Clermont, A.-N. (Eds.) (2009). *Argumentation and Education. Theoretical Foundations and Practices.* New York: Springer.
Muller Mirza, N., Tartas, V. Perret-Clermont, A.-N. & De Pietro, J.-F. (2007). Using graphical tools in a phased activity for enhancing dialogical skills: An example with Dunes. *International Journal of Computer-Supported Collaborative Learning, 2*(2-3), 247-272.
Nicolet, M. (1995). *Dynamiques relationnelles et processus cognitifs: étude du marquage social chez des enfants de 5 à 9 ans.* Paris: Delachaux et Niestlé.
Perret-Clermont, A.-N. (1993). What is it that develops? *Cognition and Instruction, 1*(3-4), 197-205.
Perret-Clermont, A.-N. & Schubauer-Leoni, M.L. (1981). Conflict and cooperation as opportunities for learning. In P. Robinson (Ed.), *Communication in Development* (pp. 203-233). London: Academic Press.
Rabardel, P. (1995). *Les hommes et les technologies. Approche cognitive des instruments contemporains.* Paris: A. Colin.
Saada-Robert, M. & Balslev, K. (2006). Les microgenèses situées. Études sur la transformation des connaissances. *Revue suisse des sciences de l'éducation, 3,* 487-512.
Saxe, G.B., Gearhart, M., Shaughnessy, M., Earnest, D., Cremer, S., Sitabkhan, Y., Platas, L. & Young, A. (2009). A methodological framework and empirical techniques for studying the travel of ideas in classroom communities. In B.B. Schwarz, T. Dreyfus & R. Hershkowitz (Eds.), *Transformation of knowledge through classroom interaction* (pp. 203-222). New York: Routledge.
Schoultz, J., Säljö, R. & Wyndhamn, J. (2001). Heavenly Talk: Discourse, Artifacts, and Children's Understanding of Elementary Astronomy. *Human Development, 44,* 103-118.

Schwarz, B.B. (2009). Argumentation and learning. In N. Muller Mirza & A.-N. Perret-Clermont (Eds.), *Argumentation and Education. Theoretical Foundations and Practices* (pp. 127-144). New York: Springer.

Tartas, V. (2013). Appropriation des concepts en astronomie dans des situations d'enseignement-apprentissage médiatisées par l'argumentation à l'école élémentaire: vers une reconsidération socio-historique du changement conceptuel. In Y. Clot (Ed.), *Vygotski et l'école apports et limites d'un modèle pour penser l'éducation et la formation* (pp. 203-220) Bordeaux: Presses universitaires de Bordeaux.

Tartas, V., Baucal, A. & Perret-Clermont, A.-N. (2010). Can you think with me? The social and cognitive conditions and the fruits of learning. In C. Howe & K. Littletown (Eds.), *Educational Dialogues: Understanding and Promoting Productive Interaction* (pp. 64-82). Londres: Elsevier.

Tartas, V. & Frède, V. (2007a). Learning through argumentation and inquiry-oriented teaching: examples in Grades 3, 4 and 5 in France. In B.B. Schwarz & A.-N. Perret-Clermont (Eds.), *White book: Learning Science in inquiry based and argumentative activities cases studies* (Rapport scientifique du projet ESCALATE, pp. 89-145). Bruxelles: Service communautaire d'information sur la recherche et le développement, Commission européenne.

Tartas, V. & Frède V. (2007b, septembre). *Intuitive ideas and scientific explanations as part of elementary children's developing understanding in astronomy: the case of the seasons*. Communication présentée à la conference EARLI, Budapest, Hongrie.

Tartas, V. & Perret-Clermont, A.-N. (2012). Faire avec autrui: une situation pour comprendre le développement. In Y. Clot (Ed.), *Vygotsky maintenant* (pp. 193-211). Paris: La Dispute.

Tartas, V., Perret-Clermont, A.-N., Marro, P. & Grossen, M. (2004). Interactions sociales et appropriation de stratégies par l'enfant pour résoudre un problème: quelles méthodes? *Bulletin de psychologie*, 57(1), 111-115.

Tartas, V. & Simonneaux, L. (2015). Argumenter dans la classe en astronomie: rôle de l'enseignant et des outils sémiotiques dans la compréhension des saisons par des élèves de CM2 (grade 5). In N. Muller Mirza & C. Buty (Eds.), *L'argumentation dans les contextes de l'éducation* (pp. 135-165). Berne: Peter Lang.

Vosniadou, S. & Brewer, W.F. (1992). Mental models of the earth: a study of conceptual change in childhood. *Cognitive Psychology, 24*, 535-584.

Vosniadou, S., Skopeliti, I. & Ikospentaki K. (2004). Modes of Knowing and Ways of Reasoning in Elementary Astronomy. *Cognitive Development, 19,* 203-222.

Dialogues et hétérogénéité des interactions en classe: le cas d'une leçon de philosophie au secondaire II

Tania Zittoun et Michèle Grossen

Une approche dialogique pour l'étude des interactions en classe

Il y a de nombreuses manières de décrire et de comprendre ce qu'est une classe d'école. On peut par exemple la décrire comme une mini-société, ou comme une situation sociale constituée par un cadre spécifique – matériellement défini par les quatre murs d'un local, symboliquement constitué par des règles, des sonneries, des rôles sociaux – tenue par un contexte institutionnel, au sein duquel des interactions spécifiques se déroulent. On peut aussi examiner comment ce cadre, ou ce champ social, évolue au travers du temps, s'inscrivant à la fois dans une histoire plus large et générant des micro-histoires d'apprentissages (Carpendale & Müller, 2004; Goffman, 1974; Perret-Clermont, Carugati & Oates, 2004; Zittoun & Perret-Clermont, 2009). De telles approches, si elles ont l'avantage de révéler une partie de la complexité relationnelle et sociale qui s'y joue, tendent néanmoins à isoler la classe du reste du monde, à souligner la très grande spécificité de ce qui s'y déroule et qui serait alors détaché d'autres situations sociales, d'autres aspects de la vie des personnes impliquées. En conséquence, les interactions qui s'y déroulent, les modalités relationnelles qui les caractérisent, les objets scolaires en jeu, apparaissent eux-mêmes comme détachés ou isolés du tissu social plus large. Pour dépasser ce point de vue, des approches plus récentes, que l'on désignera par le terme générique d'«approche dialogique», ont souligné la flexibilité relative de ces cadres et évoqué des communautés aux frontières plus molles, plus perméables, en communication avec d'autres (Akkerman & Bakker, 2011; Tanggaard, 2008).

Une approche dialogique nous paraît également à même de montrer les liens entre ce qui a ainsi été isolé, ou la manière dont la classe et les interactions qui s'y déroulent entrent en relation avec d'autres interactions, situations et entités sociales.

L'approche dialogique en psychologie a été inspirée par les travaux de Bakthine (1987, 1998), qui portent sur la littérature et montrent comment dans le discours en général, une pluralité de «voix» coexistent; comment ces voix reprennent ou font écho à d'autres situations sociales, à la fois dans leur contenu (comme lorsque l'on cite les mots des autres) et dans leur genre; comment aussi tout discours peut être vu à la fois comme la réponse à un discours précédent et comme l'anticipation d'un discours à venir. Cette approche s'est développée pour examiner les modalités interactives dans des situations duales, ou de groupe et, plus généralement, dans les échanges sociaux, notamment dans les situations scolaires (Grossen & Salazar Orvig, 2011; Grossen, 2010; Ligorio, 2010; Linell, 2009; Marková, Linell, Grossen & Salazar Orvig, 2007; Marková, 2007). Elle permet d'être attentif à différentes formes de dialogue: (1) le dialogue entre des personnes présentes, par exemple entre deux élèves; (2) le dialogue avec une personne absente (idéale, remémorée, etc.), par exemple quand un élève s'imagine ce que pourrait lui dire son enseignant; (3) le dialogue entre situations, par exemple quand une situation de classe de littérature fait écho à une situation similaire, plus tôt dans le temps; (4) le dialogue avec des éléments culturels, comme des livres ou des films qui sont eux-mêmes porteurs des voix d'autres personnes, sous forme cristallisée; (5) enfin, le dialogue plus global qui peut être généré par la pluralité de ces autres dialogues – par exemple lorsque le dialogue avec un enseignant en présence contredit ce qui émerge du dialogue avec un livre (Zittoun & Grossen, 2012). Comme on le voit, une telle approche met en évidence les dynamiques de circulation des significations au travers des personnes, des situations et du temps. Elle invite à être attentif à ce qui, dans l'ici et maintenant de la situation, renvoie à de l'ailleurs et à d'autres temps.

Partant de ce principe, nous nous proposons d'examiner de manière dialogique une interaction en classe de philosophie. Notre proposition est en particulier de mettre en évidence l'hétérogénéité constitutive de cette interaction – autrement dit, le fait que même quand c'est *une* personne qui parle, une diversité de dialogues ont lieu simultanément: ce qu'elle dit peut activer, ou inclure, les cinq types de dialogues que nous venons de présenter. Ainsi, notre proposition est que les interactions en classe sont riches de cette multiplicité de dialogues, et nous nous proposons de montrer que ce qui s'y échange active divers réseaux de significations. Nous montrerons en outre que le discours d'élèves porte lui aussi des traces et des échos de ces dialogues multiples.

UNE RECHERCHE SUR LES INTERACTIONS EN CLASSE DE LITTÉRATURE, DE PHILOSOPHIE

Nous nous basons ici sur les données empiriques recueillies dans le cadre du projet SYRES (*Ressources symboliques à l'école secondaire*)[1], dont la méthode visait précisément à mettre en évidence ces dynamiques dialogiques. En effet, le projet avait pour but d'examiner si, et à quelles conditions, des élèves du niveau secondaire II pouvaient s'approprier des textes littéraires et philosophiques étudiés en classe et leur conférer un sens personnel, de sorte qu'ils soient susceptibles de les mobiliser en dehors de l'école lorsqu'ils sont confrontés aux situations quotidiennes typiques de l'adolescence; en termes plus techniques, nous nous demandions donc si ces textes pouvaient devenir des *ressources symboliques* pour ces élèves.

Le projet a porté sur trois écoles secondaires (deux écoles pré-universitaires nommées A et B et une école professionnelle – école C), dans trois disciplines (français, philosophie, culture générale) et dans 15 classes d'un canton de Suisse romande[2]. Les données ont été recueillies auprès de 230 élèves âgés de 15 à 18 ans, via questionnaires (n= 205), entretiens

---

1 Projet co-dirigé par Tania Zittoun et Michèle Grossen, avec la collaboration d'Olivia Lempen, Christophe Matthey, Sheila Padiglia et Jenny Ros, financé par le Fonds National de la Recherche Scientifique Suisse (FNS n° 100013-116040/1-2 (2007-10). Le projet examinait à quelles conditions de jeunes élèves pouvaient s'approprier des textes littéraires ou philosophiques de manière à ce que ceux-ci deviennent des ressources symboliques mobilisables hors de l'école – ou, en d'autres mots, que des transferts soient possibles – de manière à rendre compte des expériences que vivent de jeunes adolescents. Il a été largement montré par ailleurs que les adolescents font de tels usages de films, romans ou chansons rencontrés de manière informelle (Zittoun, 2006); la question était donc de savoir dans quelle mesure les interactions situées en classe permettent des dynamiques similaires.

2 Nous présupposions que la marge d'appropriation laissée aux élèves dépendait de traditions disciplinaires, ainsi que du statut des écoles; la littérature

(n= 20) et *focus groups* portant sur des vignettes de situations d'interactions en classe (6 groupes); elles ont également été recueillies auprès de 16 enseignants qui ont été interviewés; enfin, elles ont consisté en observations des interactions en classe (56 leçons, dont, dans cinq classes, l'intégralité de séquences pédagogiques se déroulant sur deux à six leçons – à savoir, depuis la présentation d'un texte ou d'un auteur par l'enseignant jusqu'à la conclusion du thème, en passant par le travail ou l'analyse du texte). Chacun des corpus a été analysé séparément, puis nous avons croisé et combiné ces données, en visant ainsi une double forme de triangulation (Flick, 1992, 2007): nous avions deux types de données sur chaque acteur (des entretiens et des questionnaires avec les élèves, etc.) mais nous pouvions aussi croiser les perspectives des acteurs sur chaque situation (nos observations des interactions en classe et la représentation qu'en ont les élèves via les *focus groups*). Dans nos analyses, nous avons identifié les «objets scolaires» – à savoir, les livres, les connaissances ou modes de raisonnement qui sont plus ou moins explicitement traités comme des objets à enseigner et qui peuvent devenir matière des leçons des enseignants. Nous parlons «d'éléments culturels» pour désigner plus largement les livres, romans, chansons disponibles dans notre environnement culturel[3].

---

    nous permet en effet de penser que l'enseignement du français qui est plus «didactisé» que celui de la littérature, prescrit davantage l'action des enseignants que celui de la philosophie. La «culture générale» est de fait la discipline au sein de laquelle la littérature est enseignée en école professionnelle. De même, nous avions des raisons de penser que les enseignants des voies pré-universitaires prescriraient davantage un rapport formel au savoir que ceux des filières aux débouchés professionnels (Rochex, 1998). Les enseignants ont été sélectionnés pour représenter ces différentes disciplines, dans les différentes écoles.

3 Un des résultats de notre analyse montre que les établissements scolaires ou les disciplines peuvent avoir différents critères pour décider quel élément peut devenir un objet scolaire: un enseignant de culture générale peut utiliser une chanson hip-hop pour proposer une analyse de vers, alors qu'un autre enseignant ne considère comme artistique que les œuvres relevant d'un certain canon «classique». La question des éléments culturels légitimés à l'école apparaît dans l'analyse présentée ici et joue un grand rôle dans la création ou le maintien des inégalités socioculturelles des élèves (Bourdieu & Passeron, 1970; Rochex & Bautier, 2005; Rochex, 1998).

Les interactions en classe

Nous commencerons par décrire les interactions en classe que nous avons analysées de deux façons: d'une part, en termes de cadre créé et des espaces de réappropriation donnés aux élèves, d'autre part en termes de «mises en lien» qui se font entre les objets scolaires qui sont au cœur des leçons et des situations ou des éléments culturels extrascolaires. En effet, comme nous l'avons dit, selon une approche dialogique, tous les éléments d'une situation sont potentiellement «en dialogue» avec autre chose. Ainsi, les effets de cadre peuvent constituer des échos des expériences et des trajectoires des enseignants; le discours des uns et des autres renvoient à d'autres occurrences des mêmes termes et idées; potentiellement, une telle analyse est infinie. Pour la rendre possible, nous nous centrons donc sur des occurrences qui de fait «sortent» du discours scolaire, soit parce qu'elles renvoient explicitement à des situations ou des expériences qui ne sont pas liées à l'objet scolaire (par exemple l'expérience personnelle d'un élève, un évènement de l'actualité), soit parce qu'elles renvoient à des éléments culturels en principe considérés, par les élèves comme par les enseignants, comme «non scolaires», par exemple un film grand public. Nous nous centrerons donc sur les «mises en lien» entre objets scolaires et éléments non scolaires, en les considérant comme un lieu de «dialogue» entre la leçon en cours et d'autres situations personnelles ou sociales. Nous avons donc codé les échanges en identifiant plusieurs catégories de mise en lien (cf. tableau 1).

Tableau 1. Types de mises en lien identifiés
dans les leçons de littérature, philosophie et culture générale

Mises en lien entre l'objet scolaire en jeu et…

Un élément culturel	**Exemple:** dans un cours de philosophie, faire un lien entre le concept de beauté selon Platon et le tableau de la Joconde
Un élément de la vie privée de l'enseignant	**Exemple:** dans un cours de culture générale, un enseignant fait un lien entre le racisme et le fait qu'il est italien
Un élément de la vie privée de l'élève	**Exemple:** dans un cours de culture générale, un élève fait un lien entre

	l'arrachage d'ongle comme technique de torture et sa propre expérience (il a dû se faire arracher les ongles pour des raisons médicales)
Un élément de la vie sociale	**Exemple:** dans un cours de philosophie sur le racisme, un élève fait un lien avec des articles de presse quotidienne à tendance raciste
Un élément de la vie sociale effectué par un positionnement énonciatif générique du destinataire de l'énoncé	**Exemple:** dans un cours de littérature, l'enseignante déclare «Tout roman c'est un bon moment à passer mais c'est aussi une occasion qui nous est donnée de réfléchir sur nous-mêmes»
Un élément de la vie sociale effectué par un positionnement énonciatif personnel du destinataire de l'énoncé	**Exemple:** dans un cours de littérature, l'enseignante parle de la vie de Dostoïevski et interpelle ses élèves en disant «Alors vous imaginez si vous êtes amoureux de quelqu'un et qu'il ne le sait pas»

Nous avons aussi décrit comment et par qui ces éléments sont introduits, développés et la manière dont ces mises en lien sont closes pour revenir au flot habituel de l'activité scolaire.[4] Globalement, nous avons identifié 144 «séquences de mise en lien»; la moitié d'entre elles portent sur la vie sociale (52%), un quart (28%) sur les éléments culturels et un septième (15%) sur la vie privée de l'élève. Il y a très peu de mises en lien avec la vie privée de l'enseignant (4%). Si, en l'absence de point de comparaison, il est impossible de savoir si ces occurrences sont rares ou fréquentes, elles montrent en tous cas que ces incursions dialogiques avec d'autres situations sont matière courante des interactions en classe. Le nombre de ces mises en lien varie également de classe en classe (en fonction des enseignants, mais aussi des disciplines et des écoles). Toutefois, ce renvoi à des contenus non scolaires n'est qu'une des formes par lequel se joue ce dialogue entre différentes situations et différents discours.

---

4 Les données ont été codées et vérifiées selon une méthode des juges.

LE CAS D'UNE CLASSE DE PHILOSOPHIE

Pour aller plus avant dans la saisie de cette hétérogénéité du discours scolaire, penchons-nous sur les interactions qui se déroulent dans la classe de Preston, un enseignant de philosophie dans l'école pré-académique B.[5] Preston est fraîchement diplômé de philosophie et est très soucieux d'initier ses élèves au débat philosophique ou à l'activité de philosopher. Dans la situation suivante, une discussion ayant pour objet le rôle de l'œuvre d'art se déroule en classe: l'art consiste-t-il à représenter des belles choses ou consiste-t-il à faire une représentation d'une chose quelle qu'elle soit? Pour illustrer son propos, l'enseignant prend l'exemple d'un poème de Baudelaire *La Charogne* dans lequel le poète n'évoque pas une «belle chose».

L'enseignant donne la parole à une élève (Mara) qui lève la main:

1 Élève[6]:		Pour la pub Benetton ((elle reprend un thème introduit précédemment pas une camarade)) comme ça je pense pas que c'est vraiment dans le sens que vous dites vous
2 Preston:		Ouais
3 Élève:		Mais c'est plutôt pour euh dans le sens d'un engagement, faire un peu changer les choses enfin
4 Preston:		Ah mais alors donc l'idée c'est que ok c'est dans un engagement je veux dire dans ce cas là l'œuvre d'art a un sens, c'est un langage quelque part qui n'est pas politique mais qui est esthétique, mais est-ce qu'on peut pas ramener- étant donné qu'il s'agit d'un langage esthétique provoquant (..) tout dépend dans quelle lecture on se situe, est-ce qu'on est dans une lecture esthétique et:: je sais pas si on prend une femme anorexique elle ne répond pas aux canons majoritairement répandu d'une belle femme qui serait en plus retouchée comme ça se fait aujourd'hui. Ce langage là c'est quelque chose qui nous parvient, après qu'on l'interprète comme étant une provocation telle que vous

---

5 Nous choisissons ce cas car il appartient au nombre des enseignants dont nous avons aussi interviewé les élèves. Ici il nous permet d'exemplifier les principes dialogiques présentés plus haut; et en tant qu'étude de cas, il participe comme tous les autres cas à la mise en évidence de dynamiques dont nous cherchons à rendre compte en travaillant à un niveau théorique.

6 Convention de transcription::: consonne étirée; … silence; – syllabe coupée; [AA] [BB] chevauchement; (…) partie non rapportée; (non verbal ou paraverbal); ((xx)) commentaire des chercheurs.

	l'interprétez oui, mais je pense qu'on peut faire une correspondance. Il me semble (..) pourqu- alors-
5 Élève:	Ben pas toujours
6 Preston:	Dites-moi pourquoi, développez!
7 Élève:	Ben je sais pas parce qu'il y a il y a il y a certains tableaux qui sont comment dire, presque purement esthétiques, tandis qu'il y en a des (hausse les épaules) il me semble que le plus important dans l'art c'est quand même d'étudier les tableaux qui ont un fond plus profond euh
8 Preston:	C'est-à-dire?
9 Élève:	Euh par exemple qui reflètent des injustices ou je sais pas je pense autant aux- à certains artistes mexicains qui ont fait des- aussi justes des choses contre les murs comme ça pour montrer à tout le peuple
10 Preston:	Hmm
11 Élève:	Pour que ça les réveille un peu, c'est une manière de s'engager dans un combat ou de parler aux gens ou de –
12 Preston:	Alors quand vous affirmez ça en fait, vous- je dirais que vous mettez un peu de côté et vous:: vous retirez je sais pas à une œuvre de Rembrandt ou de Turner une certaine légitimité en tant que expression artistique. puisque est-ce qu'on peut dire d'un Turner qui représente un coucher de soleil que c'est une œuvre engagée (élève essaie de répondre), non, on est vraiment dans un rapport purement contemplatif, j'entends, on n'est pas dans un engagement politique (..) d'une certaine manière [quand vous]=
13 Élève:	[Mais]
14 Preston:	=Affirmez ça, vous retirez- en tous cas vous minorez la légitimité d'œuvres d'art à un art, une expression artistique plus classique (..) n'est-ce pas?
15 Élève:	Peut-être un petit peu (rires)
16. Preston:	Euh y avait une question? ((se tournant vers l'élève 2 qui avait précédemment demandé la parole))
17 Élève 2:	Non
18 Preston:	Finalement non

Commentons cet échange. Invitée à expliciter son point de vue, l'élève (7) commence par faire une distinction entre des tableaux qui seraient «presque purement esthétiques» et des tableaux «qui ont un fond plus profond». Sur incitation de Preston, elle illustre cette distinction en faisant un lien avec des artistes mexicains (9: «je pense autant aux- à certains artistes mexicains qui ont fait des- aussi justes des choses contre les murs comme ça pour montrer à tout le peuple»). Sa mise en lien constitue une argumentation que l'enseignant est en droit d'attendre dans la mesure où elle vient d'exprimer son désaccord. Preston (12) fait alors un développement au terme duquel il offre à nouveau à l'élève la possibilité de réagir (14). Cependant, celle-ci répond de manière minimale par un rire un peu timide. L'impression générale que donne cette séquence, mais que la transcription traduit mal, est que l'enseignant cherche à ouvrir une discussion philosophique avec l'élève, qu'il s'exprime donc dans un certain genre de discours propre à l'activité philosophique, mais que l'élève n'entre pas dans ce jeu. La réserve de l'élève pourrait être due soit au fait qu'elle ne connaît pas le genre discursif que l'enseignant lui propose, soit à l'asymétrie entre enseignant et élève: entrer dans une *disputatio* signifierait en effet pour l'élève oser s'opposer à son enseignant, ce qui serait contraire aux rôles institutionnels qui structurent la situation.

Différentes formes d'hétérogénéité apparaissent ici. De prime abord, la situation est un simple dialogue; chacun des participants répond à l'autre, reprend des paroles dites (12) ou anticipe des réponses (14); l'enseignant invite aussi les autres à réagir à ce qui se dit (16). Toutefois, on constate que ce dialogue en présence renvoie lui-même à des lieux, acteurs et temporalités qui dépassent l'interaction actuelle.

Premièrement, l'œuvre dont il est question – l'objet scolaire est un poème de Baudelaire – est immédiatement mise en relation avec d'autres éléments culturels qui se situent au-delà de la situation de classe ou même de l'expérience scolaire: des peintures murales, des publicités, ou des œuvres d'arts classiques. Par cette mise en dialogue, les personnes présentes essayent de «faire parler» cette œuvre, ou peut-être, de mettre en mots les réactions qu'elle suscite. Deuxièmement, on peut penser que les commentaires que suscitent les mentions de ces éléments culturels – la controverse sur les publicités de Benetton (4), la valeur d'un tableau de Turner (12) ou d'une peinture murale (9) – sont eux-mêmes des échos de conversations auxquelles ont participé les personnes présentes. En ce sens, la situation présente est en dialogue avec d'autres interactions. Troisièmement, le genre de discours dont relève le discours de l'enseignant fait lui aussi appel à d'autres situations dans lesquelles il est pertinent d'y faire recours; l'enseignant essaye donc de faire fonctionner un genre formel, ou secondarisé, de discours (Rochex, 1998): la dispute philosophique. Quatrièmement, par ce qui précède sont aussi convoquées des normes implicites et des valeurs qui généralement structurent le contexte de l'interaction: le «bon usage» du discours en classe de philosophie, les œuvres d'arts légitimes en classe (Turner ou l'art mural mexicain), la «bonne manière» de comprendre la «profondeur» d'une œuvre d'art (comme quelque chose de politique, ou non). Ces valeurs et normes, plus ou moins implicites, et activées de manière très spécifique en classe, et en particulier en classe de philosophie, viennent orienter les discussions. En tant que représentations sociales, elles sont l'écho, dans la classe, du monde social et des champs de force qui le traversent (Marková, 2007): concrètement, elles viennent donner à certains acteurs plutôt qu'à d'autres l'autorité ou le confort dans le maniement de certains arguments. En tant que réalités sémiotiques, elles ont aussi le pouvoir de guider le discours, d'inciter les acteurs à répondre dans un sens plutôt que dans un autre, etc. De cette façon, l'interaction devient une mise en abyme de dialogues sociaux, de manières de voir le monde, débattues bien au-delà de la classe et dans une historicité bien plus longue. Ainsi voit-on ces différentes formes de dialogues créer un champ de tensions: la tentative de l'élève de mettre en dialogue l'objet scolaire – le poème de Baudelaire – avec les peintures murales est discréditée par le pouvoir que donnent à l'enseignant sa maîtrise du genre de discours (échos des pratiques légitimes) et sa maîtrise des normes en vigueur au-delà de la classe. En fin de compte, la voix des élèves – qui défend l'idée que l'art peut avoir une valeur d'engagement politique – est simplement tue par tous les échos qui viennent renforcer et légitimer la voix de l'enseignant.

Le discours des élèves

Nous avons par ailleurs interrogé certains des élèves de la classe de Preston; nous nous pencherons sur ces discours, en nous demandant si les dialogues observés en classe deviennent à leur tour l'horizon dialogique des discours des élèves. A priori, si l'on s'en tient à une lecture vygotskienne, l'apprentissage des élèves dépend de l'internalisation de dialogues sociaux; ici, on peut donc faire l'hypothèse que l'apprentissage de la philosophie par les élèves suppose, dans une certaine mesure, que leur discours porte les marques dialogiques de la situation qui vient d'être décrite.

Examinons d'abord le discours de Monica, qui se présente comme une grande lectrice et aime écrire; très investie en français, elle l'est moins en philosophie:

Monica 109
1 I À votre avis, c'est quoi le but de l'enseignement de la philosophie au lycée, du point de vue du lycée?
2 M Moi je pense déjà, il y a le côté historique pour… montrer comment on est parvenu à aujourd'hui, toute l'évolution des pensées… et aussi pour nous-mêmes, nous faire un peu évoluer, ça peut quand même être un enrichissement la philosophie… pour soi-même
3 I Vous avez l'impression que vous-même, vous arrivez à voir cet enrichissement ou finalement ça reste quelque chose comme ça, qu'on apprend?
4 M Des fois, quand on voit les thèmes, c'est vrai que je me dis, ah, j'avais pas pensé à ça mais c'est vrai qu'il a raison […] ou bien non, je suis pas du tout de son avis, après je me demande de quel avis je suis, pourquoi je suis de cet avis […] puis de temps en temps, je commence à penser un peu toute seule pendant le cours
5 I C'est quoi comme thème par exemple
6 M La liberté […] on a dû faire une rédaction sur la liberté […] et c'est vrai […] que c'était un peu difficile, après, j'ai commencé à me poser moi-même la question, mais qu'est-ce que la liberté, on a commencé à en parler avec ma voisine […] pour finir, on suivait plus du tout le cours parce qu'on discutait nous-mêmes
7 I Parce qu'en philosophie vous faites aussi des rédactions […] c'est pas le même plaisir que d'écrire un texte en français, c'est différent?
8 M C'est intéressant mais […] je suis pas très douée pour les argumentations et là, c'était plutôt un problème d'argumentation, moi c'est vraiment les évocations, ma spécialité

Si Monica semble avoir compris le genre requis par la philosophie, à savoir l'argumentation, elle semble en revanche se sentir incapable de le mettre en œuvre, alors que sa «spécialité»(8), dit-elle, est l'évocation. Pourtant, lorsqu'elle décrit ses activités en classe, Monica rapporte qu'elle fait l'expérience d'un dialogue intérieur – ou de se mettre à penser – («je me demande de quel avis je suis»(4), «je commence à penser toute seule» (4)) et qu'elle initie également un dialogue avec une camarade («on discutait nous-mêmes»(6)). Plus loin (hors extrait), Monica explique aussi qu'elle pense que l'enseignant a plutôt «tendance à compliquer les choses»; en revanche, lorsqu'un thème qui l'intéresse est abordé, comme Freud qu'elle avait lu par ailleurs, elle en parle avec son frère ou ses amis, mais, précise-t-elle, pas avec ses parents «parce qu'ils ont jamais fait de philosophie».

Aussi Monica est-elle prête à entamer un dialogue autour des textes philosophiques vus en classe. Si elle essaye de les mettre en lien avec d'autres situations qui l'intéressent, ou de reprendre les dialogues en classe avec d'autres partenaires, créant ainsi un dialogue entre situations, elle semble toutefois «manquer» la spécificité du genre philosophie, c'est-à-dire le respect des règles du genre. L'expérience de Monica en classe initie un dialogue qui, même s'il est généralisé, passe à côté de l'aspect que l'enseignant souhaite manifestement mettre en évidence. On peut alors se demander quelles autres voix viennent s'opposer à la voix ou l'autorité de l'enseignant: le niveau de scolarisation des parents qui «ont jamais fait de philosophie», ou l'engagement de Monica dans ses activités d'écriture, valorisées par sa famille et d'autres enseignants, ou d'autres éléments encore qui échappent à notre regard? Quoi qu'il en soit, on constate que prendre la parole, ou choisir une «voix» dans un faisceau complexe d'autres voix, c'est se situer par rapport à d'autres personnes tenant des discours différents. C'est donc aussi un acte d'affirmation – ou de résistance! – identitaire (Duveen, 2001).

En comparaison, voici le cas de Muriel. Muriel aime la musique et les bandes dessinées, intérêts qu'elle partage avec ses amis proches; elle se perçoit comme une élève «paresseuse».

Muriel 29:00
1 I   Vous pensez que pour l'école c'est quoi le but de l'enseignement de la philosophie?
2 M   Ben heuh:: savoir se poser les bonnes questions aussi… analyser la question, la décortiquer pour ensuite euh:: (rire) à nouveau pour en trouver une autre, se reposer des questions, ouais avoir un: élever un peu la discussion aussi faire une peu thèse antithèse ouais… ça permet de poser des questions même si y a pas de réponse… mais avoir des questions plus pertinentes aussi… ça peut aider… et pis aussi le côté: après aussi pour le français ça aide pas mal parce qu'on soulève des questions intéressantes parfois on a des réponses… pis surtout c'est que y a ce côté très ouvert, donc on peut être autant d'un côté que de l'autre… pour… tous les thèmes donc ça ça m'intéressait beaucoup

Bien que se posant comme «moins scolaire» (hors extrait), Muriel semble avoir saisi la spécificité du «genre» philosophique, lorsqu'elle relève l'importance de se poser des questions même s'il n'y pas de réponse et souligne que la qualité des questions elle-même est importante. En relevant que cette manière de procéder peut être utile en classe de français,

Dialogues et hétérogénéité des interactions en classe

Muriel montre aussi qu'elle a suffisamment internalisé ce genre de discours et le type de rapport au savoir qui l'accompagne pour pouvoir le transférer ailleurs et créer un dialogue entre situations scolaires. Enfin, il est intéressant de noter que Muriel est précisément l'amie avec qui Monica aime parler des thèmes vus en classe de philosophie. Ainsi, le dialogue entre ces deux jeunes filles tel qu'il est évoqué par chacune d'elles, s'il se fait bien l'écho des discussions en classe, n'empêche pas qu'au-delà d'une activité partagée (se poser des questions), le sens que chacune d'elles donne à la philosophie et aux buts assignés par l'enseignant soit différent. Ces dialogues, qui ont notamment lieu autour des textes de Freud, révèlent encore d'autres aspects:

Muriel 27:40
1 I Est-ce que un [thème] en particulier vous a plu?
2 M Ben euh:: la thématique… conscience inconscience avec les rêves à propos de Freud là… qui m'a le plus intéressée
3 I Mmh mh et vous savez pourquoi?
4 M […] euh parce qu'il est (..) on [y] retourne avec Monica (rires) heuh: par exemple moi je me rappelle jamais de mes rêves, elle elle me raconte tous ses rêves avec les moindres détails et pis… tout ce côté de savoir un peu plus sur le rêve conscient inconscient… pis aussi ce que pensait Freud… pis aussi c'est que dans le cours y en a… il a intégré les histoires… des thérapies que Freud faisait à certains patients donc ces petites histoires aussi étaient assez intéressantes

Apparemment, pour Monica et Muriel, les «histoires» des patients de Freud que l'enseignant raconte ou fait lire en classe ouvrent un espace narratif, dont on peut penser qu'il permet aux jeunes filles d'imaginer les dialogues qui ont eu lieu entre Freud et ses patients (ou plutôt patientes) – la situation présente renvoyant ainsi à d'autres dialogues, en d'autres temps et d'autres lieux. D'autre part, ils sont l'occasion d'initier un autre dialogue, beaucoup plus interne ou intime, puisque, stimulées par les cours, les deux jeunes filles se mettent à se raconter leurs rêves. Ce sont bien les contenus des objets scolaires – et non pas leur forme – qui viennent alimenter un double dialogue: un dialogue entre amies proches et un dialogue intérieur qui questionne des expériences moins conscientes et relevant de la vie émotionnelle.

Ainsi, cette rapide exploration du discours des élèves révèle bien des traces et des échos des interactions en classe; le mouvement dialogique s'y poursuit, de manière aussi bien individuelle que partagée; les thèmes traités sont repris dans leur dialogue et sont également utilisés pour alimenter d'autres situations encore, comme la classe de français ou des discussions avec des amis ou un frère qui n'ont pas été en classe. Toutefois, cela ne suffit pas toujours à permettre aux élèves de s'approprier un aspect important du discours de l'enseignant: le genre même du discours, qui n'est saisi que par l'une des deux jeunes filles. Toutes deux, enfin, en adolescentes curieuses de mieux se comprendre, initient grâce aux interactions en classe un dialogue intérieur visant à repenser leur propre biographie et leur expérience de jeune fille. Ces deux aspects complémentaires montrent les échos et les prolongations identitaires des genres et contenus de savoir: ceux-ci intriguent et touchent lorsqu'ils «font sens»; ils suscitent des réactions lorsque, de manière plus ou moins explicite, ils questionnent qui l'on pense ou souhaite être.

En guise de conclusion

Une approche dialogique invite à considérer ce qui, dans la situation d'interaction en classe, se fait l'écho d'autres dialogues, d'autres débats, d'autres partenaires, d'autres débats sociaux. Elle permet de voir que les objets de connaissance scolaire ou les manières de les présenter en classe ne sont jamais neutres; ils sont chargés du poids et des traces de débats passés et futurs qui sont (ou seront) tenus par les mêmes acteurs ou d'autres encore.

Notre analyse d'une leçon de philosophie a mis en évidence l'hétérogénéité des dialogues qui traversent cette situation et, ce faisant, les tensions qu'elle suscite, notamment sous la forme de malentendus qui passent inaperçus ou qui, même s'ils sont perçus, ne sont pas levés. Et que se passe-t-il lorsque des divergences se dessinent dans le dialogue entre l'enseignant et un (ou plusieurs) élève(s)? Quelles sont alors les voix qui prédominent? Ces questions permettent de constater que, dans la mesure où ils diffractent des discours sociaux plus larges, les dialogues en classe cachent des enjeux de pouvoir.

En nous penchant sur le discours d'élèves, nous avons par ailleurs constaté que là encore les objets scolaires ou les genres de discours ont des échos identitaires: ils touchent aux appartenances et relations sociales, et soulèvent des questions de sens, c'est-à-dire entrent en résonance avec l'intériorité des élèves, avec leurs projets ou leurs fantaisies. Ainsi, un élève peut-il s'approprier un même objet scolaire – mais pour un dialogue qui ne correspond pas à celui que valorise l'enseignant, et avec lui, l'institution scolaire. Une telle lecture nous invite donc à être attentifs à la pluralité et l'hétérogénéité des dialogues qui sont mobilisés lorsqu'un objet scolaire est discuté en classe, et à la manière dont les élèves les poursuivent en dehors de l'espace de la classe et de l'école.

Plus largement, notre recherche indique que les dialogues entre personnes (entre élèves et enseignants, ou entre élèves) correspondent le plus souvent à des dialogues intérieurs (ce que cela signifie pour l'élève, par exemple), mais parfois aussi à des dialogues avec des personnes absentes (par exemple, pour les élèves, les amis ou les parents avec qui certains thèmes ont été abordés, ou pour l'enseignant, le souvenir de ses dialogues avec ses propres professeurs). Nous avons aussi montré que les objets scolaires sont souvent mis en dialogue avec d'autres éléments culturels (un texte ou une notion au programme peuvent être mis en lien avec des films ou des textes présents dans l'actualité); mais ce faisant, ce sont aussi des normes et des valeurs qui sont mises en dialogue – comment bien parler d'un texte, quels goûts artistiques sont valorisés par l'institution scolaire, etc. Ainsi, la situation d'interaction en classe autour d'un objet donné est en dialogue avec d'autres situations – mais ces situations ne sont pas les mêmes pour tous les acteurs: pour un enseignant, la situation peut renvoyer à une leçon antérieure dans la séquence pédagogique, alors que pour un élève elle peut renvoyer à une discussion avec des amis ou à un enchaînement de situations scolaires dans lesquelles il s'est senti en difficulté ou alors en confiance. En fin de compte, ces dialogues sont tous convoqués durant l'interaction en classe; lorsqu'ils se croisent, ils peuvent créer des tensions, renforcer des rôles, ou alors inciter les élèves à résister, par exemple lorsque ce qui devait être un dialogue sur un objet scolaire est vécu comme un dialogue portant sur deux univers de valeurs ou alors sur la légitimité de ses appartenances. Ainsi, en considérant les interactions en classe comme des situations hétérogènes, notre recherche invite à se demander qui sont les partenaires invisibles des dialogues qui se nouent, et plus particulièrement, dans quelle mesure ces dialogues permettent à l'élève et à l'enseignant de dire et faire comprendre leurs voix.

Références bibliographiques

Akkerman, S. F. & Bakker, A. (2011). Boundary crossing and boundary objects. *Review of Educational Research*, *81*(2), 132-169.
Bakhtine, M. (1987). *Esthétique et théorie du roman*. Paris: Gallimard.
Bakhtine, M. (1998). *La poétique de Dostoïevski*. Paris: Seuil.
Bourdieu, P. & Passeron, J.-C. (1970). *La reproduction. Eléments pour une théorie du système d'enseignement*. Paris: Minuit.
Carpendale, J.I.M. & Müller, U. (2004). *Social interaction and the development of knowledge*. Mahwah, NJ: Erlbaum.
Duveen, G. (2001). Representations, identities, resistance. In K. Deaux & G. Philogène (Eds.), *Representations of the social: Bridging theoretical traditions* (pp. 257-270). Oxford: Blackwell.
Flick, U. (1992). Triangulation revisited: Strategy of validation or alternative? *Journal for the Theory of Social Behaviour*, *22*(2), 175-197.
Flick, U. (2007). *Triangulation: Eine Einführung* (2e éd.). Wiesbaden: VS Verlag für Sozialwissenschaften.
Goffman, E. (1974). *Frame analysis: An essay on the organization of experience*. New York, NY: Harper & Row.
Grossen, M. (2010). Interaction analysis and psychology: A dialogical Perspective. *Integrative Psychological and Behavioral Science*, *44*(1), 1-22.
Grossen, M. & Salazar Orvig, A. (2011). Dialogism and dialogicality in the study of the self. *Culture & Psychology*, *17*(4), 491-509.
Ligorio, M.B. (2010). Dialogical relationship between identity and learning. *Culture & Psychology*, *16*(1), 93-107.
Linell, P. (2009). *Rethinking language, mind and world dialogically. Interactional and contextual theories of sense making*. Charlotte, NC: Information Age Publishing.
Marková, I. (2007). *Dialogicité et représentations sociales*. Paris: Presses universitaires de France.
Marková, I., Linell, P., Grossen, M. & Salazar Orvig, A. (2007). *Dialogue in focus groups. Exploring socially shared knowledge*. London: Equinox.
Perret-Clermont, A.-N., Carugati, F. & Oates, J. (2004). À socio-cognitive perspective on learning and cognitive development. In J. Oates & A. Grayson (Eds.), *Cognitive and language development in children* (pp. 305-332). Oxford: Blackwell.
Rochex, J.-Y. (1998). *Le sens de l'expérience scolaire*. Paris: Presses universitaires de France.

Rochex, J.-Y. & Bautier, E. (2005). *Rapport de recherche du GFR. Enseigner la philosophie au lycée professionnel. Analyses, expériences, témoignages* (n° 6). Reims: Académie de Reims.

Tanggaard, L. (2008). Learning at school and work: Boundary crossing, strangeness and legitimacy in apprentices' everyday life. In V. Aarkrog & C. Helms Jorgensen (Eds.), *Divergence and convergence in education and work* (pp. 219-237). Berne: Peter Lang.

Zittoun, T. (2006). *Transitions. Development through symbolic resources.* Charlotte (NC): InfoAge.

Zittoun, T. & Grossen, M. (2012). Cultural elements as means of constructing the continuity of the self across various spheres of experience. In M.B. Ligorio & M. César (Eds.), *The interplays between dialogical learning and dialogical self* (pp. 99-126). Charlotte, NC: Information Age Publishing.

Zittoun, T. & Perret-Clermont, A.-N. (2009). Four social psychological lenses for developmental psychology. *European Journal for Psychology of Education*, 24(2), 387-403.

Deuxième partie

PROCESSUS D'ENSEIGNEMENT/ APPRENTISSAGE

Éduquer peut être dur!
Quelques notes autour de la notion de matérialité en éducation

Antonio Iannaccone

> *Il suffit de parler avec un marionnettiste pour savoir qu'il est surpris à chaque instant par sa marionnette. Elle lui fait faire des choses qui ne peuvent se réduire à lui, dont il n'a pas la compétence même en puissance. Est-ce que c'est du fétichisme? Non, la simple reconnaissance que nous sommes dépassés par ce que nous fabriquons. Agir, c'est faire agir.*
>
> (Latour, 2007)

INTRODUCTION[1]

La plupart des chapitres qui constituent cet ouvrage témoignent efficacement du rôle incontournable des interactions sociales dans la création des conditions préalables – ou des obstacles – à l'élaboration des savoirs en classe. En mettant l'accent sur des aspects «matériels» des interactions socio-éducatives, cette contribution est à considérer plutôt comme un regard complémentaire et (peut-être) novateur vers ce domaine classique de recherche. D'autre part, le style choisi pour la rédaction de ce chapitre emphatise intentionnellement la dimension narrative par

---

1   Je tiens à remercier Romain Boissonnade qui a joué un rôle essentiel dans les réalisations des recherches exploratoires présentées dans la partie finale de ce chapitre. Les discussions scientifiques que j'ai eu le plaisir de partager avec lui ont aussi enrichi ma conceptualisation scientifique. En outre, il a collaboré à la rédaction de la section «*les ateliers ‹jouets solaires›: un exemple d'espace d'apprentissage où la matérialité peut jouer un rôle fondamental*». Bien entendu, j'assume pleinement la responsabilité des erreurs et des distorsions éventuellement contenues dans le texte.

rapport à une description scientifique plus orthodoxe, et cela pour deux raisons principales. La première est certainement liée à la relative rareté de recherches qui confieraient à la matérialité une fonction spécifique dans les processus d'apprentissage en essayant notamment de dépasser la distinction classique et toujours existante entre utilisateur et objets (Semprini, 1995). Cette rareté demande un effort exploratoire ici réalisé, en partie, à travers l'exercice métaphorique.

En même temps, cette contribution visant à solliciter la réflexion des enseignants à propos de certaines composantes «matérielles» des processus d'enseignement-apprentissage utilise la démarche narrative pour solliciter une prise de conscience plus immédiate – et préparatoire – à l'entrée du lecteur dans un discours empirique et théorique plus serré et en cours d'élaboration.

Petite histoire à propos de matérialité en classe

Quand on entre dans une classe scolaire, notamment dans une classe d'école enfantine ou primaire, le regard est vite séduit par la quantité d'objets qui occupent une large partie des espaces disponibles. Ces objets sont souvent très colorés, et surtout très hétérogènes. La réaction immédiate d'un observateur naïf sera probablement de les situer dans la catégorie des éléments «ludiques». Il s'agit – pensera l'observateur – d'objets qui seront probablement utilisés pendant les pauses du temps scolaire. À y regarder de plus près, il découvrira probablement que, dans la masse d'objets, il y a au moins une importante distinction à faire. Des éléments montrent effectivement une évidente destination «ludique» (des petites voitures, des pièces de construction, des tubes de peinture à l'eau, de la pâte à modeler) et d'autres, plus difficiles à classer immédiatement dans la catégorie des jeux, se présentent comme des formes géométriques «plus pures» (des règles en plastique ou en bois, des verres à transvasement, de petits poids, etc.). En somme, devant les yeux de notre observateur semblent se dévoiler deux catégories d'objets (en fonction de la logique d'usage perçue). Il s'agit, bien entendu, de deux catégories avec de nombreux points de contact et plusieurs chevauchements qui les rendent imbriqués et interdépendants en fonction des activités dans lesquelles les individus les convoquent.

Si les objets attribués par l'observateur à la première catégorie manifestent avec évidence leurs affordances[2] ludiques et une relation plus claire avec des systèmes de signification (une petite voiture évoque immédiatement des histoires de courses, des faux accidents, des voyages imaginaires), ceux qui appartiennent à la deuxième catégorie semblent – à première vue – résister aux tentatives de leur attribuer quasi automatiquement de la signification. Ils semblent avoir une aire plus détachée de la réalité, un degré majeur d'abstraction, en somme ils semblent plus sérieux!

---

2   L'idée d'affordances a été proposée dans les années 70 par Gibson. Dans son livre, *The ecological approach to visual perception* (1979), il présente la version la plus solide et mûrie de sa théorie qui a contribué fortement, avec des conséquences en psychologie, qu'on peut définir comme révolutionnaires, pour la ré-conceptualisation du rapport entre le fonctionnement cognitif de l'individu et de son environnement. L'approche écologique de Gibson «... *emphasizes the mutuality of the perceiving organism and environment, the reciprocity of perception and action, and a form of 'direct perception' in which suitably equipped perceivers pick up information specific to its source (i.e. objects and events can be perceived without mediation in terms of internal mental representations)... Gibson's use of the term ‹direct perception› is still controversial and has attracted much critical scrutiny. As Alan Costall (1981) pointed out, Gibson used the term in a variety of ways and for different purposes. Central to the ecological approach, however, is the idea that humans can directly perceive objects in the world on the basis of the pickup of information specific to its source (Gibson, 1966, 1979)*» (Good, 2007, p. 269). Dans ce cadre théorique riche et intéressant, la notion d'affordance occupe une place centrale. Pour Gibson les «*affordances*» sont des opportunités d'action qui dépendent de certaines caractéristiques de l'environnement. En effet, selon Gibson, l'activité (de perception mais aussi de perception du monde social) ne dépend pas de l'organisme, ni de son environnement: il y aurait une complémentarité entre les deux (Good, 2007, p. 270). Il s'agit d'une position théorique qui représente une véritable rupture avec le paradigme classique de la séparation entre l'organisme et son milieu. La proposition de la notion d'affordance par Gibson a alimenté un débat scientifique très large dans les années qui ont suivi (et donc impossible à résumer dans l'espace limité de ce chapitre). Pour rester proche de nos préoccupations scientifiques, il faut néanmoins considérer que les chercheurs s'interrogent de plus en plus sur les *dimensions sociales des affordances* (Borghi & Riggio, 2009; Borghi, Gianelli & Lugli, 2011), sur la *prédisposition interactionnelle de certaines affordances* (Kaufmann & Clément, 2007) et sur *la fonction du social dans la régulation du regard porté aux objets* (Tomasello, Hare, Lehmann & Call, 2007).

Dans ce cas, pour notre observateur, l'insertion de ces derniers objets dans un système de signification ne sera pas si immédiate, comme pour les jouets, mais dépendra du cadre interprétatif dans lequel il va les positionner. Si, par exemple, il en connaît l'usage pédagogique (ou au moins s'il en a entendu parler), il arrivera rapidement à classer ces objets parmi le matériel qui aide au développement de la logique ou plus simplement de certaines compétences arithmétiques de base. Les séries de bâtons colorés et de différentes longueurs (éléments que les enfants utiliseraient volontiers plutôt pour fabriquer des châteaux fortifiés imaginaires!) seront probablement perçues par notre observateur comme des entités utiles pour enseigner aux enfants la logique de la sériation.

Au fur et à la mesure que le regard s'affine, il y aura vraisemblablement un troisième élément qui frappera notre observateur: dès son arrivée en classe, il aura certainement noté que les êtres humains présents (et de façon plus évidente les petits humains) entretiennent avec certains de ces objets des relations plus étroites qu'avec d'autres. Notre observateur a parfois l'impression de pouvoir faire la distinction entre certains objets qu'il considère comme «privés» et certains autres qui lui apparaissent comme «publics». Les objets privés semblent notamment appartenir à l'un ou l'autre des élèves alors que les objets publics semblent être à «tout le monde».

À partir de cette dernière observation, le positionnement dans une des deux catégories sera – pour notre ethnologue naïf – question de proximité, mais on pourrait aussi dire à un niveau d'analyse différent, question de *qualité et de densité de la relation psychologique* (interaction) que les humains semblent avoir établi entre eux et avec certaines entités matérielles qui les entourent.

Il aura entretemps observé la difficile séparation d'un enfant de son jouet et les nombreuses cérémonies, parfois «maniaques», qui peuvent s'installer dans les processus de réglage de cette relation; imaginez aussi toutes les transactions subtiles qui font basculer un objet d'un statut «privé» quand il est «prêté», «cédé», «soustrait», quand il fait objet de formes complexes de chantage affectif ou – plus largement – lorsqu'il devient l'enjeu de stratégies d'inclusion/exclusion sociale que les enfants utilisent admirablement, et qui sont bien décrites dans les travaux de Willem Corsaro (1990).

À cette étape, si notre observateur n'a pas encore épuisé sa curiosité pour la matérialité, il commencera probablement à se demander, dans une posture qui commence à devenir réflexive, quelle est effectivement la place que cette complexité matérielle de la réalité joue dans les processus d'apprentissage et de développement psychologique. À cette étape, il se rendra compte que la matérialité est très présente dans les activités de médiation de la pensée. Écrire, lire, calculer, dessiner, etc. demande toujours des supports matériels.[3] Parfois ces supports sont simplement conçus pour permettre de déposer la trace de la pensée sous forme d'écriture ou de description graphique du monde (feuilles à dessiner, cahiers, etc.); d'autres fois, ils «contiennent» des traces de connaissance à décrypter (comme dans le cas typique de textes écrits à lire ou à compléter; ou encore dans l'utilisation de la table de multiplication comme support externe à l'activité de calcul). Dans les situations didactiques conventionnelles, les deux aspects sont souvent articulés de manière implicite; cela peut rendre très complexe le rapport des petits humains avec la réalité médiatrice.

Notre observateur sera encore surpris d'observer la très grande variabilité des conduites des enfants dans cet univers matériel. Certains semblent s'investir dans ces activités avec plaisir et constance, d'autres semblent se désengager et se désorienter au moment d'utiliser des supports matériels.

Les activités d'écriture et de dessin, par exemple, qui semblent constituer pour certains une source évidente de plaisir, se déroulent pour d'autres avec difficulté et frustration. Dans ce dernier cas, l'utilisation de supports matériels semble jouer plutôt le rôle d'obstacle que de facilitateur de l'activité cognitive.

Arrivant à la conclusion de sa démarche quasi ethnographique, notre observateur est désormais submergé par la découverte de la prégnance de la matérialité dans les niches d'activés éducatives.

LA MATÉRIALITÉ DE L'IMMATÉRIALITÉ

Avant de quitter la salle de classe avec un nouveau bagage de questions qui occuperont sa réflexion, il entend le téléphone portable vibrer dans

---

3   Intéressantes, à ce propos, on peut citer les recherches classiques sur l'acquisition de l'écriture à l'école de Ferreiro et Teberosky (1979), de Ferreiro et Pontecorvo (1996) et celles conduites dans un cadre socioculturel par Alcorta (2001) sur la fonction du brouillon dans certaines activités d'apprentissage. Plus récemment, voir aussi l'excellente thèse de Perdicakis (2013).

sa poche… Un autre genre de matérialité convoque alors son attention: la technologie. Né en pleine Galaxie Gutenberg[4] (et plongé progressivement dans les contextes technologiques de la vie contemporaine), jusqu'au moment où son portable s'est mis à vibrer (lui rappelant son appartenance à un réseau de communication sophistiqué), notre observateur était resté ancré dans une représentation plus «traditionnelle» de l'information et de ses manipulations éducatives. Dès que son téléphone portable manifeste sa présence et lui promet des appels, des SMS ou des mails, il se rend compte qu'aujourd'hui, «apprendre» est quelque chose qui intègre nécessairement la technologie (et cela indépendamment des déclarations plus ou moins favorables ou hostiles des enseignants quant à la présence de la technologie à l'école). Il se rend compte que, depuis le lever à sept heures du matin, il a utilisé de façon ininterrompue des technologies: le radio-réveil DAB qui l'a aidé à quitter en douceur les bras de Morphée, une première rapide lecture matinale des mails et la consultation des news sur un site internet spécialisé, un rapide contrôle de sa situation financière pour réserver ses prochaines vacances, un SMS pour confirmer un futur rendez-vous, l'achat d'un ticket de bus au distributeur automatique, une rapide consultation de son GPS pour trouver l'adresse de l'école, etc. En somme, il prend conscience qu'une partie importante de ses activités étaient soutenues par (ou réalisées à travers) des médias technologiques. Maintenant, il est en train de se demander où il a appris à faire autant de choses que les générations précédentes ignoraient complètement. Quel a été (et quel est) le rôle de l'école dans ce processus d'accès à ce qui lui apparaît maintenant plus clairement être une sorte de nouvelle culture? Est-ce que la technologie peut se considérer dans la sphère de la matérialité et à quelles conditions?

Le mot «culture», auquel il vient de penser, lui soulève un autre problème. Il semble être arrivé à une conclusion qui nécessite une réflexion plus argumentée: le positionnement des élèves (et en règle général des humains) par rapport à la matérialité constitue finalement une dimension très complexe, conditionnée autant par les caractéristiques physiques des cadres d'activité – et des éléments qui les composent – que par la nature des relations sociales qui s'établissent à l'intérieur de ces cadres. À leur tour, ces cadres d'activité semblent tout autant être affectés par les représentations que s'en font les participants que par les logiques d'usage de la matérialité que ces participants adoptent. Ses pre-

---

4   McLuhan (1962).

mières observations spontanées soulèvent donc un véritable problème épistémologique.

Est-ce que la psychologie aurait oublié les objets dans le domaine de l'éducation?

En somme, une classe scolaire, portion minuscule de la réalité dans son ensemble, pullule d'objets hétérogènes qui règlent (favorisent, font obstacle, orientent, etc.) les comportements des élèves et de leurs enseignants et l'ensemble des relations interpersonnelles. Par rapport à cette prégnance de la matérialité[5] en classe, les travaux scientifiques se sont concentrés autour de la *fonction et de l'efficacité des matériels didactiques et de leurs usages*. Ils se sont moins interrogés sur le statut des objets en tant qu'*éléments potentiellement intégrés dans l'activité cognitive*, dans des processus d'apprentissage[6] et, plus largement, dans les processus de «construction de sens» qui sont à considérer, notamment dans une perspective interactionniste et culturelle de l'éducation, comme des dynamiques de base qui permettent toute activité d'élaboration de la connaissance et de l'apprentissage (Barth, 2013; Bruner, 1991; Iannaccone, 2013a, 2013b).

Pour argumenter en faveur du statut «intégré» des objets, il peut être utile de commencer par mettre en évidence, sur la base du raisonnement fictif des pages précédentes, leur «présence» dans la vie quotidienne et

---

5 La définition de matérialité fait ici référence au *caractère de ce qui est matériel…* Par matériel on doit entendre: *qui est formé de matière, par opposition à l'esprit, à l'âme; qui est tangible, concret; qui a trait à la réalisation concrète de quelque chose; qui concerne les objets et non les personnes; qui relève des conditions de vie, des nécessités concrètes de l'existence; qui est considéré d'un point de vue purement concret, en dehors de toute subjectivité; qui s'attache au contenu des actes juridiques* (Larousse *online*). En somme, dans la catégorie «matérialité» entrent des éléments assez hétérogènes dont le trait commun semble l'opposition à la spiritualité, à l'abstraction et à la subjectivité.

6 Un cas à part, qui – pour des raisons évidentes de place (et de choix d'approfondissement) – a été intentionnellement exclu de notre réflexion, est constitué par la corporéité. À la différence d'autres formes de matérialité, le corps a été objet d'un vaste intérêt dans pratiquement tous les domaines des sciences de l'homme et bien entendu en éducation.

leur fonction de régulation de l'activité humaine. En effet, malgré l'amplitude et la persistance des débats philosophiques consacrés au statut de la réalité, il est évident – comme notre observateur l'a bien compris – qu'une partie de la psychologie (et des sciences humaines et sociales) a sous-estimé la présence «cognitive» et «développementale» des objets dans les activités quotidiennes (et dans les contextes d'enseignement et d'apprentissage).

Par contre, dimensions symboliques à part, les niches éco-culturelles apparaissent effectivement largement composées d'éléments «matériels» avec lesquels les êtres humains sont en constante interaction (Rogoff, 2003). Il s'agit d'outils, objets ou complexes d'objets dont les caractéristiques restent parfois relativement inchangées comme dans le cas d'un paysage ou des murs d'une ancienne maison. D'autres fois ces caractéristiques subissent des adaptations importantes: voir par exemple les outils de travail et les objets de loisir qui se modifient dans les différentes phases de l'histoire culturelle et les technologies qui, aujourd'hui, participent intégralement au fonctionnement de la vie quotidienne (Bruschi, Iannaccone & Quaglia, 2011).

Pour se faire une idée de la prégnance de la matérialité au quotidien, il suffit de commencer à dénombrer les objets qui nous entourent (par exemple dans notre appartement ou tout au long du parcours qui couvre l'espace entre la maison et le lieu de travail) pour arriver brusquement à de bouleversantes quantités d'éléments. Les experts d'ergonomie nous ont appris à tenir compte de la présence, dans la vie courante, de centaines et de centaines de «choses» qui entrent en contact avec nos systèmes sensoriels, nous obligeant à prendre conscience de leur existence et souvent à agir sur ces réalités multiples pour essayer de les soumettre à nos exigences ou à nos plans.[7]

D'autre part, les anthropologues, les archéologues, les historiens des sciences et des technologies ont remarqué, à plusieurs reprises, comment dans le développement de l'espèce humaine au niveau phylogénétique et au niveau ontogénétique, les objets – et notamment les artefacts – ont toujours occupé une place importante. L'intégration des objets «complexes» dans les activités humaines a permis sans doute de rendre plus efficaces certaines actions sur le monde physique en réglant en même temps les interactions sociales (Latour, 2007; Semprini, 1995). Par exemple, sous

---

7   Norman (2002). Voir aussi la note n° 2 qui donne une courte définition d'affordance.

forme d'outils de travail, d'aide à la motricité, etc., ce sont des multiplicateurs de la puissance de certaines capacités perceptives et cognitives (instruments optiques, d'orientation, calculettes, ordinateur, etc.), permettant un enrichissement présymbolique et symbolique des situations ludiques (situations ludiques qui, dans le monde animal, semblent se limiter plutôt au rapport au corps, à des conduites motrices interindividuelles, ou à des objets considérés comme éléments de base du milieu).

Dans une contribution bien connue, *Une sociologie sans objet? Remarque sur l'intersubjectivité*, Latour (2007) argumente en faveur de l'utilité (voire de la nécessité) de revisiter profondément la place des objets dans la sociologie des humains:

> Si l'on veut redonner un rôle aux objets dans le tissage du social il faut abandonner, bien sûr, les réflexes anti-fétichistes, mais il faut abandonner également l'autre rôle donné par les sciences humaines aux objets: l'objectivité des forces de la nature. (p. 49)

Donc Latour (2007) met bien en évidence les limites dans la recherche sociale d'une représentation des objets qui se nourrit d'une part de réductionnisme, d'une «objectivité forcée», et d'autre part de la considération des objets comme des éléments accessoires, fabriqués par un acteur «*tout-puissant*» (p. 50). Il les considère comme de véritables actants: «or les objets ne sont pas des moyens, mais des médiateurs, au même titre que tous les autres actants» (p. 56). La portée de ces considérations est remarquable pour une sociologie des interactions, dans la perspective de Latour. On ne peut pas contourner la question complexe des objets (et donc de l'interobjectivité) sans risquer de ne pas comprendre la nature des activités humaines.

La matérialité en éducation: un problème épistémologique?

Cette contribution se penche avant tout sur une question qui a émergé, avec une certaine nécessité, dans les pages précédentes: est-ce que, en éducation, on peut également s'interroger sur le statut «épistémologique» de la matérialité (et notamment des objets matériels) qui remplit les espaces consacrés au développement de la pensée, sans banaliser ses fonctions?

La réponse à une telle question devrait plaider en faveur d'une nouvelle prise de conscience de la fonction de la matérialité en éducation, partant du présupposé que la matérialité «actante» a été largement sous-estimée et quasiment toujours subordonnée à la représentation, en partie fausse, de l'apprentissage comme trajectoire orientée uniquement vers la gestion et vers la compréhension des formes logiques abstraites largement considérée comme étant à la base de la pensée humaine.

Il est bien évident que tout cela est aussi le résultat d'une tradition d'idées qui ont identifié le développement cognitif uniquement avec la conquête des capacités d'abstraction et le progressif affranchissement de l'esprit humain par rapport aux contraintes du monde réel. Cette tradition a amené une large partie de la psychologie à considérer la pensée humaine comme détachée des conditions d'usage, de son emboîtement dans les systèmes d'activités et des conditions matérielles dans lesquelles elle s'exerce. En même temps, d'autres perspectives épistémologiques ont obtenu des résultats empiriques qui vont dans le sens contraire.[8]

---

8 Dans les 30 dernières années, la perspective scientifique connue comme «Cultural contextual psychology» (Cole, 1996; Varisco, 2009; Iannaccone, 2010) a mis en évidence l'importance incontournable de la culture et du contexte dans l'activité cognitive et dans les processus d'apprentissage. Parallèlement et à partir d'une base épistémologique largement commune, l'Anthropologie cognitive a pu mettre en évidence la fonction de médiation dans l'activité cognitive et la nature située de cette activité. Varisco (2009), dans son excellente revue des positions théoriques et des recherches conduites dans cette perspective, souligne le rôle essentiel des travaux de Scribner et Cole (1981) consacrés à l'investigation des capacités langagières et cognitives de populations illettrées, ceux de Lave, Murtaugh et De La Rocha (1984), de Carraher et Schliemann (2002), de Lave (1988, 1992) et de Saxe (1999), dédiés au domaine de l'étude des compétences mathématiques formelles et informelles et finalement les travaux bien connus de Rogoff (2003) et de Lave et Wenger (1991) sur la fonction des communautés dans les processus d'enseignement et d'apprentissage. La large production scientifique qu'a déclenchée cette littérature «classique» a apporté une remarquable quantité de données soutenant une perspective «située» des activités psychologiques humaines et notamment des activités cognitives. Pour des raisons évidentes d'espace, il n'est pas possible de les développer dans cet article.

Dans les représentations de la pensée humaine, perçues comme détachées des conditions contextuelles, on retrouve fréquemment l'idée d'une ontogenèse de la pensée qui se caractérise quasi uniquement par la conquête des outils sophistiqués de la logique (Iannaccone, 2010) et une vision «monologique» des activités psychologiques. Linell (2009), dans son livre *Rethinking language, Mind, and world dialogically*, met bien en évidence (voir p. 390) quelques-uns des éléments de base de ces visions dites «monologiques»: l'optique d'une lecture universelle de la psychologie des êtres humains qui n'admet pas de distinctions entre ses dimensions «naturelles» et «culturelles»; une tendance à privilégier l'universalisme par rapport aux dimensions historiques et constructives dans la compréhension des activités humaines; une unité d'analyse «individuelle» qui refuse largement les théories interactionnelles.

En somme, selon Linell, les approches monologiques privilégient une vision qui s'inspire du «dualisme» (*dualism* dans l'édition anglaise) des phénomènes psychologiques à une focalisation sur les «dualités» (*dualities*). En ce sens, le dualisme considérerait toute dichotomie comme composée d'entités séparées entre elles, tandis que toute dualité serait composée de parties interdépendantes entre elles. Selon qu'on se situe dans une perspective dualiste plutôt que dans une perspective duale, le statut de la matérialité peut changer radicalement. Dans ce sens-là, le dualisme peut contribuer à alimenter une certaine négligence de la matérialité, conséquence de la résistance à considérer les outils et les utilisateurs dans une vision intégrée.

Sans vouloir être nullement exhaustifs, quelques exemples peuvent aider à mieux comprendre les termes les plus importants du débat scientifique sur la relation entre les objets et les humains. Cette question a déjà été soulevée par la philosophie hellénique. Platon dans le dialogue entre Socrate et Alcibiade aborde le problème, en partie encore ouvert, du rapport entre l'outil et l'usager.[9]

---

9 L'exemple a été évoqué entre autres par un historien de la psychologie (Mecacci, 2000) pour souligner l'existence d'une tradition très ancienne de séparation entre outils et humains. Séparation qui a été profondément revisitée avec la contribution séminale de la Psychologie soviétique des années 30 et spécialement avec le paradigme de la Psychologie de l'Activité (Cole & Engeström, 1993; Engeström 1987; Leont'ev, 1979, 1984; Roth & Lee, 2007).

Socrate:	Or, celui qui se sert d'une chose et la chose dont il se sert ne diffèrent-ils pas?
Alcibiade:	Que veux-tu dire? [...]
Socrate:	Eh bien, celui qui taille et se sert d'outils ne diffère-t-il pas des outils dont il se sert pour tailler?
Alcibiade:	Comment n'en serait-il pas ainsi? [...]
Socrate:	Or que convient-il de dire du cordonnier? Taille-t-il son cuir avec des outils exclusivement ou bien aussi avec ses mains?
Alcibiade:	Avec ses mains également. [...]
Socrate:	Dis-moi maintenant: l'homme ne se sert-il pas de son corps tout entier?
Alcibiade:	Absolument.
Socrate:	Et nous avons établi que, qui se sert d'une chose est différent de la chose dont il se sert.
Alcibiade:	Oui.

(Platon, 1980)

La conclusion à laquelle Platon arrive met en évidence une séparation de base entre l'appareil biologique, le corps de l'utilisateur, et l'instrument. Cette séparation va continuer à être utilisée dans la plupart des explications utilisées ensuite dans l'histoire de la pensée pour rendre compte (apparemment de manière insatisfaisante) du statut épistémologique de l'énorme quantité d'objets utilisés et fabriqués par les êtres humains dans la vie quotidienne. Il s'agit d'une séparation qui a été aussi renforcée dans le cadre de certaines postures épistémologiques qui ont défendu une séparation nette entre le corps et l'esprit (positions cartésiennes), donc monologiques, en laissant la psychologie en prise avec une question qui reste aujourd'hui encore ouverte.

Et en classe?

Cette tradition dualiste a aussi eu des répercussions importantes sur l'élaboration de modèles pédagogiques dans la plupart des systèmes de formation des nouvelles générations (surtout en Occident). Sans trop entrer dans un débat aussi complexe, on peut néanmoins se faire une idée du type d'usage des objets qui s'opère dans les contextes éducatifs en prenant en considération quelques exemples. Quand on se focalise sur la fonction du matériel utilisé dans de nombreux dispositifs pédagogiques, on peut aisément constater comment les objets sont souvent exclusivement convoqués dans les situations d'enseignement-apprentissage en tant qu'éléments de «simplification» des processus d'apprentissage ou des modalités de présenter la complexité à des niveaux logiques différents (Bateson, 1979).

Si on considère, par exemple, quelques-unes des méthodes pédagogiques les plus connues, par exemple la méthode Montessori, on arrive facilement à la conclusion que les objets – dans cette perspective pédagogique et dans beaucoup d'autres – constituent des éléments qui semblent conçus dans une large mesure pour simplifier l'accès des élèves à la complexité de la réalité. En somme pour leur donner des clefs efficaces d'accès au monde, en favorisant une représentation formalisée de la réalité. D'une certaine manière on pourrait dire que le matériel symbolise le parcours de l'esprit vers la conquête d'une vision forcement logique et formelle du monde. Peu d'espace est donné au processus d'attribution de sens qui imprègne probablement toute utilisation de ces matériels. Chaque élève se fera néanmoins sa propre représentation de la situation, et cette représentation reste juste occasionnellement coïncidente avec celles du concepteur du matériel et du réalisateur du dispositif.[10]

C'est aussi le cas des fameuses règles graduées et d'autres objets inspirés des recherches et des théories de Jean Piaget qui ont vécu un succès énorme dans la didactique des mathématiques et dans la familiarisation des apprenants avec les structures logiques de la réalité à partir des années 60 (Dienès, 1961). Il s'agit toujours de formes simplifiées et prédéterminées des rapports logico-mathématiques plus abstraits et en principe considérés comme plus difficiles à comprendre. À bien voir, la manipulation de ces objets et de ces matériaux n'implique pas du bricolage libre, sauf usages non canoniques (fréquents) par les utilisateurs finaux (les enfants) pour des finalités qui diffèrent largement de celles des enseignants. Le degré de liberté d'action avec ce genre de matériel semble énorme (on peut en faire effectivement un tas de choses impressionnantes). En réalité, les contraintes établies par les préconceptions théoriques de ces matériaux et par la nécessaire référence aux

---

10 Beaucoup d'éléments entrent dans la détermination d'un style d'interaction avec la réalité plus ou moins congruente avec les exigences et les présupposés pédagogiques de l'école. Certainement un rôle central est occupé par les pratiques de socialisation en famille (Iannaccone, 2013b; Iannaccone & Smorti, 2013) et les pratiques sociales dans les contextes informels que l'enfant expérimente avant (et pendant) sa scolarisation.

modèles pédagogiques spécifiques limitent les actions possibles dans des cadres d'activité pré-imposés.[11] Cela a des avantages dans la planification de l'activité (et en partie sur son efficacité), mais aussi d'énormes désavantages, provoqués par la limitation de l'agentivité des élèves à voir leurs potentialités créatrices personnelles. Il semble évident dans une perspective plus écologique du développement que fabriquer et réaliser des objets sans contraintes méthodologiques excessives constitue une activité indispensable au développement de la pensée. Cette liberté d'action, qui évidemment peut amplifier les problèmes d'organisation didactique, semble néanmoins ouvrir d'importantes possibilités d'explorer les caractéristiques du réel et leur opérationnalisation en classe sous forme de savoirs scientifiques.

Lorsque les enfants ou les élèves sont placés devant des problèmes à résoudre pour lesquels les solutions ne sont pas données ni prédéterminées par une planification méthodologique (exemple fabriquer un bateau «solaire» à partir de matériaux recyclés), ils doivent constamment résoudre de *vrais*[12] problèmes et trouver de *vraies* solutions. L'activité cognitive engagée dans ce genre d'activité n'est pas orientée vers une simple reconnaissance de la bonne solution mais vers l'exploration et l'invention. Dans ces situations exploratoires, il y aura forcément plus d'obstacles et d'imprévus déterminés par le caractère non formalisé et non planifié des activités. Il s'agira d'obstacles qui, assez fréquemment, créent des tensions et amènent des contradictions dans les plans d'action des enfants. Dans les pages suivantes, on verra comment ces dissonances entre le projet «interne à l'apprenant» de vouloir réaliser quelque chose et les difficultés ou résistances «externes» posées par les tâches «matérielles» à réaliser peuvent devenir de véritables occasions

---

11 Il s'agit d'éléments qui représentent des entités logiques et mathématiques et qui ne peuvent pas être soumis à des modifications physiques (on ne demande pas aux enfants de scier des règles, ni de vérifier leur résistance à la pression ou à la flexion). Ces matériels, en général, représentent une fois de plus une réalité bien organisée, purifiée mais indépendante de la perception personnelle des élèves. D'une certaine manière, il s'agit d'une sorte de manque de reconnaissance importante par rapport à un élément de base du processus d'attribution de sens.

12 «Vrais» se réfère, dans le cas spécifique, à une perception des activités, de la part des élèves, comme plus congruentes avec ce qu'ils font dans le contexte quotidien de vie.

d'apprentissage et de remise en question de l'organisation individuelle et collaborative.

Les ateliers «jouets solaires»: un exemple d'espace d'apprentissage où la matérialité peut jouer un rôle fondamental

En 2010 le Photovoltaic Laboratory - Institut de Microtechnologie (IMT-PVLab) et l'Institut de psychologie et éducation de l'Université de Neuchâtel (IPE) ont collaboré afin d'étudier, dans une perspective interdisciplinaire, les dynamiques collaboratives et d'apprentissage dans des ateliers organisés pour permettre à des enfants de construire des jouets solaires. L'équipe du IMT-PVLab organise régulièrement à Neuchâtel des ateliers pour des enfants de 7 à 14 ans. Les enfants y sont accompagnés pour fabriquer un jouet fonctionnant à l'énergie solaire. À chaque séance, une douzaine d'enfants peuvent ainsi réaliser des activités complexes dont ils disent en général tirer beaucoup de satisfaction. Ces séances, d'une durée d'environ 3 heures, sont encadrées par des adultes appartenant à cette équipe de recherche qui organise l'évènement (jeunes chercheurs et doctorants), mais aussi des adultes apprenant le métier d'ingénieur (étudiants avancés en physique). Dans cette perspective, il ne semble pas secondaire de souligner que l'atelier constitue un cadre où les adultes ne sont pas en situation d'enseignement et où les enfants n'ont pas pour but de comprendre ou de conceptualiser, mais de *fabriquer avant tout un jouet* en utilisant de nombreux objets physiques et outils.

Les chercheurs en psychologie se sont intéressés au début aux apprentissages des enfants par rapport à l'univers matériel, quant à la physique et finalement aux interactions complexes entre l'enfant et le milieu matériel. L'objectif a été de comprendre si les «produits» de l'activité des enfants (donc des activités de résolution de problème) peuvent être effectivement considérés comme le résultat d'une intégration (voir d'une interdépendance) entre les dimensions matérielles de l'atelier (objets et outils mis à disposition des jeunes bricoleurs) et des connaissances préalables dont les participants disposent.

La pensée en action: planifier et fabriquer

Planifier

Dans les ateliers jouets solaires, une fois la présentation des organisateurs et des participants effectuée, on demande aux enfants d'imaginer quel *jouet ils souhaitent fabriquer et de le dessiner*. À cette étape de l'atelier, certains enfants remarquent des photographies sur les murs de la salle de l'atelier. Ces photos représentent des jouets précédemment construits. Les enfants décident de reproduire ces jouets ou au contraire de réaliser quelque chose de plus original, voire de complètement nouveau. En fonction de cela, certains enfants ont choisi de faire des jouets congruents avec les possibilités de l'atelier (une fleur qui tourne, un bateau, un moulin…). D'autres visent à fabriquer quelque chose d'autre. Ils proposent dans ces cas un projet original. Sans autre information sur les moyens donnés par l'atelier, certains enfants envisagent des jouets sophistiqués, et dont le fonctionnement peut être peu congruent avec les possibilités de manipulation et de création proposées par l'atelier. Ainsi, faire un chat qui marche à partir d'un unique petit moteur est une tâche délicate à réaliser avec les matériaux à disposition, le temps limité et les compétences des participants, enfants et adultes.

Le résultat de cette activité psychologique qui explore d'abord l'espace très large de l'imaginaire pour prendre progressivement conscience de possibilités et des limites de la matérialité sera un objet qui porte en soi toutes les tensions de cette confrontation aux multiples implications (Boissonnade, Kohler, Foudon & Iannaccone, 2013; Kohler, Boissonnade, Foudon & Iannaccone, 2013). Il s'agira d'un objet qui, pour le petit bricoleur, peut devenir une occasion importante pour comprendre les défis du réel à travers la prise en compte de ses contraintes explorées dans une dimension imaginaire.

> **Suivi de deux jeunes adolescents dans la phase projection du jouet à construire**
>
> Da (11 ans) et Ma (13 ans) discutent entre eux durant cette phase initiale. Avec exaltation, ils évoquent les objets auxquels ils pensent tout en dessinant:
> Ma: *J'ai fait une voiture.*
> Da: *Moi aussi* (rire)
> Ma: *C'est… une voiture et t'as les ailes qui s'ouvrent… les ailes…*
> Da: *Moi c'est une voiture* (inaudible)…
> Da: *Ou alors une fusée… Wooaaaa…*
> (Les enfants évoquent ensuite un avion)
>
> Finalement les deux jeunes adolescents vont construire un bateau chacun, jouet proposé initialement par l'atelier à travers les photographies et les suggestions des organisateurs, mais chaque enfant choisit un système de propulsion différent. Ils y parviendront en l'occurrence avec peu d'aide des adultes.
>
>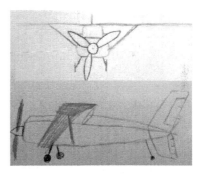
>
> Dessin de M   Dessin de Da

C'est pour cela que cette phase initiale est présentée par les organisateurs en général comme étant très libre: les enfants peuvent envisager diverses possibilités de jouets. Et cela ne tarde pas à montrer à l'enfant l'extrême souplesse de l'espace d'activité créé par l'atelier: il y a un spectre pratiquement infini de réalisations potentielles – dont seulement certaines tiendront compte de l'utilisation de l'énergie solaire –, mais tous établiront un rapport de plaisir avec une réalité qui se laissera d'abord manipuler par l'imaginaire pour montrer ensuite, au moment de bricoler, de potentielles résistances aux transformations, mais qui deviennent, dans les bonnes conditions, un défi passionnant à l'agentivité de l'enfant.

INTERAGIR

Dans des telles situations, l'atelier peut donner lieu à une intéressante architecture des relations d'aide entre pairs et entre adultes et enfants. Par exemple, une phase de renégociation de l'objet projeté peut avoir lieu quand les enfants ne s'orientent pas vers la fabrication d'un jouet qui utilise l'énergie solaire selon les attentes des adultes ou selon des principes physiques d'efficacité.

Il est intéressant d'observer comment, parmi les organisateurs, certains sont plus habitués aux contraintes de ces ateliers et aux choix parfois surprenants des enfants. Ils peuvent inciter les enfants à faire des aménagements de leur projet initial (par exemple ajouter une hélice sur une maison pour en faire un moulin), ou bien à changer plus radicalement de projet (construire un bateau plutôt qu'une voiture).

Enfin, certains enfants font un choix de jouet qui revêt un sens plus collectif. Par exemple des garçons s'engagent ensemble à construire des bateaux, peut-être parce qu'ils vont pouvoir les comparer ou les distinguer. Dans ce cas, les idées des uns peuvent être reprises ou au contraire rejetées par les autres. Un enfant veut construire une sorte de bateau à roues à aubes tandis que l'autre semble se démarquer en choisissant une sorte d'hydroglisseur, etc. Ou bien ils choisissent des systèmes mécaniques assez proches mais se différencient sur la taille ou le design de l'objet (des drapeaux de différentes nationalités), etc.

Suivi d'un enfant durant la phase de conception/projection

Cé (9 ans) a décidé de construire un chat. Dans un premier temps, elle dessine juste un chat et indique à l'adulte qui le lui demande que ce chat pourrait marcher. L'adulte lui fait remarquer qu'il faut dessiner aussi un panneau solaire et que cela ne va pas être facile à réaliser. Elle propose que le chat pourrait alors rouler, et fait un nouveau dessin représentant le chat muni d'un panneau solaire sur le dos et de petites roues sous les pattes, reliées entre elles. Finalement, l'adulte revenant vers l'enfant et remarquant un de ses derniers dessins de chat remarque qu'il a une grosse tête; il redessine plus précisément le chat sous les yeux de l'enfant, toujours avec une grosse tête et propose finalement que le moteur pourrait faire tourner les yeux du chat, ce qui serait amusant. L'enfant est vivement intéressée bien que ce ne soit pas là son idée d'origine.

	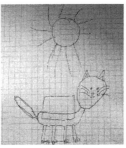	
Premier dessin de Cé	Second dessin de Cé	Troisième dessin de l'adulte et Cé

Au final, le chat construit a effectivement les yeux qui tournent. L'adulte: *Tu peux me décrire ce que tu as fait?*
Cé: *Un chat qui est sur un bateau? Et puis que quand on met le le, la pince solaire et ben voilà il tourne les yeux. Puis après ben quand il s'arrête et ben parfois, y'a une pupille comme ça et l'autre pupille comme ça [elle indique des directions différentes avec ses doigts].*
[...]
L'adulte: *Est-ce que tu as réussi à faire ce que tu voulais faire au début?*
Cé: *Oui.*

Jouet finalement réalisé par Cé

L'ATELIER: CADRE CLASSIQUE DE L'ACTIVITÉ HUMAINE ET RESSOURCE PÉDAGOGIQUE À RÉFLÉCHIR ULTÉRIEUREMENT

La notion d'atelier se réfère d'habitude à des espaces de travail manuel, à des groupes qui travaillent dans le domaine de l'enseignement ou de la réflexion scientifique, à des ensembles de collaborateurs d'un artiste, etc. Il s'agit donc de contextes habituels à plusieurs domaines qui, d'une manière ou de l'autre, impliquent des formes d'activité humaine. Cependant les courtes observations précédentes menées dans des ateliers «jouets solaires»[13] permettent (Boissonnade, Iannaccone & Foudon, 2012; Boissonnade, Tartas & Iannaccone, 2013; Boissonnade, Kohler, Foudon & Iannaccone, 2013) d'aller partiellement au-delà des nombreuses connaissances déjà acquises à propos des vertus des ateliers dans le domaine du travail et de l'éducation. Elles consentent au cours de ces fabrications «libres» à mettre en évidence le rôle, en partie négligé par la psychologie du développement et de l'éducation, de la matérialité en tant que potentiel déclencheur d'explorations créatrices et de restructuration des interactions sociales. Il faut peut-être rappeler que, à la base, le dispositif de recherche renvoie à des activités que les enfants réalisent très fréquemment dans la vie quotidienne. En effet ils pratiquent tout au long du développement psychologique, une véritable *ingénierie élémentaire*[14] qui semble jouer effectivement une fonction importante dans la définition du rapport entre activité cognitive et réalité (voir aussi la longue tradition de recherche dont les travaux classiques de Piaget à propos de l'activité exploratoire des bébés et des enfants du stade sensorimoteur).

Dans cette perspective, une étude exploratoire a permis de pointer un des caractères matériels de l'objet (Boissonnade, Kohler, Foudon & Iannaccone, 2013; Kohler *et al.*, 2013) qui semble effectivement solliciter une reconsidération du rapport entre activité cognitive et matérialité. Il

---

13 Le paragraphe précédent se réfère (partiellement) à quelques incursions «idiographiques» et épisodiques dans le monde complexe des ateliers de fabrications pour enfants. Des investigations plus systématiques et des analyses ultérieures sont en cours de réalisation à l'Institut de psychologie et éducation de l'Université de Neuchâtel.

14 La définition est d'Anne-Nelly Perret-Clermont (communication personnelle).

s'agit des résistances matérielles de l'objet.[15] Cette notion déjà utilisée par Piaget dans son livre *Réussir et comprendre* (1974a) montre que les enfants parviennent bien souvent à faire des choses avec les objets avant d'en construire une connaissance (explication causale, création ou utilisation de schèmes conceptuels, etc.). Ces réussites sont étroitement associées aux caractéristiques matérielles des objets. Piaget utilise ponctuellement la notion de résistance, mais sans la conceptualiser profondément. En revanche, dans la conclusion, il pointe le fait que cette résistance le mène à étudier les contradictions, c'est-à-dire la naissance de certains déséquilibres cognitifs (Piaget, 1974a). Il s'agit d'une question que Piaget reprendra dans ses *Recherches sur la contradiction* (Piaget, 1974b). La notion de résistance a aussi été invoquée dans la théorie de l'activité. Lorsqu'il parle du rôle des objets dans la dimension externe des activités, Leont'ev (1984) indique que certaines résistances de l'objet sont susceptibles de contraindre voire de dévier les activités et même de déclencher des processus d'attribution de sens (Kohler *et al.*, 2013).

En conclusion, une conception de la matérialité en éducation qui se situerait au croisement des pistes tracées par les psychologues de l'activé (notamment Leont'ev) avec celles qui ont mené à la découverte des incontournables composantes pragmatiques du langage et des objets (Moro & Rodriguez, 2005) et de leurs usages (Tartas & Duvignau, 2008) semble raisonnablement prometteuse. Dans ce sens, une meilleure compréhension des complexes intrications entre matérialité et activité cognitive ne pourra que nourrir efficacement la recherche sur les processus d'apprentissage et notamment sur la fonction de la créativité dans l'enseignement et dans développement psychologique.

---

15 Par exemple, le fait que le carton offre peu de résistance aux coups de ciseaux par rapport à un fil de fer, mais offre une résistance plus importante à la conduction d'électricité, peut avoir un rôle essentiel dans le bricolage. Ces résistances ne sont pas forcément toujours conscientisées par l'enfant, mais peuvent aussi a contrario être invoquées de manière volontaire dans la construction.

RÉFÉRENCES BIBLIOGRAPHIQUES

Alcorta, M. (2001). Utilisation du brouillon et développement des capacités d'écrit. *Revue française de pédagogie, 137*(1), 95-103.
Barth, B.-M. (2013). *Élève chercheur, enseignant médiateur*. Paris: Retz.
Bateson, G (1979). *Mind and Nature: A Necessary Unit*. New York, NY: Dutton.
Boissonnade, R., Iannaccone, A. & Foudon, N. (2012). *Quand des enfants construisent des jouets solaires: étude exploratoire*. Communication présentée aux Journées internationales de l'éducation scientifique (JIES) «Les jeux dans l'éducation et la médiation scientifiques», Paris.
Boissonnade, R., Kohler, A., Foudon, N. & Iannaccone, A. (2013). *Description of children's Activities and material resistances to create a Solar Toy*. Papier présenté au 2013 Jack Easley Child Study Program, CIRCE, Urbana-Champaign, IL (États-Unis).
Boissonnade, R., Tartas, V. & Iannaccone, A. (2013). *Levels of contradictions in an explorative activity in a science workshop at school*. Communication présentée au 42e Meeting annuel de la Jean Piaget Society, Chicago (États-Unis).
Borghi, A.M., Gianelli, C. & Lugli, L. (2011) La dimensione sociale delle affordance: affordance tra io e gli altri. *Sistemi intelligenti, 2*, 291-300.
Borghi A.M. & Riggio, L. (2009). Sentence comprehension and simulation of object temporary, canonical and stable affordance. *Brain Research, 1253*, 117-128.
Bruner, J.S. (1991). *Car la culture donne forme à l'esprit*. Paris: Eshel.
Bruschi, B., Iannaccone, A. & Quaglia, R. (Eds.) (2011). *Crescere Digitali*. Rimini: Aracne.
Carraher, D.W. & Schliemann, A.D. (2002). Is everyday mathematics truly relevant to mathematics education? *Journal for Research in Mathematics Education Monograph, 11*, 131-153.
Cole, M. (1996). *Cultural Psychology*. Cambridge: Belknap.
Cole, M. & Engeström, Y. (1993). A cultural-historical approach to distributed cognition. In G. Salomon (Ed.), *Distributed cognitions* (pp. 1-46). Cambridge: Cambridge University Press.
Corsaro, W.A. (1990). The underlife of the nursery school: young children's social representations of adult roles. In G. Duveen & B. Lloyd (Eds.), *Social representations and the development of knowledge* (pp. 11-26). Cambridge: Cambridge University Press.

Dienes, Z.P. (1961). *Building up mathematics*. Londres: Hutchinson Educational.

Engeström, Y. (1987). *Learning by Expanding: an activity-theoretical approach to developmental research*. Helsinki: Orienta-Konsultit.

Ferreiro, E. & Pontecorvo, C. (1993). Le découpage graphique dans des récits d'enfants entre 7 et 8 ans. Étude comparative français-espagnol. *Études de linguistique appliquée, 91*, 22-33.

Ferreiro, E. & Teberosky, A. (1979). *Los sistemas de escritura en el desarollo del nino*. Cerro del Agua: Siglo Veintiuno Editores.

Gibson, J. (1979). *The ecological approach to visual perception*. Boston, MA: Houghton Mifflin.

Good, J.M.M. (2007). The affordances for social psychology of the ecological approach to social knowing. *Theory & Psychology, 17*(2), 265-295.

Iannaccone, A. (2010). *Le condizioni sociali del pensiero*. Milan: Unicopli.

Iannaccone, A (2013a). Est-ce que la psychologie aurait oublié ce que les êtres humains font vraiment? *Cahiers de psychologie et éducation, 49*, 3-12.

Iannaccone, A. (2013b). Crossing Boundaries. Towards a new view on Cultural Psychology of Education. In G. Marsico, K. Komatsu & A. Iannaccone (Eds.), *Crossing Boundaries. Intercontextual Dynamics Between Family and School* (pp. 11-17). Charlotte, NC: Information Age Publication.

Iannaccone, A. & Smorti, A. (2013). Editoriale. *Psicologia culturale. Contesti, sistemi di regole, attività, 3*, 7-10.

Kaufmann, L. & Clément, F. (2007). How culture comes to mind: From social affordance to cultural analogies. *Intellectica, 2*, 46.

Kohler, A., Boissonnade, R., Foudon, N. & Iannaccone, A. (2013). *À description of children's thinking and activities when using objects and physical materials to create a solar toy*. Communication présentée au 42e Meeting annuel de la Jean Piaget Society, Chicago (États-Unis).

Latour, B. (2007). Une sociologie sans objet? Note théorique sur l'interobjectivité. In O. Debary (Ed.), *Objets et mémoires* (pp. 38-57). Paris/ Laval: Maison des Sciences de l'Homme/Presses de l'Université Laval.

Lave, J. (1988). *Cognition in practice: mind, mathematics, and culture in everyday life*. Cambridge: Cambridge University Press.

Lave, J. (1992). Word problems: a microcosm of theories of learning. In P. Light & G. Butterworth (Eds.), *Context and cognition: ways of learning and knowing* (pp. 74-92). New York, NY: Harvester Wheatsheaf.

Lave, J., Murtaugh, M. & De la Rocha, O. (1984). The dialectic of arithmetic in grocery shopping. In B. Rogoff & J. Lave (Eds.), *Everyday cognition: its development in social context* (pp. 67-94). Cambridge, MA: Harvard University Press.
Lave, J. & Wenger E. (1991). *Situated Learning: Legitimate Peripheral Participation*. Cambridge: Cambridge University Press.
Leont'ev, A. (1979). The problem of activity in psychology. In J.V. Wertsch (Ed.), *The concept of activity in Soviet psychology* (pp. 37-71). Armonk: Sharpe.
Leont'ev, A. (1984). *Activité, conscience, personnalité*. Moscou: Éditions du Progrès.
Linell, P. (2009). *Rethinking language, mind and world dialogically: interactional and contextual theories of human sense-making*. Charlotte, NC: Information Age Publishing.
McLuhan, M. (1962). *The Gutenberg galaxy: the making of typographic man*. Toronto: University of Toronto Press.
Mecacci, L. (2000). La mente umana e il suo mondo artificiale. In G. Mantovani (Ed.), *Ergonomia* (pp. 227-242). Bologne: Il Mulino.
Moro, C. & Rodriguez, C. (2005). *L'objet et la construction de son usage chez le bébé. Une approche sémiotique du développement préverbal*. Berne: Peter Lang.
Norman, D.A. (2002). *The design of everyday things*. New York, NY: Basic Books.
Perdicakis, C.-T. (2013). *Le rôle de la matérialité dans l'apprentissage de la lecture: aspects du curriculum enseigné, pratique enseignante et développement chez l'élève. Une étude de cas à l'école primaire française*. Thèse de doctorat, Université de Lausanne.
Piaget, J. (1974a). *Réussir et comprendre*. Paris: Presses universitaires de France.
Piaget, J. (1974b). *Recherches sur la contradiction*. Paris: Presses universitaires de France.
Platon (1980). *L'Alcibiade Majeur* (traduction de P.-J. About). Paris: Hachette, 1980.
Rogoff, B. (2003). *The cultural nature of human development*. New York, NY: Oxford University Press.
Roth, W.-M. & Lee, Y-J. (2007) Vygotsky's neglected legacy. Cultural historical Activity theory. *Review of educational research*, 77(2), 186-232.
Saxe, G. B. (1999). Cognition, development, and cultural practices. In E. Turiel (Ed.), *Culture and Development. New Directions in Child Psychology* (pp. 19-35). San Francisco, CA: Jossey-Bass.

Scribner, S. & Cole, M. (1981). *The psychology of literacy*. Cambridge, MA: Harvard University Press.
Semprini, A. (1995). *L'objet comme procès et comme action. De la nature et de l'usage des objets dans la vie quotidienne*. Paris: L'Harmattan.
Tartas, V. & Duvignau, K. (2008). *La construction de l'objet: approches interdisciplinaires*. Paris: Manuscrit Université.
Tomasello, M., Hare, B., Lehmann, H. & Call, J. (2007). Reliance on head versus eyes in the gaze following on great apes and human infants: The cooperative eye hypothesis. *Journal of Human Evolution, 52*, 314-320.
Varisco, B.M. (2009). *Costruttivismo socio-culturale. Genesi filosofiche, sviluppi psicopedagogici, applicazioni didattiche*. Rome: Carocci.

La production écrite des élèves de quatre ans: un levier pour transformer les pratiques d'enseignement?

Christine Riat et Patricia Groothuis

L'objet de ce chapitre est de décrire pour comprendre les pratiques déclarées d'enseignantes à propos de l'entrée dans la production écrite émergente avec des élèves de 4 à 6 ans dans les cantons de Berne-Jura-Neuchâtel (Suisse). Le choix tant du public concerné que de l'objet de savoir est déterminant. Dans un contexte de changement structurel, prescriptions nouvelles et introduction d'un nouveau moyen d'enseignement dans le domaine de la lecture-écriture, où le statut scolaire des degrés examinés passe de facultatif à obligatoire, les enseignantes sont amenées à reconsidérer leurs pratiques d'enseignement tant du point de vue des objets enseignés que des interactions maître-élèves qui en découlent. L'analyse des résultats montre des obstacles que les enseignantes[1] vont surmonter par diverses stratégies (d'approche ou d'évitement): soit en se lançant dans des actions innovantes, soit en aménageant le dispositif prescrit, soit encore en contournant ce dernier pour retrouver des usages antérieurs, argumentant parfois que l'élève de 4 ans est trop jeune pour réaliser la tâche demandée, et prenant sa place, autrement dit, en partageant ou non l'espace topogénétique.[2]

---

1   Le féminin utilisé ici est relatif au public étudié, majoritairement représentatif. Le terme «enseignante» vaut cependant pour les deux genres.
2   Nous prenons le pari d'articuler les théories de l'activité (Leont'ev, 1984; Engeström, 1987) à celle de l'action conjointe maître-élèves (Sensevy & Mercier, 2007; Schubauer-Leoni, Leutenegger, Ligozat & Fluckiger, 2007) en raison de la présence d'un mobile, associé à un but et à des moyens pour y parvenir, qui traverse ces deux cadres théoriques.

Introduction

L'un des défis sociétaux dans lequel l'école apporte une forte contribution est la maîtrise de la langue écrite. De l'évolution sémantique des termes illettrés et illettrisme ou encore analphabétisme (Barré de Miniac, 2003), nous conservons l'importance d'une définition positive avec l'adoption du terme de littéracie. L'appropriation de l'écrit doit donc occuper une place importante dans la scolarité, et ceci, dès les premiers degrés. Mais que disent les enseignantes à propos de cet enseignement-apprentissage avec des élèves de 4 à 6 ans? Nous traitons la question des interactions entre enseignantes et élèves par le biais du discours d'expérience d'enseignement. Sans négliger l'apport des interactions maîtres – élèves *in situ*, nous postulons que l'accès au discours d'expérience[3], et surtout d'expérience en transformation dans un contexte de changement, peut faire émerger des raisons d'agir. Nous faisons l'hypothèse[4] d'une dialectique entre cette autre forme d'interaction, enseignantes-enseignantes qui partagent leurs expériences, et les interactions futures au sein même de la classe à propos de l'enseignement-apprentissage du lire-écrire.

Du côté de l'objet de savoir étudié:
Les liens entre lire et écrire

La maîtrise de la langue écrite se construit progressivement. Apprendre à lire et à écrire n'est plus considéré comme activités dissociées, mais complémentaires. La production écrite articule deux composantes, la lecture et l'écriture, autrement dit l'identification et la production (mises au service de la compréhension de texte en parallèle, dimension non traitée spécifiquement dans ce chapitre). Sous la plume de Fayol et de Morais (2004), l'Observatoire National de la Lecture français reconnaît que «la pratique de l'écriture des mots est un bon moyen d'obliger les enfants à segmenter les formes sonores de ceux-ci, et donc de prendre

---

3 Le discours portant sur les pratiques déclarées donne accès à une forme d'intelligibilité, à «un motif, au sens d'une raison d'agir, [pour] tenter de donner une signification susceptible d'être communiquée à autrui et comprise par lui» (Ricoeur, 1998, cité dans Bourgeois, 2006, p. 89).
4 Sans intention de la vérifier dans la présente analyse.

conscience des phonèmes» (p. 29). En matière d'acquisition, et selon certains auteurs (Frith, 1985; Seymour, 1997, cités dans Saada-Robert, Auvergne, Balslev, Claret-Girard, Marzurczak & Veuthey, 2003), les jeunes enfants passent d'abord par une étape logographique (reconnaissance immédiate d'un mot comme un tout; prise d'information à partir d'indices saillants). Ce processus logographique de reconnaissance de mots est essentiellement visuel et ne comporte pas de traitement des unités sublexicales et phonologiques. Néanmoins, il permet une mémorisation puis récupération des premiers mots mis en mémoire, par voie directe (ou voie d'adressage). D'autres auteurs (Gombert, Bryant & Warrick, 1997) ajoutent une dimension supplémentaire. L'identification logographique ne se ferait pas uniquement par accès visuel et récupération au lexique mental des mots entiers par voie directe, mais par un traitement d'unités diverses (longueur de mots, accents, certaines lettres connues, etc.). Néanmoins, et dans les deux perspectives, les jeunes enfants produisent de l'écrit en considérant les mots comme un tout, sans traitement phonologique, alors que la prise de conscience des réalités sonores de la langue est indispensable. De plus, pour pouvoir lire/écrire, le traitement logographique, alphabétique, orthographique, et plus tard morphologique, sera primordial. Certains auteurs ont mis en évidence des stratégies non simultanées en lecture et en écriture; d'autres insistent sur cette simultanéité, la lecture et l'écriture s'influençant mutuellement. De même, Rieben et Saada-Robert (1997) ont démontré que les lecteurs-scripteurs, même experts, vont user de stratégies à dominances, à savoir celle ou celles qui leur conviennent le mieux au moment de produire et de lire soit un mot connu soit un mot irrégulier ou inconnu, recourant ainsi à la voie directe (ou voie d'adressage) ou indirecte (ou voie d'assemblage). Finalement, Saada-Robert et Hoefflin (2000) ont introduit les concepts de sémiopicturalité (recherche de sens par l'image) et de sémiographie (recherche de sens par le texte), leur thèse reposant sur un passage d'abord par l'image avant l'analyse du texte. Comment s'y prend un tout jeune enfant?

Le jeune enfant utilise très fréquemment le dessin, pratique par ailleurs courante dans les premiers degrés de la scolarité. Il n'est pas rare non plus qu'il produise des traces (traces picturales, pictogrammes et autres pseudo-lettres, voire de lettres) lorsqu'il veut communiquer autrement que par le langage oral. Et les supports ne manquent pas: traces dans le sable, sur une vitre embuée, sur un morceau de papier. Il est très courant, dans les premiers degrés de la scolarité encore que, de manière spontanée et sans demande spécifique de l'enseignante, autrement dit sans contrat didactique formalisé, l'élève réalise une production et vienne demander l'aide de l'enseignante pour qu'elle la lui «lise». Cette posture semble ne déranger ni les parents, ni même les enseignantes qui perçoivent plutôt dans cet acte une appropriation d'une pratique sociale.

Les actions[5] entreprises par l'enseignante en termes de guidage et à travers les interactions auront leur importance avec cet enfant devenant progressivement élève (Amigues & Zerbato-Poudou, 2007; Bautier, 2006). Nous le verrons dans les résultats, à partir du moment où la demande est formalisée au travers d'une partie d'une séquence didactique, les enseignantes se questionnent sur la ou les attitudes à adopter ou encore sur la pertinence de la demande prescrite. Et pourtant, les recherches menées depuis plus de 20 ans montrent la capacité des jeunes élèves à faire une différence entre dessin et écriture et à produire de l'écrit.

Comment l'enseignante s'y prend-elle? Quelles sont ses connaissances à propos des stratégies des élèves? Quelle place, ou espace topogénétique[6] est-elle prête à accorder à l'élève pour que ce dernier puisse s'investir du rôle de lecteur-scripteur?

Ce qui nous amène à nous appuyer sur les travaux de Ferreiro (1988), Saada-Robert et al. (2003), Montesinos-Gelet et Morin (2006) ou encore David et Morin (2008) qui montrent des liens étroits entre apprentissage de la lecture et de l'écriture, ces activités étant complémentaires. Qu'il s'agisse de conceptualisation et de phonétisation de l'écriture (Ferreiro), d'écriture émergente provisoire (Saada-Robert et collègues), d'orthographes approchées (Montésinos-Gelet et Morin) ou encore d'autographie (David), il s'avère donc important, en classe, de proposer des situations en vue de mettre en articulation la lecture et l'écriture simulta-

---

5 Les actions sont entendues ici au sens d'attitudes face à l'activité des élèves et la prise de conscience d'obstacles nouveaux (élèves plus jeunes; prescriptions nouvelles dans le curriculum accompagné d'un nouveau moyen ou manuel d'enseignement). L'enseignant ressent des tensions entre les différentes instances du Soi (Higgins, 1987; Dubar, 1998; Carver & Schreier, 2000). Il en résulte des attitudes de type «approche» ou «évitement» (Markus & Nurius, 1986; Rousseau & Potvin, 1993; Bourgeois, 2006).
6 Le concept de «topogenèse» (étudié, à la suite de Chevallard, par Sensevy, Mercier & Schubauer-Leoni, 2000) est convoqué ici en tant que place occupée par chacun des partenaires (maître/élève-s).

nément. Le passage à l'écrit devient une tâche, un objet d'enseignement. Comment ce passage s'effectue-t-il? Comment l'enseignante soutient-elle, guide-t-elle l'élève? Favorise-t-elle les explications métagraphiques (David, 2006)? Ce terme, emprunté à Jaffré (1992), réfère à «l'ensemble des activités mentales destinées à comprendre et à expliciter la raison d'être des traces graphiques, qu'elles correspondent à des segments phoniques, morphologiques ou lexicaux, pour s'en tenir aux activités centrées sur les mots écrits» (p. 108). Cette pratique d'autographie tend à ce que les élèves comprennent «les fonctions de l'écriture, son rôle ou son pouvoir dans les échanges sociaux, et s'approprier les procédures spécifiques qui permettent de la pratiquer» (David & Fraquet, 2011, p. 4).

QUAND LES MODIFICATIONS STRUCTURELLES OBLIGENT À SE QUESTIONNER SUR LES PRATIQUES

La particularité de cette recherche réside dans la mise en visibilité chez les enseignantes de deux stratégies (*d'approche ou d'évitement*) pour résoudre des tensions qui apparaissent dans leur travail en classe. À dessein et par emprunt à deux champs de recherche différents (médecine et psychologie sociale)[7], nous utiliserons les termes *distensions pédagogiques* pour caractériser et colorer l'action pédagogique et didactique tiraillée par des prescriptions nouvelles et l'état d'inconfort et de questionnement déclarés par les enseignantes.

Nous postulons l'idée d'une transformation des pratiques pour tendre à réguler des tensions. Bourgeois (2006) propose et explore les tensions dans les instances du Soi, l'enseignant naviguant entre ce qu'il est / ce qu'il fait, ce qu'il voudrait être / voudrait faire, et ce qu'il devrait être / devrait faire. Réguler ces tensions aura son importance dans la pratique quotidienne avec les élèves.

---

7 Deux termes issus de terrains scientifiques différents sont à disposition: la distension (en médecine) et la dissonance (en psychologie sociale; dissonance cognitive, Festinger, 1957). En médecine, le terme de distension définit une augmentation de surface ou de volume sous l'effet d'une tension en divers sens. Selon Vaidis et Halimi-Falcowickz (2007), qui reprennent les théories de Festinger (1957), la dissonance est un état inconfortable ressenti par une personne lorsqu'elle est amenée à agir en désaccord avec ses croyances; cette tension se réduit lors d'une modification des croyances.

Les enseignants doivent réguler des tensions entre une grande diversité de principes de justice et trouver dans leurs activités quotidiennes «des équilibres avec les autres et avec eux-mêmes» (Dubet, 2002, cité par Goigoux, 2007, p. 50).

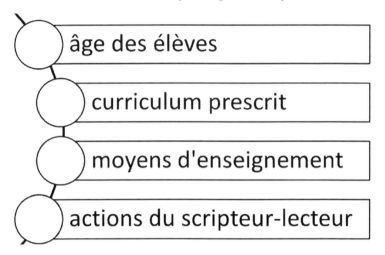

Figure 1. Quatre distensions pédagogiques à prendre en compte dans le partage topogénétique maître-élèves.

En effet, jusqu'en 2011 et dans l'espace concerné, les deux premiers degrés de la scolarité avaient un caractère de fréquentation facultative. Au niveau de la Suisse romande, des différences cantonales montrent que dans certains cantons, la fréquentation de l'école dès 4 ans pouvait atteindre plus de 95% alors que dans d'autres cantons, cette fréquentation facultative ne commençait qu'à 5 ans, le système scolaire ne prévoyant pas de structures préscolaires pour les 4 ans. L'avènement du concordat d'harmonisation scolaire (ci-après HarmoS) change la donne. L'école devient obligatoire dès 4 ans. Ansen Zeder et Joye-Wicki (2012) parlent d'une véritable «innovation éducative». Une première *distension pédagogique* apparaît alors pour certaines enseignantes: le public scolaire est plus jeune d'au moins une année.

Une autre modification découlant de la première est l'introduction d'un nouveau plan d'études (ci-après PER; CIIP[8], 2010) commun à tous

---

8   CIIP: en Suisse, Conférence intercantonale de l'instruction publique de la Suisse romande et du Tessin.

les degrés de la scolarité. Alors que les enseignantes s'appuyaient sur un plan-cadre spécifiquement destiné aux degrés préscolaires (CDIP[9], 1992), il leur appartient maintenant de partager un outil référentiel commun. Cette deuxième *distension pédagogique* n'est pas sans provoquer des questionnements sinon légitimes, du moins pertinents. Le curriculum qui a présidé dès 1992 tendait à une démarche d'enseignement centrée sur l'enfant, avec une mise à l'écart des objets de savoirs. On y parlait en termes généraux: activités langagières, entrée dans l'écrit (pour le domaine qui nous intéresse ici). De plus, une grande liberté d'action était laissée à l'enseignante quant à l'organisation et aux objets de savoirs spécifiques à travailler. Sans oublier que les conceptions plus antérieures et liées à des traces de la mission officielle de l'école (CIRCE[10], 1970) peuvent encore guider le fonctionnement des enseignantes. Dans le cadre de notre recherche, nous devons conserver à l'esprit l'idée que la «méthode préconisée [était] fondée sur les motivations profondes de l'enfant, les activités [étant] discrètement encouragées par la maîtresse» (Périsset Bagnoud, 2007). Dès 2011, avec HarmoS et l'introduction du PER, la formation de l'élève dès 4 ans s'opère par trois entrées: disciplinaires, activités transversales et formation générale. De même, des objets de savoir sont précisés. Le changement par rapport au plan-cadre de 1992 est considérable, du moins dans les formulations; nous y reviendrons, car nombre d'enseignantes vont se lancer dans l'activité y reconnaissant des aspects similaires.

Une troisième *distension pédagogique* s'y ajoute. Alors qu'aucun moyen d'enseignement n'était prescrit jusqu'alors, les enseignantes ayant une liberté très étendue à ce niveau, la CIIP édite et propose un moyen spécifique pour l'enseignement du français (en tant que langue véhiculaire des régions étudiées). Nommé *Des albums pour Dire-écrire-lire* (ci-après DEL) (Auvergne, Jaquier, Lathion, Rouèche, Richoz & Saada-Robert, 2011a) et spécifique pour les enseignants des degrés 1 et 2 de la scolarité primaire (élèves de 4 à 6 ans), il est accompagné d'un guide du maître destiné lui à tous les enseignants des degrés 1 à 4 primaires (cycle 1 primaire correspondant aux élèves de 4 à 8 ans).

Enfin, une dernière *distension pédagogique* complexifie les trois premières: alors qu'auparavant le rôle de scripteur, autrement dit de

---

9 CDIP: en Suisse, Conférence des directeurs de l'instruction publique.
10 CIRCE: en Suisse, Commission interdépartementale romande de coordination de l'enseignement.

«producteur d'écrit», n'était dévolu qu'à l'enseignante, le nouveau moyen d'enseignement, étayé par des recherches en psycholinguistique et en didactique du français, donne cette place à l'élève dès 4 ans. Comment un enfant, juste devenu élève, et de surcroit n'ayant connaissance ni du principe alphabétique (ou du moins très partiellement) ni du processus de correspondance phonographique, peut-il s'investir du rôle de scripteur-lecteur? L'enseignante a jusque-là tenu la place de lecteur-scripteur. Va-t-elle céder cet espace topogénétique et comment va-t-elle accompagner l'élève?

Réguler des tensions pour pouvoir interagir avec les élèves

Selon Schneuwly (2002), «enseigner consiste à transformer les modes de penser et de parler, de faire à l'aide d'outils sémiotiques» (p. 2). Il parle du caractère spécifique de l'outil: la «double sémiotisation». Parce que l'enseignant veut «signifier quelque chose de l'objet et attirer l'attention des élèves sur certaines de ses caractéristiques», il «doit à l'aide d'outils à la fois présenter l'objet, le mettre en contact avec les élèves (première sémiotisation), et désigner certaines de ses dimensions (deuxième sémiotisation)» (Wirthner, 2006, p. 166). Les outils sont donc à considérer comme les «médiateurs pour signifier l'objet d'enseignement/apprentissage» (p. 167). Nous appuyant sur Wirthner, nous sommes convaincues que les outils deviennent des indices importants de la manière de travailler des enseignants. Par ses choix, l'enseignante signifie l'importance de certains aspects des objets à enseigner donc à apprendre par ses élèves. Elle met en visibilité, façonne, personnalise l'objet d'apprentissage.

Ainsi les quatre *distensions pédagogiques* relevées plus haut conduisent inévitablement à des modifications, des ajustements, de l'action de l'enseignante *in situ* avec les élèves. Selon Moro et Wirthner (2002), la tâche «institue une tension dynamique entre les dimensions de l'objet mis en scène (par la tâche précisément) et les capacités des élèves» (p. 2). La tâche, poursuivent-elles, peut être «médiatrice des significations *via* l'enseignant entre l'élève et l'objet d'enseignement/apprentissage et ainsi permettre l'émergence d'un développement nouveau chez les élèves. En ce sens, la tâche se situe dans l'espace théorique défini par Vygotsky comme zone proximale de développement» (p. 2). Mais au préalable, et en vue d'agir avec eux, l'enseignant ajuste, complète, «met à sa main» (Margolinas & Wozniak, 2012), transforme (Wirthner, 2006) un dispositif qui lui est proposé.

Du maître ou de l'élève, qui endosse le rôle de lecteur scripteur?

Considérons les interactions au sein de la classe et la place que chacun occupe dans l'action par le biais des pratiques déclarées. En effet, la place occupée par l'enseignante et/ou les élèves va dépendre de la résolution ou non des *distensions pédagogiques*. Une partie de la modélisation de l'action conjointe[11] maître-élève (Sensevy & Mercier, 2007; Ligozat & Leutenegger, 2008) va nous aider à saisir la construction de ce savoir en émergence chez les enseignantes. Autrement dit, nous allons étudier la topogenèse dans le processus d'enseignement-apprentissage, et en particulier ici, la place occupée déclarée par les enseignantes. À cet effet, nous postulons la nécessité d'espaces discursifs pour échanger autour de pratiques. Et à partir des résultats, nous verrons apparaître une divergence: laisser les élèves produire en écriture provisoire émergente, donc les laisser s'investir du rôle de lecteur-scripteur novice ou prendre ce rôle à leur place?

Le dispositif didactique DEL en quelques mots

La procédure proposée dans le dispositif didactique DEL est composée de 4 étapes: découverte littéraire de l'album, passage à l'écriture, activités de systématisation, retour à la composante littéraire. Les résultats se

---

11 L'action conjointe maître-élèves, et les catégories constitutives du modèle par le triplet des genèses (mésogenèse, topogenèse, chronogenèse), postulent l'indissociabilité des instances du système didactique (action du professeur, action de l'élève, enjeu de savoir). Très brièvement, la dynamique des objets (langagiers, physiques, scripturaux) définit la mésogenèse. L'évolution du partage des responsabilités (entre enseignante et élèves, ou entre des élèves) définit la topogenèse. La temporalité des objets de savoirs définit la chronogenèse. Schubauer-Leoni *et al.* (2007) soulignent la notion d'«agentivité» proposée par Bruner pour signifier une action dirigée vers un but, contrôlée par des agents. Ces agents ont des actions à mener, et parfois, à se partager.

focalisent sur l'étape 2 relative au passage à l'écriture, autrement dit dans le moment au cours duquel l'espace topogénétique peut être attribué à l'élève, *vs* est assumé par l'enseignante en regard des tensions et *distensions pédagogiques* que cette dernière ressent. Ces différentes tensions et la manière dont elle en parle dans les échanges peut avoir une influence sur le partage topogénétique.

Méthodologie utilisée

Nous avons saisi l'opportunité d'un dispositif de formation continue obligatoire des enseignantes des degrés 1-2 primaires, dispositif en trois phases (figure 2), pour procéder à la récolte de données.

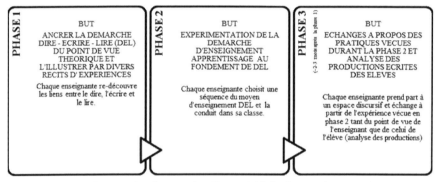

Figure 2. Les trois phases du dispositif de formation continue.

À l'issue du premier cours[12] de présentation des aspects théoriques et du moyen d'enseignement (phase 1), les enseignantes des degrés 1-2 ont reçu une tâche à accomplir au sein de leur classe, consigne en vue de la phase 3 du cours, environ trois mois plus tard. Les consignes à mettre en œuvre durant la phase 2 comportaient trois éléments: choisir une des 10 séquences proposées dans le moyen d'enseignement, mettre en œuvre deux des quatre étapes proposées (découverte littéraire de l'album et passage à l'écriture), recueillir et conserver les productions des élèves en vue de les discuter lors de la troisième phase du dispositif de formation.

---

12 Nos résultats sont basés sur la mise en place de neuf cours obligatoires (phases 1 et 3) réunissant entre 35 et 60 enseignant-e-s à chaque fois.

La production écrite des élèves de quatre ans

Utiliser les productions de leurs élèves comme outil de formation ne relevait pas d'une volonté de contrôle de l'activité d'enseignement effectivement réalisée. Nous postulions le fait que mettre les enseignantes en analyse des productions de leurs élèves les amènerait à parler de leur propre pratique. Les productions d'élèves, comme médiateur, joueraient le rôle de révélateur de leurs *distensions pédagogiques* dans l'activité et de leurs tensions identitaires (Bourgeois, 2006).

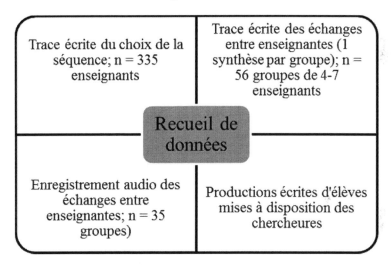

Figure 3. Recueil de données durant la phase 3 du dispositif de formation continue.

Quelques jours avant la troisième phase de dispositif de formation, les enseignantes devaient annoncer par courriel la séquence explorée en classe. Au total, 335 enseignantes étaient concernées. Elles ont déclaré leur choix en annonçant l'utilisation d'une séquence d'enseignement extraite du nouveau moyen d'enseignement *Des albums pour dire-écrire-lire* (Auvergne *et al.*, 2011a). Certaines donnaient des détails complémentaires. D'autres n'annonçaient rien. Ces premières données récoltées par le biais du courriel, donc dans une démarche individualisée, voire parfois par un seul message concernant un duo d'enseignantes vont permettre une analyse quantitative (répartition entre les séquences choisies) et qualitative (discours argumenté). Elles nous renseigneront sur une déclaration de participation à la mise en œuvre du nouveau moyen d'enseignement. Ces données *invoquées* (Van der Maren, 2007) «préexistent» (p. 138): elles sont regroupées notamment dans les *archives* et n'ont pas été créées pour la recherche.

À PARTIR DU «DIRE SUR LE FAIRE»

Pour accéder à une autre forme de pratiques déclarées, nous avons opté pour un recueil de données *suscitées* (Van der Maren, 2007) sous la forme de *récit de pratique* autrement dit le «dire sur le faire» au sens de Lahire (1998) lors de la deuxième rencontre. Nous avons provoqué l'échange autour des pratiques en leur demandant de se raconter leur expérience. Des groupes ont été formés et durant environ une heure, les enseignantes échangeaient entre elles à propos de la séquence choisie et menée, et à partir d'une grille réunissant les items suivants: bénéfices apportés, obstacles rencontrés (généraux, plus spécifiques), similitude/divergence avec la pratique ordinaire, besoins particuliers, autres. Chaque groupe a ainsi rempli une grille – ou feuille de route – nous permettant alors, à travers les *traces écrites*, d'avoir accès à 56 discours collectifs (chaque groupe réunissant entre 4 à 7 enseignantes).

De plus, 35 groupes ont accepté que ces moments de *récit de pratique*, leurs échanges soient enregistrés. Ces *traces audio* constituent donc un troisième type de données, elles aussi *suscitées*.

Le recours au *récit de pratique* entre enseignantes, sans animateur, nous permet de saisir principalement ce qu'elles disent faire, ce sur quoi elles se questionnent, ce qu'elles découvrent, leur état de compréhension des savoirs en jeux mais aussi de leur conception de l'enseignement apprentissage du lire-écrire, de leurs «*pratiques identitaires collectives*» (Lahire, 1998, p. 26): en bref, d'où elles parlent.

À partir des traces écrites et de quelques traces audio[13], nous allons faire ressortir les *distensions pédagogiques* relatives[14]: à l'âge des élèves (en

---

13 Le corpus des traces audio représente environ 30 heures d'enregistrement. En cours d'exploitation. Nous avons sélectionné certaines d'entre elles qui renforcent ou étayent les traces écrites.

14 Dans un premier temps de traitement des traces audio et écrites, les indicateurs suivants ont été utilisés pour catégoriser les distensions: Institutionnels: rapport à la prescription, choix, liberté/Organisationnels: ateliers, regroupement, gestion des groupes et bruit/Didactiques: progression, connaissance de l'objet à enseigner, évaluation, différenciation (1H/2H/enfants

La production écrite des élèves de quatre ans 135

regard du degré d'enseignement), à un curriculum dont la prescription modifie les formes de liberté d'action, à un moyen d'enseignement qu'il s'agit de s'approprier, d'ajuster, enfin au rôle de scripteur-lecteur que l'enseignante, pourtant experte et détentrice jusque-là de ce pouvoir, doit «céder» à l'élève.

Cette mise en visibilité nous permettra ainsi de préciser l'espace topogénétique occupé par chacun des partenaires (maître-élèves) lors de l'activité de production écrite, espace accordé ou non à l'élève en fonction de tensions actionnelles ou identitaires, en vue d'apporter un éclairage en termes de stratégies de type «approche» ou «évitement».

Présentation de quelques données quantitatives

L'utilisation annoncée du nouveau moyen d'enseignement DEL (tâche prescrite lors du cours 1) montre en partie l'engagement par une stratégie *d'approche*. Sur le total des 335 enseignantes concernées, 79% des messages par courriel annoncent une séquence choisie, 21% n'annoncent pas la séquence choisie (figure 4).

Figure 4. Déclaration des séquences choisies.

---

allophones)/Posture de l'enseignant: guidage, représentations, conceptions, affectif implication/Matériel: aspect cosmétique, photocopies, encre, formats des illustrations, albums, erreurs d'impression/ Personnels: oser, peur, changement, envie.

La répartition entre les séquences choisies montre que la séquence n° 1 (destinée plus particulièrement au début de l'année scolaire en regard de la thématique abordée dans l'album *Je veux pas aller à l'école*) est plébiscitée. Ce choix n'a rien de surprenant dans la mesure où la grande majorité des enseignantes va explorer ce dispositif didactique à la rentrée scolaire.

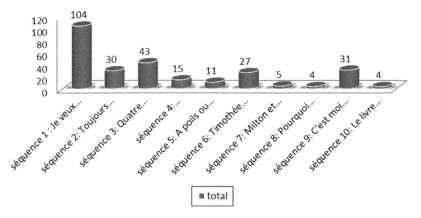

Figure 5. Déclaration du titre de la séquence travaillée en classe.

Et parmi les 21% qui n'annoncent pas de séquence choisie (figure 4), il ressort de cela que 46 enseignantes ne donnent pas de réponse par courriel. Il est important de noter que l'absence de réponse par courriel n'implique aucunement que les enseignantes ne se sont pas engagées dans la tâche. L'une ou l'autre précisera, lors du cours 2ᵉ partie, par exemple qu'elles n'ont pas relevé leur messagerie, d'autres annonceront leur séquence choisie à ce moment-là. Une autre variable peut cependant avoir influencé soit une non-réponse courriel, soit une non-entrée dans la tâche liée à la planification des cours 1 et 2 de formation continue. En effet, pour un tiers des participantes (et c'est dans ce tiers que l'on rencontre le plus de non-réponse), le cours 1 était dispensé au mois de mai, le cours 2 au mois de septembre, environ 2 à 3 semaines après la rentrée scolaire. Concernant les deux autres tiers, le cours 1 était assuré au mois de septembre et le cours 2 entre fin octobre et novembre. L'argument avancé, oral ou au travers des traces écrites (cf. à ce propos la partie des résultats qualitatifs, traces écrites collectives et traces audio), reposera principalement sur la nécessité de travailler autour de préoccupations plus ciblées comme «la socialisation» sans que nous ayons accès cependant à une définition plus précise des contenus y relatifs. 24 enseignantes (34%, figure 6) précisent quant à elles qu'elles n'ont pas choisi de séquence en donnant un argument. La figure 7 donne un aperçu des arguments à partir de verbatims illustratifs.

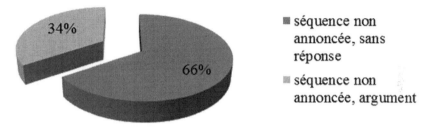

Figure 6. Non-déclaration de la séquence choisie
(argument *vs* sans réponse).

Je n'ai pas encore choisi de séquence DEL, car:

- *Je n'ai pas encore introduit l'activité.*
- *J'ai réalisé une autre activité d'écriture émergente.*
- *J'ai utilisé un autre album*
- *Je n'ai pas encore introduit, car il est nécessaire de travailler la socialisation.*
- *Je n'ai que 2 périodes d'enseignement en 2ᵉ.*
- *J'ai changé de degré d'enseignement depuis le cours obligatoire 1.*
- *J'étais/je suis en congé maternité.*

Figure 7. Séquence non choisie, argumentaire, verbatims illustratifs.

Résultats qualitatifs

Le passage à l'écriture a été proposé aux élèves

À travers les discours (traces écrites collectives et traces audio), nous pouvons percevoir que les enseignantes attribuent l'espace topogénétique aux élèves, donc qu'elles les laissent produire ou leur proposent de produire un texte en écriture émergente provisoire lorsqu'elles précisent:

- le refus ou l'appréhension des élèves à produire
- un blocage des élèves face à la demande
- un manque d'intérêt face à la demande
- le discours des élèves (je ne sais pas écrire)
- l'appréhension des élèves à produire juste *vs* faux
- la proposition de les laisser recopier selon un modèle conventionnel
- des disparités dans les productions (production de traces, de lettres, de mots) (figure 8)
- des disparités dans les explications données par les élèves («lire sa production sans correspondance graphophonologique», ne plus se souvenir, ne pas vouloir lire)

Figure 8. Quelques exemples de production d'élèves.

ESPACE TOPOGÉNÉTIQUE ASSUMÉ PAR L'ENSEIGNANT

Nous observons que l'espace topogénétique est assumé par l'adulte et/ou partagé avec les élèves lorsque les enseignantes, dans les récits de pratique, précisent, soit sous forme d'affirmation, soit sous forme de questionnement, les éléments suivants:

Avant la mise en œuvre	Pendant l'activité de production écrite émergente provisoire		Après la mise en œuvre
	Pendant qu'il produit	Juste après sa production	
La nécessité d'appropriation du moyen et de ses différentes étapes	Donner l'autorisation de produire «à sa façon»	Corriger le texte des élèves	La gestion des traces des élèves («Que faire des traces produites? Les insérer ou non dans le classeur personnel?»)
*Choisir/décider de reporter l'utilisation du moyen vers une période plus propice que le début d'année (autre chose à travailler: rituels, petits jeux simples, socialisation, règles de vie)		Traduire l'écriture émergente	L'explicatif à devoir fournir ultérieurement aux parents
*Choisir de proposer l'étape «passage à l'écriture» à l'un ou l'autre degré	Observer les réactions des élèves	Utiliser plutôt la dictée à l'adulte	Vérifier auprès des formatrices du cours obligatoire
L'acceptation ou *non d'entrée en matière (proposer une non lepassage à l'écriture)	S'étonner, découvrir avec surprise les compétences des enfants	Proposer des modèles en vue de recopier	Besoins de connaissances complémentaires au sujet du développement de l'enfant
Se convaincre soi-même et s'autoriser à entrer dans la démarche	Utiliser des relances de motivation pour les élèves récalcitrants		Besoins de connaissances complémentaires à propos du développement des compétences linguistiques de l'élève.
Organiser plusieurs fois un même type d'activité			

Figure 9. Espace topogénétique temporel
(avant pendant après) assumé par l'enseignante.

---

* Le grisé montre un espace topogénétique occupé par l'enseignante croisé avec une stratégie d'évitement.

Dans la figure 9, nous pouvons observer la temporalité de l'espace topogénétique assumé par l'enseignante.

Avant la mise en œuvre, l'espace topogénétique est entièrement assumé par l'enseignante lorsqu'elle renonce à entrer en matière. En ce sens, la stratégie par rapport à ce nouvel objet de savoir est de type «évitement».

Avant et après la mise en œuvre, il est assumé entièrement par l'enseignante. Elle s'approprie les prescriptions et le moyen d'enseignement, elle planifie son action. En ce sens, nous pouvons dire qu'elle use de stratégies d'approche, notamment par une propension à se convaincre soi-même et à se lancer dans la démarche, illustrée dans les verbatims suivants:

> *tant que moi j'étais au clair avec/avec ça cette écriture émergente ben je le sentais pas et en même temps il fallait que je me lance///je me suis dit c'est en te lançant ma foi tu prends un risque mais c'est en te lançant que oui» «oui j'étais pas sûre de ce que leur demandais et puis au fur et à mesure de la matinée et bien finalement je me suis dit ben oui, si moi je suis au clair et que je suis convaincue que quoiqu'ils fassent c'est une trace écrite puis j'en suis convaincue après c'était bon/* Katia [15]

> *mais il m'a fallu faire ce chemin durant tout le matin avec eux// et je pense que plus j'étais rassurée plus ils l'étaient aussi / en voyant les copains les copines qui ont sorti ben certains ça (elle montre les productions écrites à ses collègues)* Marie-France

Pendant la mise en œuvre, l'espace topogénétique est partagé. L'élève est autorisé à produire, l'enseignante observe, constate des productions variées («Alors il y a de grandes différences. Moi je n'ai personne qui a écrit comme ça / / en zigzag» Fabienne). Plusieurs enseignantes, dans les traces audio vont exprimer leur fort étonnement («c'est incroyable ce qu'ils arrivent à faire» Erica).

Après la mise en œuvre, l'espace topogénétique assumé par l'enseignante se traduit parfois par une réécriture selon le code normé. Dans les traces audio, nous percevons que les enseignantes ont réalisé cette «retraduction normée» soit parce qu'elles ne peuvent intégrer l'idée d'un écrit non conforme, soit uniquement en vue d'en discuter dans le collectif (cours 2e partie), soit encore en vue de transmission aux parents. La figure 10 illustre ce topos assumé par l'adulte à la suite du topos assumé par l'élève.

---

15 Verbatims illustratifs; les prénoms sont fictifs.

La production écrite des élèves de quatre ans 141

«*Alors moi j'ai réécrit [il saute sur la terre] là parce que je voulais photocopier et le prendre avec / donc c'est pour ça*»

Figure 10. Production d'un élève puis apport de l'enseignante selon le code normé, ainsi que le verbatim illustratif.

Discussion

Comme nous l'avons démontré récemment (Groothuis, 2013), lorsque l'on parle de production écrite avec les enseignantes des degrés 1 et 2, la majorité d'entre elles livre des définitions proches de l'éducation par la motricité, la question du geste d'écriture se référant à l'enseignement de la technique d'écriture, alors que la recherche en didactique du français s'oriente vers la conception de la production écrite. Un décalage entre l'empirie et la recherche est donc avéré. Comment dès lors les enseignantes intègrent-elles la démarche de passage à l'écrit préconisée par le nouveau moyen d'enseignement/apprentissage DEL? Comment transforment-elles leurs pratiques d'enseignantes? Nous avons observé ce qu'elles disent du processus enseigner apprendre par le prisme de la topogenèse: les transactions «reposent organiquement sur une activité partagée entre le professeur et l'élève» (Sensevy & Mercier, 2007, p. 31). Sur qui reposent-elles avec le plus de *force*? Comment les acteurs se partagent-ils la transaction? Nous abondons dans le sens des auteurs lorsqu'ils considèrent la topogénèse comme un «analyseur privilégié de la nature «conjointe» des transactions» (p. 32). En utilisant une tâche de production écrite comme levier pour observer les pratiques enseignantes bousculées, en transformation, nous cherchons à considérer sur qui de l'élève ou de l'enseignant, les transactions reposent avec le plus de *force* selon l'enseignant. De même, il nous est possible de qualifier la stratégie entreprise par l'enseignante pour réguler les *distensions pédagogiques* évoquées et sur lesquelles nous revenons. Soit elle use d'une stratégie de type approche (elle se convainc avant, elle prépare, elle propose à l'élève de produire, elle l'observe, elle constate), soit elle use d'une stratégie de type évitement (elle reporte l'utilisation du moyen d'enseignement, elle écarte un degré d'enseignement, elle propose des activités qu'elle estime prioritaires, par exemple la socialisation).

L'âge des élèves?

L'argumentaire de l'enseignant à propos de l'âge des élèves révèle une fragilité de l'élève confronté à cette tâche de production écrite. Pourtant de nombreuses recherches l'ont démontré (Pontecorvo, Ferreiro, Morin, David, Saada-Robert), l'élève de 4 ans est apte à réaliser cette tâche. Qu'en est-il alors des élèves décrits par les enseignantes? Nous émettons l'hypothèse que certains d'entre eux, plus âgés, ont un début de conscience de la norme orthographique et redoutent «de faire faux», impliquant une forme de refus ou résistance à produire. Les enseignantes occupent alors un espace topogénétique en prenant à leur charge la production écrite, voire en proposant aux élèves un modèle à recopier en lieu et place de proposer une complexification telle que proposée dans le dispositif didactique (la dictée à l'adulte). En ce sens, si dans un premier temps la stratégie pour réguler les tensions (Bourgeois, 2006) est de type «approche», elle se transforme en type évitement.

Le dispositif didactique?

Nous posons alors la question de l'adéquation de la tâche choisie par les enseignantes pour le passage à l'écrit. Ces élèves peinant à se lancer dans l'activité, car conscients de l'existence d'une norme orthographique ne devraient-ils pas travailler à partir de la dictée à l'adulte? Les enseignantes ne font-elles pas endosser un rôle aux élèves par méconnaissance de la progression des situations problèmes pour travailler le passage à l'écrit? Rappelons qu'il y a peu, l'écrit était très malvenu dans les classes d'école enfantine.[16] N'y aurait-il pas dans le choix effectué par de nombreuses enseignantes de travailler l'écriture émergente provisoire avec les 2H (élèves de 5 ans) plutôt qu'avec les 1H (4 ans) comme prévu dans la démarche, la représentation qu'écrire une phrase, un mot n'est pas possible avant la 3H (6 ans)?

LE CURRICULUM PRESCRIT?

Oser se lancer, c'est oser se lancer à la découverte des connaissances et des compétences de ses élèves; c'est aussi assumer ces découvertes! Comment accompagner alors ses élèves dans leur appropriation? Les enseignantes s'engagent (stratégie d'approche) lorsqu'elles se demandent «Que dire à un enfant récalcitrant? Est-ce que je dois corriger le texte des élèves? Que faire des traces écrites? Est-ce que j'ose leur laisser le livre?». Autant de réactions que d'enseignantes! Plusieurs hypothèses dans cet espace topogénétique assumé par l'enseignante s'orientent vers des connaissances manquantes au sujet du développement de l'enfant de manière générale et plus précisément du développement des compétences linguistiques de l'élève. Dans le registre des prescriptions, la formulation ou le contenu entre 1992 et 2010 sont parfois perçus comme similaires («le travail de base est le même, pas de nouveauté» groupe K6[17]). Sont-elles prêtes alors à partager l'espace topogénétique lors de la production écrite? La tension au sens de Bourgeois semble palpable: comment agir entre ce que je faisais, ce que je dois faire, ce que je voudrais faire? Et la conséquence de ce partage topogénétique ne va-t-il pas affranchir l'élève de la dépendance maternante de l'enseignante qui détenait jusqu'alors le pouvoir du lecteur-scripteur? La question donne une nouvelle dimension au concept d'autonomie, l'un des principes

---

16 Un constat similaire est relevé par Chauveau (2003): en France, il existe des tensions dans la mission de l'école. En effet, jusque dans les années 1975-1980, les débats convergeaient sur l'idée que l'apprentissage de la lecture relevait de l'école élémentaire (dès 6-7 ans), donc de «la grande école».

17 Traces écrites extraites de synthèse de l'un des 56 groupes (cf. partie méthodologie).

fondateurs visés dès les premiers degrés de la scolarité. Nous renonçons à la développer dans cette contribution.

La perception de leur activité d'enseignante?

Les pratiques enseignantes ancrées sur les approches de Fröbel ou Piaget restent vives dans ces degrés de la scolarité, rejoignant ainsi l'un des paramètres décrits par Engeström (1987) (une communauté de pratiques qui a ou avait des approches spécifiques, ces dernières étant en changement). De l'enfant au centre du dispositif d'enseignement, les enseignantes sont amenées à opérer un déplacement vers les savoirs. Peut-on s'attendre à une stratégie de type «évitement» pour justement retrouver des pratiques antérieures, celles qui ne focalisaient pas prioritairement sur des objets de savoir? Leur profession, parfois vécue comme un «métier à côté» (Baillif, 2008), est requestionnée, leurs pratiques enseignantes aussi. Ces dernières parlent de là où elles se trouvent dans ce temps et cet espace de formation et nous font découvrir quelques bribes de leurs «pratiques identitaires collective» (Lahire) bousculées. Gageons que ces espaces d'échanges de pratiques auront amené les enseignantes à percevoir leur action en transformation. Telle cette enseignante relatant son expérience: « Ils m'ont regardée avec de grands yeux. Mais je n'étais pas au clair, convaincue. Et au fil de la journée... si moi j'étais convaincue que quoi qu'ils fassent, c'est une trace écrite... mais il m'a fallu faire ce chemin...»

In fine, quels changements?

Quelques jours après la conduite en classe de situations de passage à l'écrit en écriture émergente provisoire, les enseignantes découvrent, mettent à jour, une action conjointe nouvelle. Cette action conjointe (au sens de Sensevy, Mercier et Schubauer-Leoni, 2000) distribue les forces des transactions d'une manière inédite par rapport à leurs pratiques habituelles. L'action de l'enseignante change et donc celui de l'élève aussi dans ce processus enseigner/apprendre, pour autant que la stratégie utilisée ici par l'enseignante dans l'espace topogénétique (partagé mais aussi assumé par l'élève) soit de type «approche» et que l'enseignante puisse réguler les différentes tensions qui l'habitent. Au moment de la clôture de la présente contribution, l'une d'elles n'est certainement pas résolue: celle liée à la temporalité. Une grande partie des enseignantes ont exprimé la nécessité «d'avoir du temps pour explorer, pour s'approprier, pour expérimenter». Certes, chamboulement il y a eu.

Comment ces impulsions vont-elles perdurer? Ces pratiques nouvelles vont-elles durablement faire partie des dispositifs didactiques présents en classe? Les mécanismes d'appropriation sont variés et laissent entrevoir des attributions de ces régulations de tensions identitaires ou actionnelles multiples. Les enseignants doivent réguler des tensions entre diversités de principes d'action et de justice, et trouver dans leur activité quotidienne «des équilibres et des modes d'arrangement avec les autres et avec eux-mêmes» (Dubet, 2002, p. 129, cité par Goigoux, 2007, p. 50).

Références bibliographiques

Amigues, R. & Zerbato-Poudou, M.-T. (2007). *Comment l'enfant devient élève. Les apprentissages à l'école maternelle*. Paris: Retz.

Ansen Zeder, E. & Joye-Wicki, C. (2012). *L'entrée dans l'écrit à l'école fribourgeoise. Rapport de recherche*. Fribourg: Haute école pédagogique.

Auvergne, M., Jaquier, M.-C., Lathion, F., Rouèche, A., Richoz, C. & Saada-Robert, M. (2011a). *Des albums pour Dire écrire lire, séquences didactiques*. Neuchâtel: Conférence intercantonale de l'instruction publique de la Suisse romande et du Tessin.

Auvergne, M., Jaquier, M.-C., Lathion, F., Rouèche, A., Richoz, C. & Saada-Robert, M. (2011b). *Dire écrire lire au cycle 1 de l'école romande*. Neuchâtel: Conférence intercantonale de l'instruction publique de la Suisse romande et du Tessin.

Baillif, L. (2008). *Maîtresse enfantine, un métier à côté?* (Cahiers de la Section des sciences de l'éducation, n° 115). Genève: Université de Genève.

Barré de Miniac, C. (2003). La littéracie: au-delà du mot, une motion qui ouvre un champ de recherches variées. *Schweizerische Zeitschrift füt Bildungswissenschafften, 25*(1), 111-123.

Bautier, E. (2006). *Apprendre à l'école – Apprendre l'école*. Lyon: Chronique sociale.

Bourgeois, E. (2006). Tensions identitaires et engagement en formation. In J.-M. Barbier, E. Bourgeois, G. de Villers & M. Kaddouri (Eds.), *Constructions identitaires et mobilisation des sujets en formation* (pp. 64-120). Paris: L'Harmattan.

Carver, C.S. & Scheier, M.F. (2000). Origins and functions of positive and negative affect: A control-process view. In E.T. Higgins &

A. Kruglanski (Eds.), *Motivational Science. Social And Personality Perspective* (pp. 256-272). Philadelphia: Psychology Press.
CIRCE I [Conférence interdépartementale de coordination de l'enseignement primaire]. (1970). *Plan d'études pour l'enseignement primaire de Suisse romande. Travail de la Commission interdépartementale de coordination de l'enseignement primaire.* Neuchâtel: CIIP/SR/TI & Office romand des services cantonaux des éditions et du matériel scolaire.
Conférence des directeurs cantonaux de l'instruction publique (1992). *Objectifs et activités préscolaires. Plan cadre romand.* Berne: CDIP.
Conférence intercantonale de l'instruction publique de la Suisse romande et du Tessin (2010). *Plan d'études romand*. Neuchâtel: CIIP.
David, J. (2006). Quelles pratiques de production écrite à l'école maternelle. *La Lettre de l'AIRDF, 39*(2), 23-27.
David, J. & Fraquet. (2011). L'écriture en action et actions de l'écriture à l'école maternelle. *Le Français aujourd'hui, 174*, 39-56.
David, J. & Morin, M.-F. (2008). Écritures approchées: des procédures métagraphqiues des jeunes apprentis scripteurs aux pratiques d'apprentissage. In J. Dolz & S. Plane (Eds.), *Formation des enseignants et enseignement de la lecture et de lo'écriture. Actes du symposium de Sherbrooke* (pp. 19-41). Namur: Presses universitaires de Namur.
Dubar, C. (1998). *La socialisation. Construction des identités sociales et professionnelles.* Paris: A. Colin.
Dubet, F. (2002). *Le déclin de l'institution.* Paris: Seuil.
Engeström, Y. (1987). *Learning by expanding: an activity-theoritical approach to developmental research.* Helsinki: Orienta-Konsultit.
Fayol, M. & Morais, J. (2004). La lecture et son apprentissage. In Observatoire national de la lecture, *L'évolution de l'enseignement de la lecture en France, depuis dix ans* (pp. 13-60). Paris: Ministère de l'éducation nationale, de l'enseignement supérieur et de la recherche.
Ferreiro, E. (1988). *L'écriture avant la lettre.* Paris: Hachette Éducation.
Festinger, L. (1957). *A Theory of Cognitive Dissonance.* Stanford: Stanford University Press.
Goigoux, R. (2007). Un modèle d'analyse de l'activité des enseignants. *Éducation et didactique, 3*, 47-70.
Gombert, J.-E., Bryant, P. & Warrick, N. (1997). Les analogies dans l'apprentissage de la lecture et de l'orthographe. In L. Rieben, M. Fayol & C.A. Perfetti (Eds.), *Des orthographes et leur acquisition* (pp. 319-334). Lausanne: Delachaux et Niestlé.
Groothuis, P. (2013). Les tâches de production écrite enseignée en

2e année d'école enfantine. Tensions entre les notions de référence et les objets enseignés. *Repères, 47*, 131-147.

Higgins, E.T. (1989). Continuities and discontinuities in self-regulatory and self-evaluative processes: A developmental theory relating self and affect. *Journal of Personality, 57*(2), 407-443.

Jaffré, J.-P. (1992). Le traitement élémentaire de l'orthographe: les procédures graphiques. *Langue française, 95*, 27-48.

Lahire, B. (1998). Logiques pratiques. Le «faire» et le «dire sur le faire». *Recherche et formation, 27*, 15-28.

Leont'ev, A. (1984). *Activité, conscience, personnalité*. Moscou: Éditions du Progrès.

Ligozat, F. & Leutenegger, F. (2008). Construction de la référence et milieux différentiels dans l'action conjointe du professeur et des élèves. Le cas d'un problème d'agrandissement de distances. *Recherches en didactique des mathématiques, 28*(3), 319-378.

Margolinas, C. & Wozniak, F. (2012). *Le nombre à l'école maternelle. Approche didactique*. Bruxelles: De Boeck.

Markus, H. & Nurius, P. (1986). Possible Selves. *American Psychologist, 41*(9), 954-969.

Montésinos-Gelet, I. & Morin, M.-F. (2006). *Les orthographes approchées. Une démarche pour soutenir l'appropriation de l'écit au préscolaire et au primaire*. Montréal: Chenelière.

Moro, C. & Wirthner, M. (2002). Quelques réflexions pour une approche triadique de la tâche scolaire. In J. Dolz, B. Schneuwly, T. Thévenaz-Christen & M. Wirthner (Eds.), *Les tâches et leurs entours en classe de français: Actes du 8e colloque de la DFLM* [CD-Rom]. Neuchâtel: IRDP.

Périsset Bagnoud, D. (2007). Missions et activités de l'école première. De la fonction au discours. In M. Bolsterli & O. Maulini, *L'entrée dans l'école. Rapport au savoir et premiers apprentissages* (pp. 23-37). Bruxelles: De Boeck.

Rieben, L. & Saada-Robert, M. (1997). Étude longitudinale des relations entre stratégies de recherche et stratégies de copie de mots chez des enfants de 5-6 ans. In L. Rieben, M. Fayol & C.A. Perfetti (Eds.), *Des orthographes et leur acquisition* (pp. 335-359). Lausanne: Delachaux et Niestlé.

Rousseau, R. & Potvin, P. (1993). Attitudes des élèves ordinaires et en difficulté scolaire envers les enseignants. *Revue des sciences de l'éducation, 19*(4), 745-769.

Saada-Robert, M., Auvergne, M., Balslev, K., Claret-Girard, V., Marzurczak, K. & Veuthey, C. (2003). *Écrire pour lire dès 4 ans. Didactique de l'entrée dans l'écrit* (Cahiers de la Section des sciences de l'éducation, n° 100). Genève: Université de Genève.

Saada-Robert, M. & Hoefflin, G. (2000). Image et texte: conceptions d'enfants de 4 ans. *Archives de psychologie, 68*, 83-98.

Schubauer-Leoni, M.L., Leutenegger, F., Ligozat, F. & Fluckiger, A. (2007). Un modèle de l'action conjointe professeur-élèves: les phénomènes didactiques qu'il peut/doit traiter. In G. Sensevy & A. Mercier (Eds.), *Agir ensemble. L'action didactique conjointe du professeur et des élèves* (pp. 51-91). Rennes: Presses universitaires de Rennes.

Schneuwly, B. (2002). La tâche, outil de l'enseignant: métaphore ou concept? In J. Dolz, B. Schneuwly, T. Thévenaz-Christen & M. Wirthner (Eds.), *Les tâches et leurs entours en classe de français: Actes du 8ᵉ colloque de la DFLM* [CD-Rom]. Neuchâtel: IRDP.

Sensevy, G. & Mercier, A. (2007). *Agir ensemble. L'action didactique conjointe du professeur et des élèves*. Rennes: Presses universitaires de Rennes.

Sensevy, G., Mercier, A. & Schuabauer-Leoni, M. L. (2000). Vers un modèle de l'action didactique du professeur à propos de la course à 20. *Recherches en didactique des mathématiques, 20*(3), 263-304.

Vaidis, D. & Halimi-Falkowicz, S. (2007). La théorie de la dissonance cognitive: une théorie âgée d'un demi-siècle. *Revue électronique de Psychologie Sociale, 1*, 9-18.

Van der Maren, J.-M. (2007). *La recherche appliquée en pédagogie. Des modèles pour l'enseignement*. Bruxelles: De Boeck.

Wirthner, M. (2006). Le résumé d'un texte informatif s'enseigne-t-il? Des outils sémiotiques pour l'enseignant. In B. Schneuwly & T. Thévenaz-Christen (Eds.), *Analyse des objets enseignés* (pp. 159-177). Bruxelles: De Boeck.

L'enseignant-médiateur: quels nouveaux paradigmes pour guider le processus enseigner-apprendre?

Britt-Mari Barth

Dans son approche culturelle, la psychologie cognitive s'intéresse à la relation entre le fonctionnement cognitif humain et son contexte historique, institutionnel et social. Plutôt que de concevoir l'apprentissage comme un processus individuel de traitement de l'information, elle souligne l'importance de la médiation sociale et culturelle dans le processus enseigner-apprendre. C'est par le contexte culturel que l'activité prend une signification, en situant l'intention d'apprendre dans un cadre interprétatif précis.

Les recherches de Bruner (1983/1987) sur l'acquisition du langage permettent de mieux comprendre la fonction de la *médiation* dans l'acquisition des connaissances. Il observe comment les mères mettent en œuvre toute sorte d'activités pour favoriser les contacts langagiers avec leurs jeunes enfants. Il se réfère à ces activités en tant que *scénarios* ou *formats* pour rendre compte de la structure d'interaction qui se met en place entre un adulte et un petit enfant, laquelle se répète de façon rituelle et devient ainsi familière à l'enfant. Il montre comment cette interaction permet de créer une *attention jointe*, une trame dans laquelle s'établit la compréhension d'une communication. Par la médiation de l'adulte, l'enfant acquiert ainsi un cadre pour interpréter son expérience et il apprend un langage commun qui lui sert à «négocier» le sens.

Ce cadre théorique est fécond pour penser les interactions sociales et sémiotiques à l'école et invite l'enseignant à revisiter son rôle, sa conception du savoir et la façon dont il soutient et outille les élèves pour qu'ils puissent donner du sens aux savoirs scolaires. Apprendre devient apprendre à se servir d'un ensemble d'outils culturels[1], notamment des modes de pensée, des procédures et les concepts-clés de chaque discipline. Enseigner, c'est d'abord identifier les *outils d'analyse* communs dont les élèves ont besoin, créer l'*intersubjectivité* pour s'assurer que les attentes mutuelles soient bien comprises, concevoir des scénarios qui permettent aux élèves de *négocier le sens* et de contribuer à l'évolution du processus enseigner-apprendre.

Ces formes d'interaction, qui concernent également le formateur, sont multiples et demandent à être précisées concrètement: comment organiser les «rencontres» avec le savoir? L'exemple qui va suivre se déroule au sein de la classe; il témoigne en même temps de l'effet d'un dispositif de formation cohérent avec le but poursuivi.[2]

UN SCÉNARIO EXPERIMENTÉ
EN FORMATION DES ENSEIGNANTS

Cette contribution est issue d'une formation des conseillers pédagogiques[3] ayant à leur tour formé des enseignants dans leurs classes. Le dispositif de formation mis en œuvre dans les trois situations

---

1 Vygotski parle d'«instruments psychologiques», Bruner d'«outils culturels». On entend également les termes «outils intellectuel», «outils cognitifs» ou «outils de pensée». Dans ce texte, ces différents termes, utilisés comme des synonymes, se réfèrent aux cadres théoriques de Vygotski et de Bruner.
2 Pour approfondir: Barth (2013, p. 159 et suiv.), «Scénario 4, Le processfolio: l'évaluation individualisée au service de la diversité des étudiants à l'université».
3 Un séminaire a eu lieu en juillet 2007 sous l'égide du ministère de l'Éducation, du Loisir et du Sport du Québec avec B.-M. Barth afin de permettre à des conseiller(ère)s pédagogiques, déjà initiés à l'approche de la conceptualisation, de planifier une démarche de formation permettant à des enseignant(e)s de s'approprier cette approche et de l'expérimenter en classe. Des séances vécues par les enseignant(e)s au moment de l'appropriation et de l'expérimentation en classe ont été filmées et présentées, par la suite, dans le cadre de la formation continue des conseiller(ère)s pédagogiques de français du Québec.
Se référer ici aux vidéos «Démarche de conceptualisation vécue dans une classe de 2e cycle du primaire» à l'adresse http://www.vitrinefrancais. qc.ca/barth.html. Les vidéos sont indiquées dans le texte au fur et à mesure

(enseignant-chercheur/conseillers pédagogiques, conseillers pédagogiques/enseignants, enseignant/élèves) suit les mêmes principes et souligne la nécessaire implication, à la fois affective, cognitive et sociale des apprenants, quels qu'ils soient. La séquence présentée en exemple permet d'observer les moyens qui ont été mobilisés à cet effet.

Dans un premier temps, nous allons observer ce qui s'est passé dans la classe à la fin de cette chaîne de formation. Ensuite suit une analyse des défis et des enjeux d'une telle approche pédagogique.

La classe

Nous sommes dans un cours de français au Québec. Les élèves sont âgés de 9 à 10 ans. Leur enseignant cherche à leur apprendre à mieux lire un texte: qu'ils le comprennent réellement et qu'ils en tirent un profit personnel. Le travail en classe a été fait à partir d'un album que les élèves connaissent déjà bien, *Ami-Ami* (Rascal & Girel, 2002). Il s'agit de l'histoire d'un lapin et d'un loup qui rêvent tous les deux d'avoir un ami. Le lapin imagine un ami, végétarien comme lui et qui partagerait les mêmes passions. De son côté, le loup souhaite avoir un ami qu'il se promet d'aimer profondément. Les enseignants avaient constaté que les élèves ne savaient pas bien *justifier leur réponse* lorsqu'on leur posait une question de compréhension de texte. Ce procédé langagier a été jugé important à travailler dans le but d'outiller les élèves à mieux chercher le sens d'un texte et à savoir *formuler une interprétation fondée*. Les élèves connaissent le terme «justifier», mais connaître le mot ne suffit pas; il faut que chacun sache «distinguer avec justesse» en quoi consiste *justifier sa réponse*.

Voici les *attributs essentiels* qui ont été retenus pour définir ce que pouvait être une «bonne» justification, en tenant compte du niveau actuel des acquisitions de ces élèves et de leur besoin.

JUSTIFICATION
Répondre à la question posée
Donner une explication personnelle (parce que)
Prendre un exemple du texte (citation)

---

de l'analyse de la séquence. Il est fortement recommandé de les visionner en lisant le texte pour mieux comprendre la dynamique d'interactions.

Pour rendre ce «savoir» accessible aux élèves, l'enseignant a procédé de la façon suivante. Dans des séances précédentes, les élèves ont dû répondre à la question *Est-ce que le loup et le lapin vont devenir des amis? Justifie ta réponse.*

- Les réponses des élèves ont été récoltées et classées en exemples (les réponses correctes) et contre-exemples (les réponses partielles ou non pertinentes) pour servir de support lors de la séquence d'apprentissage à venir.
- Voici le «scénario» que l'enseignant va suivre, présenté comme une «consigne» dont les élèves ont déjà une certaine expérience.[4]

> *Qu'est-ce qu'une une «bonne justification»? Vous allez essayer de le trouver...*
> *- Les «exemples oui» contiennent tout ce qu'il faut pour comprendre.*
> *- Il faut comparer les «exemples oui» pour trouver ce qu'ils ont en commun.*
> *- Les «exemples non» nous aident à limiter le sens.*
> *- Toutes vos réponses sont notées au tableau.*
> *- Pas besoin d'avoir peur de se tromper.*
> *- On vérifie ensemble, on barre si cela ne va plus.*
> *- Il faut justifier ses réponses.*
> *- Le maître donne tous les exemples qu'il faut.*
> *- Après, on trouve ses propres exemples, et on explique pourquoi.*

Première «scène»

Par cette présentation, l'enseignant invite les élèves à une activité à laquelle ils sont tous conviés à participer. Il leur pose une question, il leur soumet un problème à résoudre: «Parmi les réponses qui vont être affichées au tableau, lesquelles sont des justifications? Pourquoi?» Pour qu'ils puissent répondre à ces questions, l'enseignant leur propose une méthode (de pensée): si la réponse proposée ne revient plus dans les *exemples oui* suivants, cela veut dire qu'elle n'est pas à retenir.

---

4 Ici présenté sous forme schématique. Pour approfondir, voir Barth (2013, p. 76 et suiv.). Le terme «scénario» est ici utilisé dans le sens de «démarche pédagogique».

> Voici le premier *exemple oui*.
> **Est-ce que le loup et le lapin vont devenir des amis? Justifie ta réponse.**
> *Oui, je crois que le loup va convaincre le lapin de devenir son ami.*
> *Le loup lui dit des mots gentils, comme à la fin de l'histoire quand il dit: «Moi, je t'aime comme tu es!»*

Dans un premier temps, les élèves semblent hésitants. Ils observent les phrases. Ils ne disent rien et ne lèvent pas la main pour répondre. L'enseignant leur demande alors de dire ce qu'ils remarquent, ce qu'ils observent: *Qu'est-ce qui est essentiel?* Il souligne bien que toutes les réponses sont acceptées. Il ajoute même «*toutes les réponses sont bonnes*». Là, les élèves lèvent rapidement la main: l'idée qu'on ne risque rien libère les voix. Pierre-Olivier a la parole, l'air très sérieux et réfléchi: «*Moi, ce que je remarque, à la fin, quand il dit ‹Moi, je t'aime comme tu es›, moi, à la place, je n'aurais pas mis une virgule, la virgule n'est pas essentielle dans cette phrase-là*». Les autres élèves écoutent cette remarque et ils relisent la phrase. Le maître reprend ce que l'élève dit, sans la moindre expression d'étonnement ou de critique, et il note au tableau: «La virgule n'est pas essentielle». La réponse est acceptée, c'est une remarque possible. Ne pas prendre en compte un commentaire erroné ou hors-sujet, ou pire, se moquer, conduit à une inévitable inhibition: les élèves ne se risquent plus à émettre des hypothèses; ils s'autorisent à parler seulement lorsqu'ils sont sûrs d'avoir la bonne réponse. Cela induit également l'idée qu'explorer et se tromper n'est pas vraiment admis, qu'apprendre consiste seulement en une question nécessairement suivie d'une seule bonne réponse. La situation d'apprentissage devient alors une situation d'évaluation où l'on risque d'être prématurément et, peut-être, définitivement jugé. En fait, il n'y a pas eu de situation d'apprentissage; on passe sans transition de la question à l'évaluation. Les élèves les plus fragiles risquent dès lors de se retirer et de ne plus participer. C'est dire combien cette posture d'écoute et de prise en compte de la parole des élèves est un enjeu important.

Deuxième «scène»

L'enseignant donne ensuite la parole aux autres enfants. Léa répond, en situant les personnages: «*Il y a un loup et un lapin*». L'enseignant note et commente: «*Voici des réponses possibles*» et il marque une pause. Cette deuxième remarque a le mérite de recentrer l'attention sur la piste de la compréhension du texte plutôt que sur l'analyse de la ponctuation. Mégane rebondit rapidement: «*Dans la dernière phrase, il y a une explication*». Ginette reprend cette piste et remarque que «*ça dit quelque chose qui a lieu dans le livre*[5]». L'attention des élèves se dirige maintenant vers ce que «ça» cherche à exprimer. L'enseignant reprend alors les mots de l'élève et demande pourquoi elle fait le lien avec le livre; il lui laisse le temps de chercher les mots pour s'exprimer. Elle aboutit à l'idée que les élèves qui ont répondu «*ont pris la phrase dans le livre pour donner un exemple de l'explication*». Elle reprend donc ce qu'a dit l'élève précédente et, dans la suite des idées, elle fait le lien entre «l'explication» et l'illustration de cette explication par une phrase prise dans le livre.

C'est ainsi en «pensant ensemble» que ces liens apparaissent. Tous les élèves n'auraient sans doute pas remarqué ces liens, mais, témoins de l'interaction entre les deux élèves, aidés par les mots retenus notés sur le tableau et visibles par tous, ils peuvent eux aussi «entrer dans la discussion». Grâce à la médiation sociale de l'enseignant, attentive à la dynamique de l'interaction, une réflexion commune s'installe dans la classe. Sans que les élèves en soient encore conscients, deux des trois attributs essentiels («donner une explication», «illustrer par un exemple du texte») sont déjà notés au tableau. L'enseignant rappelle qu'il va falloir maintenant être attentif à ce qui va *revenir* dans les exemples suivants pour déterminer les attributs essentiels. De cette manière, il oriente le regard des élèves, sans leur donner la réponse.

Le deuxième exemple proposé invite donc les élèves à chercher *les ressemblances*. Conscients de ce qu'ils recherchent, les élèves l'observent attentivement.

Voici le deuxième *exemple oui*:

Est-ce que le loup et le lapin vont devenir des amis? Justifie ta réponse.

- Selon moi, le loup et le lapin ne deviendront pas des amis parce qu'ils ne cherchent pas le même genre d'amis.

- Dans le texte, le lapin veut un ami végétarien et les loups mangent de la viande d'habitude.

---

5   Se référer à la vidéo n° 1 «Démarche de conceptualisation vécue dans une classe de 2ᵉ cycle du primaire» à l'adresse http://www.vitrinefrancais.qc.ca/barth.html

C'est encore une élève qui, suite à la remarque de l'enseignant, trouve rapidement une ressemblance: «*il y a encore une explication*». Sans cette guidance, elle n'aurait sans doute pas eu l'idée de comparer les exemples par rapport à ce critère-là et de faire cette suggestion. L'enseignant demande alors d'identifier l'explication dans le texte. D'autres élèves lèvent la main et l'enseignant donne la parole à Pascal: «*Ça parle d'amitié…*» Il cherche, réfléchit… conscient qu'il manque quelque chose, son expression en témoigne; l'enseignant garde le silence. Après avoir revu les deux exemples affichés, il continue en expliquant qu'il n'avait pas bien regardé ce deuxième exemple, mais qu'il y a «*parce qu'…*». L'enseignant note la locution au tableau. Tout le monde peut alors faire le lien entre «l'explication» (sous forme d'une phrase séparée dans le premier exemple) et le «*parce qu'*» (dans le deuxième exemple), qui en est un indicateur. Il confirme ainsi qu'il y a bien une *explication* dans les deux exemples. Les élèves deviennent conscients du fait que «l'explication» peut prendre des formes différentes.

Un élève attire ensuite l'attention sur autre chose: «*Je remarque qu'il n'y a pas d'exemple du livre.*» De fait, il a remarqué la différence qu'il y a entre la citation (terme que les élèves n'utilisent pas encore) à la fin du premier exemple («*Moi, je t'aime comme tu es!*») et la dernière phrase qui illustre le propos dans le deuxième exemple («*Dans le texte, le lapin veut un ami végétarien et les loups mangent de la viande d'habitude*»). L'enseignant rebondit immédiatement pour clarifier: «*Cette phrase vient bien du texte? Oui. Donc, c'est bien également un exemple qui vient renforcer l'explication? Oui.*» Ces «questions élucidantes» incitent à la comparaison; elles visent à faire confronter les interprétations au réel, soit l'exemple, afin de trouver des repères pour la confirmer ou l'infirmer[6].

> Le travail avance. Un premier *exemple non* est présenté:
> **Est-ce que le loup et le lapin vont devenir des amis? Justifie ta réponse.**
> *Non, parce que ils vont rester dans leur maison.*

Ce premier *exemple non*, avec une seule phrase, permet de concentrer l'attention sur les trois éléments qui devraient être présents et qui manquent ici. Par ce contraste recherché, on comprend donc immédiatement

---

6   Se référer à la vidéo n° 2 «Démarche de conceptualisation vécue dans une classe de 2e cycle du primaire» à l'adresse http://www.vitrinefrancais.qc.ca/barth.html

que ce n'est pas un *exemple oui*. L'enseignant le confirme. Mais pourquoi exactement? Un premier élève remarque qu'il n'y a pas d'explication, un autre qu'il n'y a pas d'exemple pris dans le livre. L'enseignant demande s'ils remarquent autre chose. À regarder de plus près, Dominique observe que le «*parce que*» dans cet exemple n'explique pas pourquoi le loup et le lapin vont devenir des amis. L'enseignant rebondit sur cette observation et attire l'attention sur le fait que dans les *exemples oui*, on explique bien la raison pour laquelle on répond oui ou non à la question posée. Quelle est la différence?

Les élèves comparent l'explication dans les *exemples oui* et remarquent que même quand les trois éléments ne se présentent pas séparément, sur trois lignes, on peut trouver ce qui les identifie: ils font le lien entre les mots comme «parce que», «comme» et «car», qui sont des indicateurs de l'*explication*. Mais l'explication peut également se passer de ces indicateurs, et c'est important de le comprendre. Pascal s'efforce de trouver des mots pour exprimer des liens aussi subtils; l'enseignant écoute et reformule, tout en vérifiant avec l'élève qu'il ne trahit pas sa pensée. Son attitude de «partenaire» est appréciée; on peut le remarquer sur le sourire rapide qui éclaire le visage de l'élève qui se sent reconnu dans ses reformulations, malgré sa difficulté à trouver les mots justes. Il y a une complicité qui se développe, palpable dans la vidéo.[7]

Les observations et les analyses s'affinent. Les élèves commencent maintenant à faire la différence entre une explication qui a un lien logique avec la question du départ et une explication qui ne répond pas à cette question (qu'il faut garder en tête pour en juger, l'enseignant le rappelle constamment):

> **Est-ce que le loup et le lapin vont devenir des amis? Justifie ta réponse.**
> *Non, parce que ils vont rester dans leur maison.*

Dans la suite de son analyse de ce même exemple, l'élève juge que ce n'est pas une bonne explication, malgré sa forme et son introduction par «parce que»: «*Il y a une explication sauf qu'elle n'a pas de sens, elle ne répond pas à la question du début*». Les autres élèves vérifient et ils comprennent eux aussi que la seule présence d'une explication ne suffit pas; celle-ci

---

[7] Se référer à la vidéo n° 3 «Démarche de conceptualisation vécue dans une classe de 2ᵉ cycle du primaire» à l'adresse http://www.vitrinefrancais.qc.ca/barth.html

doit également répondre de façon cohérente à la question initiale. Le terme «parce que» ne suffit donc pas pour en juger, il faut vérifier la mise en relation et mise en contexte des informations. Les élèves ajoutent eux-mêmes un attribut, qui n'avait pas été prévu par l'enseignant: *il faut que l'explication soit «en lien» avec la question*. Ces commentaires sur la «qualité» des explications (et non seulement sur leur *présence* en tant qu'attribut recherché) étonnent même l'enseignant.

> Un nouvel *exemple oui* est présenté:
> *Non, parce que le lapin ne veut pas être l'ami du loup, car il n'a pas les mêmes goûts. Par exemple, le lapin aime manger des légumes.*

L'élève qui ne regardait que les virgules et les formes verbales au départ est maintenant sur la piste du sens et confirme qu'il y a bien une réponse à la question et une explication introduite par «parce que». Il donne ensuite une explication «érudite» (à partir de ses connaissances personnelles) pour dire que le lapin est un rongeur, qu'il ne mange donc pas de la viande, et c'est une bonne raison pour ne pas être amis. Suit alors une discussion, initiée par l'enseignant, pour faire la différence entre une «citation» et un argument qui n'est pas tiré directement du texte («*Le lapin n'a pas les mêmes goûts, il aime manger des légumes*») – mais inféré par l'élève qui est à l'origine de l'exemple – et qui peut ne pas être convaincant pour tous. Il faut déjà avoir suffisamment circonscrit le concept de l'amitié pour exprimer sa pensée sur le *bien-fondé* des arguments; mais la classe commence à prendre conscience de ces différences subtiles et les élèves sont bien en train d'avancer dans une pensée interprétative qui sait différencier et juger la «qualité» de la «preuve». Ils ont été d'accord pour accepter cet exemple comme un *exemple oui*, malgré l'absence d'une citation. L'important ici n'est pas la «bonne réponse», mais la logique de l'argumentation, même si celle-ci peut parfois se discuter.[8]

On va maintenant retrouver les élèves plus loin dans la leçon, vers la fin, quand les attributs essentiels de la justification ont été mis en valeur. On a effacé sur le tableau ce qui n'était plus valable et il va falloir vérifier

---

8 Se référer à la vidéo n° 4 «Démarche de conceptualisation vécue dans une classe de 2e cycle du primaire» à l'adresse http://www.vitrinefrancais.qc.ca/barth.html

maintenant si tout le monde a compris et sait retrouver les caractéristiques retenues dans les exemples nouveaux, sans qu'on ait besoin de préciser s'il s'agit d'un *exemple oui* ou d'un *exemple non*.

Troisième «scène»

Les observations et les analyses s'affinent. Quand le maître juge le moment venu, il ne présente plus les exemples comme étant des *exemples oui* ou des *exemples non*; c'est maintenant aux élèves d'en juger et de justifier leurs réponses. C'est le moment pour chacun d'ajuster ses réponses, de vérifier sa compréhension. Devant ce nouveau défi, la participation s'intensifie. Même des élèves qui ne s'étaient pas encore exprimés directement se lancent. D'autres, qui se sont peut-être déconnectés par moment, peuvent «se rebrancher». Ils s'écoutent, on peut observer cette *attention jointe*: des regards croisés, des sourires. On n'est pas encore dans une véritable argumentation, mais le fait d'écouter les arguments des autres et d'en prendre conscience, pour éventuellement se déclarer d'accord ou pas, en constitue le premier stade. Les élèves deviennent plus rapides pour distinguer la présence (ou non) des attributs essentiels de la «justification» dans les exemples inconnus. Quand le maître confirme la bonne analyse, la fierté et le plaisir sont lisibles sur le visage de l'élève concerné, on entend même une petite exclamation. Quand un élève se trompe, il ne le juge pas, mais demande si quelqu'un d'autre peut l'aider.

Cette phase permet de se préparer à l'auto-évaluation. Ce n'est plus uniquement l'enseignant qui «contrôle» la bonne réponse, les élèves deviennent de plus en plus aptes à juger pour eux-mêmes. C'est le début d'une certaine maîtrise sur leur propre réussite.[9]

On arrête l'analyse de ce scénario ici. Ce n'était que le début d'un apprentissage transversal qui va continuer à évoluer sur des bases solides, mais qui a déjà permis de donner confiance à chacun en sa capacité à apprendre.

Il est important de remarquer combien ces élèves s'impliquent, comment ils cherchent à trouver la solution, combien ils sont attentifs mal-

---

9 Se référer à la vidéo n° 5 «Démarche de conceptualisation vécue dans une classe de 2ᵉ cycle du primaire» à l'adresse http://www.vitrinefrancais.qc.ca/barth.html

gré un apprentissage plutôt complexe. On peut observer l'attention avec laquelle ils s'écoutent, la manière dont la réflexion avance *avec* et *par* les autres, la fluidité avec laquelle la pensée chemine dans le groupe et la fierté des élèves quand ils se rendent compte qu'ils ont bien compris. Quel est le rôle de l'enseignant ici? Quels sont les défis qu'il doit relever et que nous retrouvons quand il faut *enseigner et apprendre à l'université?* Je voudrais en souligner trois.

Premier défi

Le premier défi consiste à *créer la confiance et l'engagement des élèves* pour qu'ils adhèrent au projet. Je me réfère ici à ce que Bruner (1996) appelle *établir l'intersubjectivité,* pour souligner l'importance de rendre explicites les attentes mutuelles: ces attentes ne concernent pas uniquement l'objet de l'apprentissage, mais également «les règles du je» et la manière dont les enjeux personnels vont être pris en compte. L'intention d'apprendre ou la «motivation» des élèves dépend en grande partie de la façon dont ils vont percevoir le sens de la situation et leur propre rôle dans celle-ci.

C'est notre histoire singulière, notre cadre de référence qui orientent le sens que nous donnons à la «réalité», que celle-ci soit existentielle, mathématique, littéraire ou autre. Le passé (nos expériences, nos connaissances, nos croyances, nos attitudes et valeurs), le présent (le sens que la situation a pour nous, la confiance qu'elle nous inspire) et le futur (la façon dont nous inscrivons le présent dans un projet personnel) sont tous au rendez-vous pour influencer l'intention de s'engager dans une situation d'apprentissage.

Cette perception de «bien-être» ou de «mal-être» face aux apprentissages proposés à l'école ou à l'université est de nature émotionnelle et peut-être n'avons nous pas assez pris la mesure de l'interdépendance entre l'implication affective et cognitive: ce sont là deux faces de notre intelligence, l'une ne fonctionne pas séparément de l'autre. Être rationnel n'est pas se couper de ses émotions; au contraire, ce sont plutôt nos émotions qui guident notre raison, nous enseigne le neurobiologiste Antonio Damasio (1995): «Pour accroître la faculté de raisonnement», dit-il, «il est nécessaire d'accorder plus d'attention à la vulnérabilité du monde intérieur» (p. 309). L'affectif et le cognitif ne sont pas séparables et cela ne peut plus s'ignorer.

L'enjeu pédagogique est d'aider l'apprenant à construire une image de lui-même qui soit valorisante à ses propres yeux. Dans une interaction qui est structurée, avec des attentes mutuelles explicitées et des rôles consentis, l'enseignant et les élèves – et les élèves entre eux – peuvent s'exprimer et coopérer pour réaliser ensemble une tâche. La «consigne» utilisée dans notre expérience est conçue dans ce but.[10] Le climat sécurisant et la posture d'écoute de l'enseignant encouragent l'expression et la précision de la pensée des élèves, permettant en même temps à l'enseignant de rebondir et à s'ajuster à partir de là. La relation de confiance – confiance en soi et confiance en l'autre – peut ensuite évoluer dans la dynamique relationnelle de cette activité commune. C'est l'enjeu le plus important, car l'activité cognitive émerge dans ces espaces relationnels.

Deuxième défi

Le deuxième défi consiste à donner une formation intellectuelle aux élèves: les initier à l'utilisation des outils et des méthodes de pensée. La façon d'apprendre devient aussi importante que ce qu'on apprend.

La recherche du sens est au cœur de la démarche que nous venons d'observer. Le sens n'est pas un déjà-là. Il va émerger dans cet aller-retour entre les situations contextualisées (les exemples et les contre-exemples) que chacun peut vivre comme une expérience personnelle et les mots abstraits communs qu'on va chercher ensemble pour s'y référer. On entre par un *processus de conceptualisation*[11] induit par la médiation de l'enseignant, ce qui permet de «rendre visible» la manière dont les élèves *observent* les exemples, les *comparent*, en cherchant les ressemblances, *font des inférences, les vérifient...* C'est dans l'espace même de cette activité cognitive et le dialogue que le sens s'élabore, la perception des élèves étant guidée par *le choix et l'ordre des exemples*, par *le contraste des contre-exemples*, par les *questions élucidantes* et le *«feed-back»* régulier de l'enseignant. L'incitation systématique à *justifier sa réponse* oblige à anticiper la cohérence de ses propos et invite à *l'argumentation*. Ce sont là des outils de la médiation cognitive. On n'est plus uniquement dans

---

10 Pour approfondir, voir Barth (2013, p. 76 et suiv.).
11 Défini comme une suite d'activités mentales qui passent par *l'observation, la comparaison, l'inférence et sa vérification, l'hypothèse et sa vérification*. Pour approfondir, voir Barth (2013, p. 59 et suiv.).

un «monde sur papier[12]» un monde abstrait, mais dans une activité culturelle et collective qui conduit à relier – dans un aller-retour continu – la connaissance abstraite (ici les attributs essentiels) à son référent concret (ici les exemples et les contre-exemples). On passe ainsi par les expériences contextualisées pour les insérer dans une unité plus large qui lui donne sens. C'est ce qu'Edgar Morin (2011) appelle une «connaissance pertinente». Par ces moyens, l'enseignant-médiateur crée ainsi les conditions qui permettent aux élèves d'entrer dans un processus de conceptualisation qui devient une démarche d'apprentissage.

En fait, ce que les jeunes élèves sont en train d'apprendre – tout en se familiarisant avec un contenu disciplinaire – c'est comment le savoir se construit et comment on peut entrer dans les savoirs construits par d'autres. Ils apprennent à faire la différence entre *ce avec quoi* l'on pense et *ce sur quoi* l'on pense. Ils apprennent à structurer les connaissances et, par là, à structurer leur pensée.

Quand on travaille avec les élèves de cette façon, leur enthousiasme peut s'observer par leur engagement mutuel, leur persévérance dans la recherche des attributs, leur audace pour avancer une nouvelle inférence, la manifestation de plaisir quand ils trouvent les mots justes. Ce processus les implique, parce qu'il part d'eux-mêmes, de ce que chacun peut voir et comprendre, tout en ouvrant progressivement leur regard par les nouveaux rapprochements rendus possibles. Le sens du plaisir vient du plaisir du sens – du sens partagé. Les activités proposées conduisent chacun à participer à un dialogue où l'on profite de la diversité pour faire évoluer la compréhension de tous.

L'enjeu pour l'enseignant, que ce soit à l'école ou à l'université, est d'offrir de bons supports pour la pensée: avec quoi et avec qui les élèves vont-ils interagir? Quels supports leur offrir pour qu'ils acquièrent de nouvelles formes de questionnement et de langage pour faire évoluer leur compréhension? Quels défis pour stimuler leur implication cognitive? Quelles structures d'interaction pour que chacun puisse trouver sa place?

Il y a là des questions à aborder entre les enseignants eux-mêmes dans leur recherche commune de supports et d'activités à mettre en œuvre pour soutenir la formation intellectuelle des leurs élèves.

---

12 Expression empruntée à Olson (2010).

Troisième défi

Le troisième défi concerne la prise de conscience: revenir sur sa pensée pour en prendre conscience. C'est la *métacognition* qui a pour but d'élargir le champ de conscience des apprenants et donc leur capacité à réutiliser ce qu'ils savent dans des contextes différents. Être conscient, c'est pouvoir accéder à sa propre pensée et agir sur elle. Dans les petites classes, cela peut se réaliser par un moment en fin de journée où l'on se pose la question: «Qu'est-ce que nous avons appris aujourd'hui?». La question peut également concerner la façon dont on a appris et la façon dont on peut montrer sa compréhension: «Comment est-ce que je sais que je sais». Que ce soient les jeunes élèves ou les étudiants à l'université, tous les apprenants ont besoin de prendre conscience des outils de pensée. Une connaissance ne se résume pas à une somme de concepts, elle intègre aussi son processus d'acquisition, nous rappelle Bruner (1996).

Reconnaître des processus cognitifs, des méthodes et des stratégies d'apprentissage permet de les réutiliser, de réguler son action, de modifier son action, et, in fine, de gagner en maîtrise de soi et en capacité d'agir.

L'enjeu pour l'enseignant est d'inciter les élèves à réfléchir, en les initiant à l'utilisation d'outils et de méthodes de pensée qu'il faut identifier, rendre explicites et observables et déployer de façon régulière. Sans «cognition» consciente, il n'y a pas de métacognition. On ne peut pas revenir sur quelque chose qu'on ne peut pas définir ou observer. La démarche utilisée ici incite les élèves à faire des rapprochements successifs à partir d'exemples et de contre-exemples, vécus comme des expériences personnelles. Un tel scénario rituel, ou un «format», dans le sens de Bruner (1983/1987), permet des allers-retours entre une pensée analogique (qui prend en compte l'ensemble) et une pensée analytique (qui s'attache aux détails) afin de maintenir une attention conjointe vers un but précis, qui est d'élaborer le sens d'un savoir disciplinaire. Progressivement, les apprenants ainsi formés deviennent conscients de la démarche cognitive; ils l'adoptent et ils développent une plus grande capacité d'agir de façon autonome et de prendre plus de responsabilité dans leurs apprentissages. L'expérience positive leur donne par la suite une plus grande confiance pour prendre des initiatives, pour proposer eux-mêmes des interprétations, des exemples, des questions.

L'enseignant-médiateur: quels nouveaux paradigmes 163

En guise de conclusion: perspectives pour la formation initiale et continue des enseignants

Les réformes actuelles de l'école dans la plupart des pays développés s'inscrivent dans cette orientation théorique qui cherche à rendre *tous* les élèves plus réfléchis, plus responsables, plus engagés dans la co-construction de leur savoir. Dans cette perspective, le rôle de l'enseignant change. Au lieu d'exposer son savoir, il doit le mettre au service des apprentissages, en prenant la posture de médiateur entre les apprenants et les connaissances/compétences à acquérir. Pour l'élève, avoir une place pour participer, être muni d'outils intellectuels pour réussir, se sentir en confiance pour s'engager sont donc des conditions pour qu'un tel projet pédagogique soit viable. C'est un changement de paradigme.

Réaliser un changement aussi profond dans l'enseignement implique une cohérence entre la formation des enseignants et les pratiques pédagogiques en classe. Il n'y aura pas de changement de paradigme dans les classes si ce même changement n'a pas déjà eu lieu au sein des universités ou des «Hautes Écoles Pédagogiques». Le défi est sans doute la création d'une nouvelle culture d'apprentissage, offrant la même expérience dans la formation des enseignants que celle qu'on souhaite voir dans la classe.

C'est quand l'enseignant en formation saisit le sens des activités, en lien direct avec la pratique professionnelle, que la formation permet de changer son regard, de faire évoluer sa pratique, de donner plus de sens à ses gestes professionnels. Théorie et pratique sont indissociables: c'est le même principe que dans le scénario décrit, conçu pour les élèves. On passe par les expériences contextualisées pour les insérer dans une unité plus large qui lui donne sens. L'accompagnement des enseignants «se formant» est aussi important que celui des élèves. Le *formateur médiateur* doit agir en cohérence avec *l'enseignant médiateur*. La possibilité d'un retour métacognitif sur ce qui a été produit, par des supports filmés, afin d'observer ce qui s'est passé, permet d'approfondir la compréhension et la reconnaissance des opérations cognitives mises en œuvre par les apprenants. Ce regard nouveau conduit chacun à être plus attentif aux processus d'apprentissage des élèves, et à analyser et à ajuster sa pratique pédagogique en conséquence.

Dans un tel contexte, le «médiateur» joue un rôle essentiel pour la qualité des apprentissages des élèves de tous niveaux. Il met en place un environnement qui sollicite et soutient les interactions affective, cognitive et sociale, qui s'ajuste à la diversité et qui offre la médiation nécessaire pour que chacun puisse s'engager, avec les autres, et déployer les outils de pensée dont il a besoin. C'est ainsi que l'on passe de la transmission à la transaction, pour générer la transformation.

Références bibliographiques

Austin, J. (1962). *How to do things with words*. Cambridge: Harvard University Press.
Barth, B.-M. (1987). *L'apprentissage de l'abstraction*. Paris: Retz.
Barth, B.-M. (1993). *Le savoir en construction*. Paris: Retz.
Barth, B.-M. (1995). L'émergence d'une psychologie culturelle et les processus de l'éducation. *Revue française de pédagogie, 11*, 5-11.
Barth, B.-M. (2013). *Élève chercheur, enseignant médiateur. Donner du sens aux savoirs*. Montréal/Paris: Retz/Chenelière.
Bruner, J.S. (1983). *Le développement de l'enfant; savoir faire, savoir dire*. Paris: Presses universitaires de France.
Bruner, J.S. (1987). *Comment les enfants apprennent à parler*. Paris: Retz (éd. orig. 1983).
Bruner, J.S. (1991). *…Car la culture donne forme à l'esprit*. Paris: Eshel (éd. orig. 1990).
Bruner, S. (1996). *L'éducation, entrée dans la culture*. Paris: Retz.
Bruner, J.S., Goodnow, J. & Austin, G. (1956). *A Study of Thinking*. New York: Wiley.
Damasio, A. (1995). *L'erreur de Descartes*. Paris: Jacob (éd. orig. 1994).
Dewey, J. (1968). *Expérience et éducation*. Paris: A. Colin.
Goodman, N. (2006). *Manières de faire des mondes*. Paris: Gallimard (éd. orig. 1975).
Morin, E. (2011). *La voie*. Paris: Fayard.
Olson, D. (2010). *L'univers de l'écrit*. Paris: Retz (éd. orig. 1994).
Perret-Clermont, A-N., Schubauer-Leoni, M.-L. & Grossen, M. (1990). Contexte social du questionnement et modalités d'explication. Communication présentée au colloque international *Le jeune enfant et l'explication*, Université Paris Sorbonne.
Rascal, S. & Girel, S. (2002). *Ami-Ami*. Paris: Pastel, L'École des loisirs.
Ricoeur, P. (1990). *Soi-même comme un autre*. Paris: Seuil.
Rogers, C. (1969). *Le développement de la personne*. Paris: Dunod.

Rogoff, B. (1990). *Apprenticeship in Thinking. Cognitive Development in Social context*. New York: Oxford University Press.
Vygotski, L.S. (1998). *Pensée et langage*. Paris: La Dispute (éd. orig. 1934).
Wertsch, J. (1991). *Voices of the mind. A sociocultural approach to mediated action*. Cambridge, MA: Harvard University Press.
Wright von, G. (1971). *Explanation and understanding*. Londres: Routledge and Keagan.

Troisième partie

PERSPECTIVES POUR LES FORMATIONS INITIALES ET CONTINUES DES ENSEIGNANTS

Le rôle des interactions entre pairs sur l'alphabétisation précoce en milieu scolaire

Franca Rossi, Clotilde Pontecorvo et Francesco Arcidiacono

Ce chapitre vise à reconsidérer certains de nos travaux précédents sur l'apprentissage de la langue écrite et l'acquisition du système d'écriture sous l'angle du rôle des interactions entre pairs en milieu scolaire. Notre objectif est de contribuer à la discussion internationale sur les processus d'enseignement-apprentissage en montrant l'importance des interactions sociales (médiatisées par l'enseignant, notamment dans le cadre de la dictée à l'adulte) dans deux apprentissages clés: la production de texte (et l'entrée dans des genres particuliers, par exemple l'annonce) et la construction du code alphabétique. C'est dans cet esprit que ce chapitre constitue une réélaboration d'un parcours scientifique qui nous a portés à découvrir, dès notre première recherche systématique sur les interactions entre pairs dans une situation d'apprentissage de la langue écrite (Orsolini, Pontecorvo & Amoni, 1989), le lien entre écriture, lecture collective, compréhension de textes écrits et oraux en classe. Ce parcours a pris naissance lors d'une rencontre scientifique internationale sur l'alphabétisation organisée à Rome en 1988 et qui a produit une publication collective en italien (Orsolini & Pontecorvo, 1991), ainsi que d'autres en anglais (Pontecorvo, Orsolini, Burge & Resnick, 1996; Pontecorvo, 1997).

Au croisement de différentes lignes de recherche, nous avons découvert, dans notre parcours, que les enfants en âge préscolaire, au-delà d'essais d'écriture et de lecture, quand ils étaient invités à explorer les caractéristiques du système d'écriture (d'abord pré-sonore et puis syllabique, cf. Zucchermaglio, 2001), étaient en même temps amenés à différentes formes d'élaboration du texte écrit (Zucchermaglio & Scheuer, 1991). Ce processus se réalisait à travers des formes de dictée à l'adulte: les enfants étaient donc en mesure de construire ensemble une histoire à l'écrit en imaginant collectivement différents scénarios pour réaliser leur activité, par exemple en utilisant des Playmobil (Orsolini, Devescovi & Fabbretti, 1991), ou la dictée d'histoire déjà connues oralement, par ex. en catalan (Teberosky, 1988) ou en italien (Ferreiro, Pontecorvo, Moreira & Garcia Hidalgo, 1996). Cette dernière approche, en particulier la dictée d'histoires et de contes culturellement diffusés et connus, a inspiré une recherche comparative à l'école primaire sur l'écriture de l'histoire du Petit Chaperon Rouge en trois langues (italien, portugais et castillan). Dans la dictée d'histoires connues nous avons observé différentes modalités formelles utilisées par des dyades d'enfants dans le but de guider l'adulte qui transcrivait le texte, parfois en indiquant des aspects très spécifiques tels que la ponctuation ou la mise en page (Pontecorvo & Zucchermaglio, 1989). La dictée de textes connus a l'avantage d'exclure la dimension d'idéation (au sens de création fantastique et imaginaire) dans la production d'un texte écrit et de permettre une forte attention sur le choix des formes linguistiques propres à l'écriture d'un contenu connu. Dans d'autres contextes d'interactions, nous avons comparé des dyades d'enfants de première primaire en train de reconstruire des histoires déjà connues ou en train d'inventer des histoires nouvelles à partir d'images (dessin ou photo): les résultats de ces observations ont montré des performances très différentes du point de vue des styles littéraires chez les enfants au début de l'école primaire (Pontecorvo & Zucchermaglio, 1984; Morani & Pontecorvo, 1991).

Ce chapitre est organisé en trois parties. Dans la première partie, nous aborderons la dimension sociale de la production d'un texte écrit en situation de travail en petit groupe et par la dictée à l'adulte (enseignant). La deuxième partie vise à approfondir la réflexion sur le processus de construction du code alphabétique: des exemples d'activités en petit groupe seront présentés pour montrer des situations dans lesquelles des enfants qui ne savent pas écrire de manière conventionnelle discutent sur l'identification d'une solution partagée pour écrire un mot. La participation d'un enfant à plusieurs groupes avec des niveaux de compétences différentes sera aussi questionnée. La troisième partie du chapitre présente des indications méthodologiques à l'attention des enseignants qui souhaitent inclure, dans leur pratique quotidienne en classe, les dispositifs décrits et discutés dans cette contribution. Les exemples présentés font partie d'un échantillon de situations observées dans des écoles publiques situées dans des contextes urbains en Italie. Les activités présentées font partie d'une expérimentation et ne sont pas encore diffusées dans la pratique didactique usuelle dans le cadre scolaire italien.

LA PRODUCTION DE TEXTES EN PETITS GROUPES À TRAVERS LA DICTÉE À L'ADULTE

La dictée à l'adulte (ou bien à un pair qui maîtrise l'écriture) est une modalité particulièrement productive pour se familiariser à la langue écrite. Les enfants, n'ayant pas le souci de transcrire, peuvent se concentrer davantage sur la production du texte, sur le choix des formes linguistiques appropriées par rapport à la fonction communicative que le texte doit atteindre, ainsi qu'aux caractéristiques du destinataire. Toutefois, le potentiel de la dictée a été peu exploré, surtout du point de vue des processus de construction du texte écrit et de la qualité des textes produits chez les enfants qui maîtrisent un système d'écriture.

CONCEVOIR ET DICTER UNE ANNONCE

Notre premier exemple concerne un petit groupe d'enfants de 4-5 ans d'une école maternelle engagés dans la dictée d'une annonce adressée aux parents. En particulier, le but de cette annonce était d'inviter les parents à ne pas jeter des objets dans les locaux externes de l'école à la sortie des classes.

La séquence suivante inclut quatre enfants et l'enseignante. Marco (tour 46) s'oppose à la proposition initiale d'Olga au tour 45: l'objectif de la conversation est le besoin de combiner deux contraintes, celle d'inclure dans l'annonce la liste des objets à ne pas jeter dans le jardin de l'école et le fait que ce texte soit concis. Les enfants souhaitent ajouter une longue liste d'objets, mais ils savent qu'une annonce efficace doit être courte.

Extrait 1: écrire l'annonce
45. Olga: alors écrivons «Vous les parents ne jetez pas les papiers et les cigarettes non plus car le jardin a été un peu nettoyé et puis il ne doit plus être sale»
allora scriviamo "Voi genitori non buttate le cartacce e neanche le sigarette perché il giardino é stato un po' pulito e poi non deve essere più sporco"
46. Marco: c'est trop long
é troppo lungo
47. Noemi: je dois dire une chose
io devo dire una cosa

48. Enseignante:	attends, d'abord Marco	
	aspetta, c'era prima Marco	
49. Marco:	en effet j'ai pensé à une autre façon «De ne pas jeter des choses par terre» c'est tout	
	infatti io ho pensato in un altro modo "Di non buttare le cose per terra" basta	
50. Olga:	pas les choses! ils jettent de tout si nous disons les choses, non, ils jettent que du carton, des morceaux de cigarettes, c'est ça qu'ils jettent	
	no le cose! loro buttano tutto se diciamo le cose, no, loro buttano solo cartone, cicche di sigarette, questo buttano	
51. Marta:	et le verre	
	e il vetro	
52. Noemi:	et puis nous écrivons également «Les enfants, ne jetez pas les papiers par terre et les frites»	
	e poi scriviamo pure "Bambini, non buttate le cartacce per terra e le patatine"	

Au sein du même groupe, une deuxième séquence intéressante apparaît plus tard, au tour 68: l'enseignante sollicite le début de la dictée en assumant le rôle d'écrivaine (tour 71). C'est à ce moment qu'Olga rend explicite sa connaissance par rapport au fait qu'une annonce doit commencer par un titre (tour 72). Elle sait que le titre, pour être efficace, doit être court. Pour cette raison, Olga s'oppose à la proposition d'ajouts d'éléments de la part de Marta (tour 75), en utilisant une argumentation efficace au tour 76. Dans la suite de l'échange, Marco intervient au tour 77 en reprenant le titre proposé par Olga et en le proposant au groupe après une révision, dans le but de chercher une formulation écrite adaptée à la nature de l'annonce.

Extrait 2: écrire l'annonce (suite)

68. Enseignante:	alors, nous devons prendre une décision, comment pouvons-nous commencer à écrire?	
	allora, dobbiamo decidere, come si può cominciare a scrivere?	
69. Olga:	elle peut être affichée avec la colle	
	si può attaccare con la colla	
70. Noemi:	c'est une belle idée	
	é una bella idea	
71. Enseignante:	alors, comment pouvons-nous écrire? vous me dictez et moi j'écris	
	allora, come si può scrivere? voi mi dettate e io scrivo	
72. Olga:	alors, d'abord écris le titre	

	allora, prima scrivi il titolo
73. Enseignante:	d'abord j'écris le titre? et quel est le titre?
	prima scrivo il titolo? e qual é il titolo?
74. Olga:	ne jetez pas de papiers
	non buttate le cartacce
75. Marta:	...et des jouets et des bonbons
	... e i giochetti e le caramelle
76. Olga:	non! nous ne sommes pas en train d'écrire maintenant, nous sommes en train d'écrire le TITRE.
	no! noi non stiamo a scrivere ora, stiamo scrivendo il TITOLO.
77. Marco:	ne jetez pas des choses dans le jardin. NON. les choses que, nous ne devons pas, que vous ne devez pas jeter dans le jardin.
	non buttate le cose nel giardino. NO. le cose che, non dobbiamo, dovete buttare nel giardino.

CONSTRUIRE ET DICTER UNE LETTRE

L'exemple suivant concerne un petit groupe d'enfants d'école enfantine engagé dans la construction et la dictée à l'enseignante – qui prend le rôle d'écrivaine – d'une lettre adressée à une camarade absente depuis plusieurs jours. La discussion de groupe aboutit au texte final de la lettre après une longue discussion, suite aux relectures de l'enseignante visant à la révision du texte de la part des enfants. La séquence incluant les tours 1-27 concerne la première version de la lettre élaborée par le groupe:

> Giacomo, Giulia, Nicola, Valeria. **Je vous salue, Giorgia.** T'es malade? Je suis désolé si t'es malade. Ciao Giorgia, la semaine prochaine nous commençons les livres de la bibliothèque. Revenez vite. Nous espérons que tu reviens bientôt car sinon tu ne peux pas prendre les livres ainsi que pour le théâtre parce que autrement nous sommes très désolés.
>
> **Giacomo, Giulia, Nicola, Valeria. Vi saluto, Giorgia.** Sei ammalata? Mi dispiace se sei ammalata. Ciao Giorgia, dalla prossima settimana cominciamo i libri della biblioteca. **Torni presto. Speriamo che torni presto** perché se no non puoi prendere i libri e anche per il teatro perché se no ci dispiace molto a noi.
>
> (Première version du texte lu par l'enseignante au tour 27)

La version de la lettre présentée ci-dessus contient divers éléments non conventionnels qui rendent parfois le texte ambigu. Plus précisément, le début n'est pas conventionnel car il y a l'indication du nom des auteurs;

il y a une confusion entre la pluralité d'auteurs et le destinataire unique de la lettre ("Je vous salue, Giorgia / Vi saluto, Giorgia"); des erreurs dans l'utilisation des temps verbaux ("Revenez / Torni"); et des répétitions ("Nous espérons que tu reviens / Speriamo che torni").

À partir de cette première version du texte, l'enseignante explique au groupe la possibilité d'action sur le texte, en essayant d'aider les enfants à considérer la perspective du destinataire de la lettre (tour 31). Par conséquent, les enfants proposent des révisions (tours 32, 34, 50, 53, 69).

Extrait 3: écrire la lettre
[…]
31. Enseignante: **non, mais est-ce qu'il vous semble que c'est écrit correctement? nous pouvons enlever, ajouter. écoutez bien, imaginez Giorgia en train de lire**
no, ma vi pare che sia scritta in modo corretto? possiamo togliere, aggiungere. ascoltate bene, immaginate Giorgia che legge
32. Giulia: **alors, nous devons supprimer certaines choses qui ont été déjà écrites. nous devons supprimer "Revenez vite" car sinon…**
allora, dobbiamo cancellare certe robe che sono già scritte. dobbiamo cancellare "Torni presto" perché se no…
33. Enseignante: **je vous relis comme ça vous me dites si ça va**
ve la rileggo così voi mi dite se va bene
34. Giulia: **"Je suis désolé que tu es malade" c'est à supprimer à mon avis.**
"Mi dispiace che sei ammalata" dovremo togliere secondo me.
[…]
49. Enseignante: **alors "T'es malade? Je suis désolé. Ciao Giorgia, la prochaine semaine nous commençons les livres de la bibliothèque".**
allora "Sei ammalata? Mi dispiace. Ciao Giorgia, dalla prossima settimana cominciamo i libri della biblioteca".
50. Nicola: **supprime**
cancella
51. Enseignante: **je le supprime, pourquoi?**
lo cancello, perché?
52. Giulia: **non**
no
53. Giacomo: **non, autrement elle ne comprend pas que nous devons les choisir.**
no, se no non capisce che dobbiamo sceglierli.
54. Enseignante: **mais nous avons écrit que nous «les choisissons…» ou bien**

Le rôle des interactions entre pairs sur l'alphabétisation précoce 175

	que «nous commençons les livres...» qu'est-ce que ça veut dire «nous commençons...?»
	ma noi abbiamo scritto che "li scegliamo..." o che "...cominciamo i libri..." cosa vuol dire "cominciamo...?"
55. Giacomo:	nous commençons à prendre les livres.
	cominciamo a prendere i libri.
56. Enseignante:	alors j'ajoute «nous commençons à...»
	allora aggiungo "cominciamo a..."
57. Giacomo:	prendre les livres de la bibliothèque.
	prendere i libri della biblioteca.
[...]	
69. Carlotta:	**il faut supprimer «Giorgia» parce qu'autrement elle va lire «Giorgia» et pourtant elle s'appelle Giorgia et ainsi...**
	bisogna cancellare "Giorgia" perché se no poi lei legge "Giorgia" che però lei si chiama Giorgia e così...
70. Giulia:	à mon avis ceci (indique les noms écrits au début) est à supprimer, car il faut les dire à la fin, de la part de... parce que c'est le texte de Giacomo...
	secondo me questi (indica i nomi scritti all'inizio) dovremo cancellare, perché si direbbero alla fine, da... perché è il testo di Giacomo...

Giulia prend la parole aux tours 32 et 34, proposant de supprimer des répétitions qu'elle a identifiées. Elle repère également la non-conventionalité du début et propose d'ajouter les noms des auteurs à la fin du texte plutôt qu'au début. À son tour, Giacomo repère l'ambiguïté de l'expression «nous commençons les livres/cominciamo i libri» et propose une correction possible au tour 55. Une autre intervention, de la part de Carlotta, vise à expliciter la non-conventionalité des salutations au milieu du texte (tour 69) et sollicite une intervention finale de la part de Giulia (tour 70) qui est d'accord de supprimer les noms au début.

Le groupe arrive ainsi à la deuxième version de la lettre que l'enseignante va lire:

T'es malade? Je suis désolé. Ciao Giorgia. À partir de la semaine prochaine nous commençons à prendre les livres de la bibliothèque. Revenez vite.

Sei ammalata? Mi dispiace. Ciao Giorgia. Dalla prossima settimana cominciamo a prendere i libri della biblioteca. Torni presto.

(Deuxième version du texte lu par l'enseignante au tour 72)

La discussion qui s'enchaîne montre que le groupe n'est pas encore satisfait. Giulia propose de corriger un verbe (tour 75) et de compléter le texte par d'autres informations (tours 79-86). En même temps, les enfants vérifient que l'enseignante introduit les corrections suggérées (tour 88).

Extrait 4: écrire la lettre (suite)
75. Giulia: **Reviens vite.**
Torna presto.
[…]
79. Giulia: car sinon…
perché se no…
80. Giacomo: …tu loupes également le bus.
…perdi anche il pullman.
81. Giulia: car sinon tu loupes également le bus et tu devrais arriver tôt.
perché se no perdi anche il pullman e dovresti arrivare presto.
82. Carlotta: à 9h.
alle 9.
83. Giulia: le lundi après le prochain.
il lunedì dopo quello prossimo.
84. Nicola: dis à papa et à maman qu'il faut amener l'argent.
dì al papà e alla mamma che si devono portare i soldi.
85. Enseignante: pour aller où?
per andare dove?
86. Nicola: au théâtre.
a teatro.
87. Enseignante: attendez, j'écris.
aspettate, che scrivo.
88. Giulia: **t'as ajouté ce que Nicola a dit?**
hai aggiunto quello che ha detto Nicola?

LA CONSTRUCTION DU CODE ALPHABÉTIQUE PAR LA CONFRONTATION D'ÉCRITURES EN PETIT GROUPE

L'interaction entre pairs visant la confrontation et l'identification de la «bonne façon» d'écrire un mot a été la modalité centrale pour soutenir le changement conceptuel autour de l'écriture chez les enfants, qui se réalise par une transition du niveau pré-syllabique au niveau syllabique (Ferreiro & Teberosky 1979; Pontecorvo, 1989; Vernon & Ferreiro, 1999; Ferreiro, 2003). Il s'agit d'une interaction entre pairs mise en place à travers la création de petits groupes de cinq enfants maximum.

Les petits groupes ont été formés selon un principe d'hétérogénéité calibrée par rapport aux niveaux de conceptualisation. Le but n'était pas d'atteindre l'écriture conventionnelle mais plutôt d'identifier une solution partagée à travers une discussion visant à résoudre le problème posé par l'écriture d'un mot. Les recherches sur l'alphabétisation montrent que la demande d'écrire un mot bi-syllabique, à un moment donné du processus de conceptualisation, détermine chez les enfants un conflit entre l'hypothèse de l'écriture syllabique et l'idée que les mots écrits – pour pouvoir être considérés comme des formes d'écriture – doivent inclure au moins trois signes (Pascucci, 2005). Une étude plus récente (Ferreiro & Zamudio, 2008) souligne également le rôle des différentes formes syllabiques dans la construction de la conceptualisation alphabétique.

Les extraits suivants concernent des situations de travail dans des classes d'école enfantine dans lesquelles les enfants participaient systématiquement à la confrontation d'écritures spontanées en petit groupe et à la dictée de textes à l'adulte. Nous avons observé (et filmé) plusieurs expériences d'environ 15 minutes chacune, une fois par semaine pendant une période d'environ deux mois. Pour traiter les données, nous avons opté pour un double niveau d'analyse des interactions discursives: l'un ciblé sur le groupe, l'autre ciblé sur l'enfant individuellement. Plus spécifiquement, nous avons observé de près la participation d'un enfant (Damiano) – ayant un niveau de conceptualisation pré-syllabique – dans deux groupes (A et B) caractérisés par une différente fréquence d'oppositions argumentatives[1] (groupe A: fréquence élevée; groupe B: fréquence réduite). Les deux groupes réalisaient des expériences de

---

1 L'opposition est un acte discursif qui marque un désaccord par rapport à une affirmation précédente d'un autre locuteur. Elle peut être suivie d'explications dans le but d'argumenter les raisons d'un tel désaccord.

confrontation d'écriture des mots *folletto* (elfe) et *pasta* (pâtes). Ces mots ont été choisis parce qu'ils étaient liés à une activité générale menée dans les classes de l'établissement scolaire pendant la période de nos observations.

Dans la figure 1 suivante, les distributions des tours de parole pour chaque participant aux deux groupes (A et B) dans lesquels il y a le même enfant (Damiano) sont présentées. Le premier élément qui émerge de nos observations concernant la distribution des tours de parole est le fait que dans les deux groupes il y a toujours un enfant (Filippo pour le groupe A et Luca pour le groupe B) qui prend la parole plus que les autres. Le reste du groupe se distribue la parole de manière moyennement équitable. De même, les interventions de l'enseignante ne varient pas dans les deux groupes.

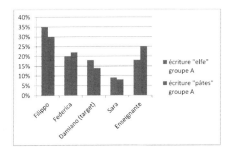 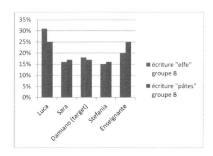

Figure 1. Fréquences (en pourcentage) des tours de parole des participants dans les deux groupes (A et B) par expérience (écriture «elfe»/écriture «pâtes»).

En ce qui concerne l'enfant cible de notre observation – Damiano – qui a participé aux expériences des deux groupes – il n'y a pas de variations dans les deux situations par rapport à la fréquence de prise de tours de parole. Les fréquences des tours de parole sont des indices de la gestion des interactions verbales au sein des groupes et de la manière de travailler des enfants. Dans le but de résoudre la tâche assignée, les enfants gèrent l'activité en petits groupes selon des modalités comparables et efficaces en termes d'échanges argumentatifs.

Tableau 1. Focus thématiques caractérisant
les différentes discussions analysées

Expérience 1 – Groupe A écriture «elfe»	Expérience 1 – Groupe B écriture «elfe»	Expérience 2 – Groupe A écriture «pâtes»	Expérience 2 – groupe B écriture «pâtes»
Les enfants écrivent les mots et discutent de la longueur des mots (tours 2 à 8)	Les enfants sont en désaccord sur comment écrire et sur comment écrivent les enfants plus âgés ou les camarades qui savent déjà écrire (tours 2 à 9)	Il y a des mots de deux lettres: c'est le problème du groupe pendant toute l'activité	Les enfants sont en désaccord au sujet de la longueur du mot et finalement ils décident de réduire cette longueur
Les enfants discutent par rapport à comment il faut lire les mots: faut-il lire toutes les lettres? (tours 9 à 14)	Stefania et Luca réécrivent, Sara et Damiano ne réécrivent pas (tours 18 à 28)		
Les enfants discutent de la longueur du mot *folletto* (elfe). Trois lettres – comme le dit Filippo – ou plus de lettres comme disent les autres? (tours 19 à 35)	Les enfants discutent (tours 29 à 33) par rapport à la couleur à utiliser pour écrire. Cet échange se termine quand Damiano dit «mais la couleur n'est pas importante, ce qui est important ce sont les mots!»		
Les enfants se trouvent d'accord pour supprimer les lettres de plus (tours 36 à 45)	Les enfants sont en désaccord au sujet de la stratégie de lecture à adopter pour ne pas se retrouver avec des lettres en plus (tours 38 à 45) Luca ajoute (tour 40): «moi je laisse ainsi, car si je lis rapidement mon mot il n'y a pas de lettres de trop»		

Pour comprendre plus spécifiquement ce qui s'est passé au sein du petit groupe d'enfants qui ne savent pas encore écrire de manière conventionnelle, nous avons analysé les échanges verbaux dans les différentes situations (cf. tableau 1). Comment les enfants se confrontent-ils à l'écriture d'un mot? Que se passe-t-il quand les écritures produites au sein du groupe sont différentes?

Au cours des deux premières expériences les enfants focalisent leur attention au moins sur deux aspects différents de l'écriture. Le groupe A se penche sur la longueur des mots et sur les modalités de lecture; le groupe B s'engage sur la réécriture du mot pour supprimer des lettres, ainsi que sur des questions moins pertinentes (la confrontation avec les enfants plus âgés, avec les camarades qui maîtrisent l'écriture, ou le choix de la couleur pour écrire). Plus spécifiquement, le groupe A – ayant un niveau de conceptualisation plus élevé et une forte capacité d'utilisation de formes argumentatives d'opposition – cible dès le début les questions les plus pertinentes: combien de lettres faut-il inclure pour écrire le mot *folletto* (elfe)? Par contre, le groupe B avant de rentrer dans une véritable confrontation semble chercher des arguments pour légitimer les essais d'écriture produits.

Dans la deuxième activité, l'attention des groupes se porte sur une dimension unique: pour le groupe A, il s'agit de la légitimité des mots écrits avec deux lettres, tandis que le groupe B se focalise sur la longueur du mot *pasta* (pâtes). Le problème au sein du groupe A émerge en tant que conflit entre l'hypothèse d'écriture syllabique adoptée par Filippo et l'ancrage au principe de quantité minimale auquel Federica s'attache pour ne pas légitimer les mots composés par deux lettres. Ce point ne trouve pas une résolution partagée au sein du groupe à la fin de l'activité.

Extrait 5: expérience 2 – groupe A
7. Federica: pâtes c'est petit mais il y a quatre lettres.
   pasta è corto ma sono quattro lettere.
8. Filippo: non, pâtes ce sont deux lettres.
   no, pasta è due lettere.
9. Federica: mais t'as écrit deux lettres, et tu ne peux pas les écrire, il faut au moins trois
   ma hai scritto due lettere, e non si possono scrivere, devono essere almeno tre

[…]

22. Federica:	mais deux mots n'existent pas.	
	ma due parole non esistono.	
23. Sara:	et de combien doit-il être?	
	e di quanto deve essere?	
24. Federica:	au moins de trois, ou quatre autrement ce n'est pas un mot.	
	almeno di tre, o quattro oppure non è una scritta.	
25. Filippo:	alors un seul mot qu'est-ce qu'il fait, il existe des mots avec peu de lettres, une ou deux.	
	allora solo una parola che fa, esistono parole con poche lettere, una o due.	

Dans nos observations, l'importance d'établir la longueur des mots représente un point de discussion dès le début. Cet élément découle de l'attention induite par la lecture des productions écrites des enfants que l'adulte invite à réaliser. C'est la lecture qui fait émerger le problème de la «longueur correcte» des mots. À ce propos, les deux groupes adoptent des perspectives différentes: le groupe A considère la lecture comme un processus de repérage des mots à modifier – parfois trop longs parfois trop courts; le groupe B voit dans la lecture la possibilité d'adopter une stratégie flexible et «modulable» pour dépasser le problème, par exemple, des lettres qui sont de trop.

LA PARTICIPATION D'UN ENFANT AUX DEUX GROUPES D'EXPÉRIENCE DE CONFRONTATION D'ÉCRITURES SPONTANÉES

Notre deuxième niveau d'analyse porte sur l'observation du même enfant au sein des deux groupes. Avant de nous focaliser sur la participation de chaque enfant, il est important de souligner le fait qu'à la fin de la discussion tous les participants décident de modifier leur propre propos de départ et réduisent le nombre de caractères en accord avec la suggestion de Filippo qui est évidemment le seul à ne pas modifier sa première production.

Qu'est-ce qui se passe quand un enfant participe à deux groupes de discussion avec des compétences différenciées? Il est intéressant de vérifier si les caractéristiques du groupe, par rapport aux échanges discursifs qui émergent, produisent une participation différente du sujet dans les deux situations. C'est à ce propos que nous nous tournons vers les interventions de Damiano dans les groupes A et B.

Au cours de la première expérience du groupe A (écriture du mot *folletto*/elfe), une opposition découle du fait que différents critères d'écriture ont été utilisés: Federica, Sara et Damiano ont fait recours à un critère pré-syllabique; Filippo, par contre, utilise un critère syllabique (cf. figure 2) selon lequel il faut écrire autant de lettres que les syllabes du mot. Suite à la discussion, Damiano accepte la suggestion de Filippo et modifie le mot qu'il a écrit en supprimant des lettres (cf. figure 3).

Figure 2. Les premières écritures du mot *folletto* (elfe) chez les enfants du groupe A.

Figure 3. Les écritures finales du mot *folletto* (elfe) chez les enfants du groupe A (Federica et Filippo ont choisi de ne pas modifier leur première production).

Pour ce qui concerne la même demande (écriture du mot *folletto*/elfe) au sein du groupe B, il est intéressant d'observer la conduite de Damiano. Après avoir problématisé la lecture de Luca par rapport au nombre excédant de lettres, il pose à son camarade la même question qu'il s'était posée durant la situation précédente.

Extrait 6: expérience 1 – groupe B
16. Luca: maintenant je peux lire?
adesso posso leggere?
17. Enseignante: oui lis.
si leggi.
18. Luca: fo-lle-tto (elfe).
fo-lle-tto.
19. Damiano: mais si tu t'arrêtes ici celles-ci sont de trop il y en a trop il faut que tu en supprimes quelques-unes.
ma se ti fermi qua queste ti avanzano, sono troppe ne devi cancellare qualcuna.
20. Sara: c'est vrai il y en a trop
è vero sono troppe
21. Luca: maîtresse alors je peux réécrire?
maestra allora la posso riscrivere?
[...]
35. Damiano: mais il y a toujours beaucoup de lettres il y en a encore trop.
ma le lettere sono sempre tante avanzano uguale.
36. Luca: ce n'est pas important maintenant d'accord je ne la modifie pas.
non mi importa adesso va bene io non la cambio.
37. Damiano: mais tu vois que si tu lis celles-ci elles sont en plus et tu dois les supprimer.
ma vedi che se leggi queste ti avanzano e le devi cancellare.
38. Sara: si ça va pour lui tu le laisses ainsi, chacun écrit comme il veut.
se per lui va bene lascia così, ognuno scrive come gli pare.
39. Stefania: oui chacun écrit comme il veut.
si ognuno scrive come vuole.
40. Luca: moi je laisse ainsi car si je lis rapidement mon mot il n'y a pas de lettres de trop.
io lascio così perché se leggo veloce la mia scritta non avanzano le lettere.

Dans l'expérience 2 du groupe A, Damiano propose de nouveau son hypothèse d'écriture syllabique, qui était le point final de l'expérience 1 au sein du groupe B.

Extrait 7: expérience 2 – groupe B
1. Enseignante: essayons d'écrire le mot pâtes.
proviamo a scrivere la parola pasta.

2. Filippo:	maîtresse ça commence par P.
	maestra inizia con la lettera P.
3. Damiano:	ce sont deux mots pâ-tes.
	sono due parole pa-sta.
[…]	
14. Enseignante:	Filippo il a raison, il faut choisir laquelle convient le plus, vous avez tous écrit des mots différents.
	Filippo ha ragione, bisogna decidere qual è la più convincente, avete scritto tutti parole diverse.
15. Filippo:	mais ils m'écoutent pas que pâtes est de deux lettres.
	ma non mi danno ascolto che pasta è di due lettere.
16. Damiano:	moi et Filippo nous avons écrit deux et c'est juste.
	io e Filippo abbiamo scritto due ed è giusto.
[…]	
33. Filippo:	il y a un problème, quelqu'un a écrit quatre mots d'autres trois, mais d'après moi il y en a deux.
	c'è un problema, chi ha scritto quattro parole chi tre, ma per me sono due.
34. Damiano:	pour moi il y en a deux aussi.
	per me pure sono due.
35. Filippo:	tout à fait, maîtresse combien deux mots regarde par exemple Jesus aussi il y a deux mots.
	e certo due parole, maestra quante due parole guarda per esempio pure Gesù sono due parole.
36. Damiano:	c'est vrai il y a deux mots.
	è vero sono due parole.

Dans la deuxième expérience, Damiano ne réutilise pas seulement de manière autonome une hypothèse syllabique pour écrire le mot *pasta* (pâtes), mais il soutient aussi la position de Filippo, en verbalisant son accord (tours 16, 34 et 36).

Indications et pistes pour les enseignants

Du point de vue de la didactique de la lecture-écriture, l'indication générale la plus importante que nous pouvons retenir de notre approche théorique est la possibilité de modifier de manière globale le cadre méthodologique par une double action: a) l'organisation de l'espace; et b) l'activité à proposer aux enfants.

Pour ce qui concerne l'organisation de l'espace il est indispensable de pouvoir bénéficier d'une structuration de la salle de cours de manière à créer des places dans lesquelles les enfants peuvent explorer des *instruments* différents. Dans ce cas, il est nécessaire d'insérer des feuilles de papier blanc, des cahiers pour la prise de notes, des autocollants, des tampons, des lettres mobiles, un récipient avec des stylos, une machine à écrire, un ordinateur avec un logiciel d'écriture avec taille prédéfinie (au moins 24) pour faciliter le repérage de différences et similitudes entre lettres et mots. De même, les écritures spontanées des enfants sont à placer dans un espace accessible pour être utilisables à tout moment et pour permettre la confrontation entre pairs. La présence d'un tableau lumineux peut permettre le partage, au sein de la classe, d'écritures spontanées particulièrement stimulantes.

Par rapport à la *lecture*, il est important de veiller à ce que l'enseignant puisse garantir pas simplement la rencontre de contes et de fables, mais aussi d'autres genres textuels, par exemple des catalogues, dépliants publicitaires, bandes dessinées, magazines, encyclopédies et livres de recettes. Il est souhaitable d'avoir accès à des livres de langues différentes pour permettre l'exploration de codes d'écriture divers. Du point de vue des activités à proposer, en partant des expériences présentées dans ce chapitre, il est possible de mettre en place des activités de production de textes de genres différents, dictés et écrits par l'enseignant, ainsi que des activités de confrontation d'écritures spontanées en petit groupe. Par rapport aux situations de classe, nos expériences de recherche nous suggèrent des indications et des pistes pour mettre en place un dispositif pédagogique visant la confrontation d'écritures spontanées en petit groupe.

Les éléments qui nous semblent incontournables et qui doivent être considérés peuvent être résumés ainsi.

Nombre de participants: l'activité est à réaliser en petit groupe de 5 élèves maximum, parce que c'est dans la situation en petit groupe que la discussion peut prendre une forme fluide et dynamique, avec une prise de tour facilitée.

Critères de composition du groupe: il est indispensable d'avoir une hétérogénéité des niveaux de conceptualisation, une hétérogénéité calibrée de manière à permettre l'élaboration conjointe. Le niveau de conceptualisation s'identifie en demandant aux enfants d'écrire des mots de différentes longueurs «comme ils savent le faire» et de lire leur production «en montrant bien avec le doigt comment ils savent lire ce qu'ils ont écrit». Des enfants pré-syllabiques (dont les productions écrites n'ont pas de lien avec la longueur du mot) et des enfants syllabiques (dont les productions présentent une lettre de l'alphabet ou une pseudo-lettre pour chaque syllabe du mot), ainsi que des syllabiques et des syllabique-alphabétiques (dont les productions présentent une lettre de l'alphabet pour désigner une syllabe ou un phonème du mot) peuvent travailler ensemble de manière efficace. Il est important de ne pas inclure dans ce genre de groupes des enfants alphabétiques car ils connaissent déjà les règles du système d'écriture.

But de l'activité: l'objectif de l'exercice n'est pas d'écrire correctement le mot, mais plutôt de trouver une solution graphique partagée par rapport à la demande d'écriture. Nous rappelons que, dans le système italien, l'enseignement du code alphabétique à l'école enfantine n'est pas prévu, mais qu'il y a plutôt une première familiarisation à la langue écrite. La solution graphique devient donc le résultat de la négociation au sein du groupe. C'est exactement la reconnaissance de ce travail de négociation qui permet à l'enseignant de valoriser le processus et d'accepter une production écrite non conventionnelle (mais qui est le signe d'un parcours de rapprochement progressif à l'écriture alphabétique).

Ce que les élèves apprennent d'une telle activité: les enfants apprennent à construire un point de vue sur les règles du système alphabétique, apprennent à argumenter ce point de vue face aux pairs et apprennent à résoudre un problème.

Rôle de l'enseignant: le maître a pour fonction de soutenir le groupe dans la recherche de solutions partagées, de permettre la focalisation de l'attention sur la lecture et sur les productions écrites des enfants.

Données à documenter: en complément de la documentation des mots écrits, précieuse pour nous informer du changement conceptuel chez les élèves, il est important de documenter les discussions qui se construisent au cours des activités. Ces discussions nous permettent de repérer les changements dans les formes de participation de chaque élève, ainsi que les transformations opérées par l'enseignant dans sa manière de gérer la classe et l'activité.

En guise de conclusion, nous pensons qu'il serait intéressant de développer des recherches longitudinales visant la confirmation de l'efficacité d'une telle approche méthodologique. Ce genre de prolongement pourrait rendre compte des compétences des élèves dans les productions textuelles successives, par exemple à la fin de l'école primaire.

RÉFÉRENCES BIBLIOGRAPHIQUES

Ferreiro, E. (2003). *Alfabetizzazione. Teoria e pratica*. Milan: Cortina.
Ferreiro, E., Pontecorvo, C., Moreira, N. & Garcia Hidalgo, I. (1996). *Cappuccetto Rosso impara a scrivere. Studi psicolinguistici in tre lingue romanze*. Florence: La Nuova Italia.
Ferreiro, E. & Teberosky, A. (1979). *Los sistemas de escritura en el desarrollo del niño*. Cerro del Agua: Siglo Ventiuno.
Ferreiro, E. & Zamudio, C. (2008). When children begin to write CVC and CCV syllables in Spanish. Does omission of consonants denote an insufficient analysis of sounds sequence? *Rivista di Psicolinguistica Applicata, 8*(1-2), 37-54.
Morani, R. & Pontecorvo, C. (1991). "Questioni di stile" nella produzione infantile di storie. In M. Orsolini & C. Pontecorvo (Eds.), *La costruzione del testo scritto nei bambini* (pp. 315-336). Florence: La Nuova Italia.
Orsolini, M., Devescovi, A. & Fabbretti, D. (1991). Dettare una storia: che cosa cambia tra i 5 e gli 8 anni. In M. Orsolini & C. Pontecorvo (Eds.), *La costruzione del testo scritto nei bambini* (pp. 99-118). Florence: La Nuova Italia.
Orsolini, M. & Pontecorvo, C. (Eds.) (1991). *La costruzione del testo scritto nei bambini*. Florence: La Nuova Italia.
Orsolini, M., Pontecorvo, C. & Amoni, M. (1989). Discutere a scuola: interazione sociale e attività cognitiva. *Giornale Italiano di Psicologia, 16*(3), 479-511.
Pascucci, M. (2005). *Come scrivono i bambini*. Rome: Carocci.
Pontecorvo, C. (Ed.) (1989). *Un curricolo per la continuità educativa dai quattro agli otto anni*. Florence: La Nuova Italia.
Pontecorvo, C. (1997). *Writing development. An interdisciplinary view*. Amsterdam: John Benjamins.
Pontecorvo, C., Orsolini, M., Burge, B. & Resnick, L.B. (Eds.) (1996). *Children's early text construction*. New York: Routledge.
Pontecorvo, C. & Zucchermaglio, C. (1984). Literacy and linguistic awareness in first-grade children. In C. Cornoldi (Ed.), *Aspect of reading and dyslexia* (pp. 53-66). Padoue: Cleup.
Pontecorvo, C. & Zucchermaglio, C. (1989). From oral to written language. Preschool children dictating stories. *Journal of Reading Behavior, 21*(2), 109-126.

Teberosky, A. (1988). The reciprocal dictation and composing of tales by children of the same age. *European Journal of Psychology of Education, 3*(4), 399-414.

Vernon, S. & Ferreiro, E. (1999). Writing development: A neglected variable in the consideration of phonological awareness. *Harvard Educational Review, 69*(4), 395-415.

Zucchermaglio, C. (2001). *Gli apprendisti della lingua scritta*. Bologne: Il Mulino.

Zucchermaglio, C. & Scheuer, N., (1991). Costruire insieme una storia "scritta". In M. Orsolini & C. Pontecorvo (Eds.), *La costruzione del testo scritto nei bambini* (pp. 119-146). Florence: La Nuova Italia.

Apprendre ensemble: des pistes pour structurer les interactions en classe

Céline Buchs

Cet ouvrage pose les questions suivantes: «Comment les élèves peuvent-ils apprendre à interagir avec l'autre pour apprendre?» et «Comment l'enseignant organise-t-il les différentes formes d'interaction, de discussion ou de collaboration au sein de la classe?». Parmi les approches pédagogiques qui se focalisent sur les interactions sociales entre apprenants, les processus sociocognitifs et les conditions sociales d'enseignement, l'apprentissage coopératif (Cooperative learning, voir S. Sharan, 1999 pour une présentation des principales méthodes) propose des pistes pour apprendre à coopérer et coopérer pour apprendre (Slavin *et al.*, 1985) et pour structurer le travail en groupe.

La méthode «Apprendre ensemble» (Johnson, Johnson & Holubec, 2008) représente un dispositif d'enseignement-apprentissage bien documenté avec des bases théoriques clairement identifiées (Johnson & Johnson, 2015; Slavin, 2014) et des ressources accessibles aux enseignants francophones (par exemple, Abrami *et al.*, 1996; Howden & Martin, 1997; Howden & Kopiec, 1999; Rouiller & Howden, 2010). Cette méthode a l'avantage de proposer des principes généraux pour structurer le travail de groupe permettant à l'enseignant de se les approprier pour les ajuster à son contexte. Ces principes offrent ainsi des pistes de réflexion souples, adaptables aux différents âges (élèves ou étudiants) et tâches scolaires, sans nécessité de recourir à du matériel pédagogique spécifique. Ils ont pour objectif de stimuler des interactions constructives entre élèves au service de la qualité des apprentissages. Nous proposons de les schématiser en deux ensembles (Figure 1): des principes pour préparer les apprenants à la coopération et des principes pour organiser le travail en équipes afin de favoriser la qualité des relations sociales et des apprentissages. Dans la suite du chapitre, nous présenterons chacun de ces principes et nous synthétiserons quelques résultats de nos recherches.

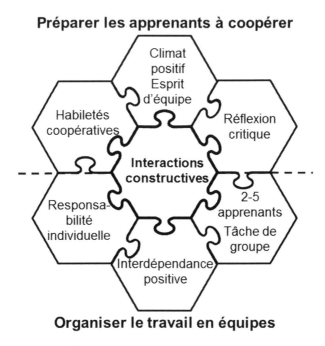

Figure 1. Schématisation de la pédagogie coopérative.

DES INTERACTIONS CONSTRUCTIVES À STIMULER

La force de dispositifs d'apprentissage entre pairs est de permettre aux élèves de s'engager de manière active sous la forme d'interactions sociales qui favorisent la qualité des apprentissages. Les recherches ont souligné le rôle constructif des interactions entre pairs, telles que le soutien social, l'encouragement des apprenants et la volonté de faciliter les efforts de chacun pour accomplir la tâche, l'échange d'informations, la discussion et les apports d'explications, la co-construction des connaissances et les conflits sociocognitifs (Gillies, 2015; Johnson & Johnson, 1989; Perret-Clermont & Nicolet, 2001; Slavin, 2014; Webb & Palincsar,

1996). Nous retiendrons ici que les échanges d'informations et la co-construction sont corrélés aux apprentissages (argumenter, Muller Mirza & Perret-Clermont, 2009; Muller Mirza & Buty, 2015; résumer des informations, Annis, 1983; apporter des explications, Gilly, Fraisse & Roux, 2001; Webb, 1985; répéter des informations étudiées et ajouter de nouvelles informations, Johnson et al., 1985). Ces travaux soulignent l'importance de la participation active des apprenants et de la verbalisation du raisonnement dans les progrès cognitifs.

En ce qui concerne les conflits sociocognitifs (Doise & Mugny, 1997; Perret-Clermont, 1996), leurs liens avec les apprentissages dépendent de la manière dont ils sont régulés (Figure 2, Quiamzade et al., 2006; Buchs et al., 2008). Nous retenons ici que les conflits entre apprenants s'avèrent positifs lorsque ces derniers sont centrés sur la compréhension des contenus et des points de vue. Cette régulation épistémique stimule l'intégration des différents points de vue et favorise les apprentissages. En revanche, lorsque les apprenants sont centrés sur une comparaison sociale qui questionne leurs compétences respectives et devient menaçante pour leur propre compétence, la régulation relationnelle qui prend place réduit les bénéfices des confrontations de points de vue. Cette régulation peut conduire l'un des apprenants à reprendre les propos de l'autre dans le but de mettre fin au conflit (une complaisance sous la forme d'une imitation sans examen critique), ou au contraire à entrer en compétition pour tenter de protéger ou de démontrer sa compétence. Ainsi, si les interactions entre apprenants peuvent favoriser les confrontations de points de vue, leurs effets sur les apprentissages dépendent du type de régulation.

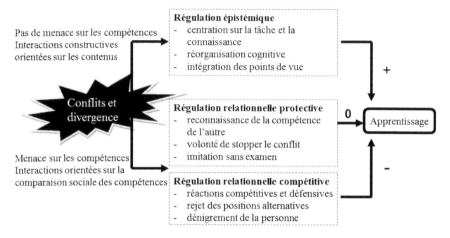

Figure 2. Schématisation des régulations des confrontations comme médiateurs des effets des interactions sociales sur les apprentissages.

Le rôle de l'enseignant dans les dispositifs d'apprentissage coopératif est de structurer les situations d'enseignement-apprentissage de manière à stimuler ces interactions constructives, en préparant les apprenants à coopérer et en organisant le travail en équipes.

Des pistes pour préparer les apprenants à coopérer

Favoriser un climat de classe et un esprit d'équipe positif

La première étape consiste à établir un climat orienté vers les apprentissages et la maitrise (Meece, Anderman & Anderman, 2006) en orientant les apprenants vers des buts de maitrise (augmenter ses compétences, progresser dans ses apprentissages) plutôt que des buts de performance (mettre en avant ses compétences, afficher de bons résultats, se montrer meilleur que les autres; Darnon, Buchs & Butera, 2006). Six éléments particulièrement importants sont résumés dans l'acronyme TARGET (Maehr & Midgley, 1991): Tâche, Autorité, Reconnaissance, Groupement, Evaluation et Temps. Le fait de structurer clairement la tâche, d'associer les élèves à certaines décisions, de valoriser les efforts, de donner du temps pour les apprentissages, de regrouper les élèves de manière à favoriser l'entraide, d'observer et de donner des retours formatifs et d'utiliser les erreurs pour permettre des progrès contribue à créer un climat de classe orienté vers les apprentissages (Sarrazin, Tessier & Trouilloud, 2006). Ainsi il est important de mettre l'accent sur la qualité des apprentissages et des relations sociales dans la classe en veillant non seulement au climat de classe mais également à la qualité des relations au sein des équipes, ce qui peut être entrepris par l'intermédiaire d'activités spécifiques (Abrami et al., 1996). Les propositions de Margarida César (dans cet ouvrage) sont particulièrement intéressantes pour créer un climat favorable.

DÉVELOPPER LES HABILETÉS COOPÉRATIVES AU SERVICE DES APPRENTISSAGES

Plusieurs auteurs soulignent que les élèves ne sont pas habitués à coopérer et qu'une préparation à la coopération est bénéfique (Blatchford, Kutnick, Baines & Galton, 2003; Howden & Kopiec, 1999; Johnson & Johnson, 2006; Webb, 2009). Certaines recherches (Gillies, 2007) ont mis en évidence qu'un entrainement concernant les habiletés interpersonnelles facilitant la communication (par exemple l'écoute active, la critique constructive des idées) et les habiletés collaboratives pour le travail en petits groupes (par exemple attendre son tour pour présenter les idées, s'assurer que les décisions concernant le groupe sont prises de manière démocratique) s'avère bénéfique pour la qualité des interactions et pour les apprentissages. D'autres recherches ont montré les effets positifs sur les apprentissages scolaires d'un entrainement plus ciblé relatif au questionnement (King, 2007), aux demandes et aux apports d'aide (Webb & Farivar, 1994), ou encore aux explications (Fuchs et al., 1999).

En nous basant sur la méthode «Apprendre ensemble», nous proposons de prendre en compte l'activité et la tâche spécifique que les apprenants doivent réaliser en groupe ainsi que les observations de l'enseignant lors des séances précédentes pour identifier si une habileté permettrait aux apprenants de mieux travailler ensemble. Si c'est le cas, il est intéressant d'introduire cette habileté en explicitant la manière dont elle peut se traduire en gestes et en paroles lors d'une discussion collective au cours de laquelle les apprenants sont invités à prendre une part active. Cette explicitation peut déboucher sur la construction d'un tableau coopératif concernant la manière dont l'habileté peut se traduire concrètement qui présente selon les formulations choisies ce que les élèves peuvent faire et dire (voir le Tableau 2 à titre d'exemple) ou ce que l'enseignant peut voir et ce qu'il peut entendre lorsque les apprenants manifestent cette habileté.

Une fois cet outil de référence construit, les élèves travaillent en équipe sur la tâche scolaire en veillant à mettre en pratique l'habileté travaillée. Il est alors possible pour l'enseignant ou pour l'un des membres du groupe d'observer la manière dont l'habileté est mise en pratique de manière qualitative (comment les apprenants s'y sont pris) ou quantitative (fréquence des comportements et/ou des paroles). Cette observation peut être utilisée pour réfléchir à la mise en œuvre de l'habileté.

Nous avons étudié l'importance d'un travail sur les habiletés coopératives dans deux interventions en classe conduites par une intervenante extérieure, dont l'objectif était de tester les effets d'un travail court (sur une seule séance). Dans ces études, nous avons veillé à introduire un climat favorable aux apprentissages en valorisant la coopération pour les apprentissages: nous avons expliqué que le fait de coopérer et de s'entraider était favorable à son propre apprentissage. Une fois l'activité et la tâche de groupe définies, nous avons déterminé en concertation avec les enseignants réguliers les habiletés répondant aux besoins de chaque classe pour aider les apprenants à bien travailler ensemble dans cette tâche.

La première intervention s'est déroulée sur trois périodes de quarante-cinq minutes avec des élèves de 8PH (11-12 ans) qui travaillaient sur le texte argumentatif dans le cadre d'une activité de français (Golub, 2011; Golub & Buchs, 2014) pour répondre aux objectifs du Module 3 de la séquence «La lettre au courrier des lecteurs» (Yerly, 2001). Nous avons structuré le travail en duos coopératifs à partir de deux textes présentant des arguments soit «pour», soit «contre» les chiens comme animaux domestiques à l'aide d'une controverse coopérative (Johnson & Johnson, 2007) qui se déroule en cinq phases (voir Tab. 1). Les élèves devaient préparer l'une des positions sur la base de la lecture du texte assigné, puis chaque élève dans le duo présentait «sa» position et écoutait la position de l'autre en demandant si besoin des clarifications pour s'assurer de bien comprendre. Les élèves discutaient ensuite de manière critique les deux positions en justifiant leur point de vue tout en tentant de trouver des failles dans la position adverse.

Finalement, chaque élève devait changer de position et défendre la position opposée sur la base des propos de son partenaire. Avant la dernière phase, l'intervenante a présenté la fonction des connecteurs dans le texte argumentatif en donnant des exemples. Les élèves décidaient dans leur duo de la manière d'utiliser les arguments et les connecteurs pour proposer une position commune. Pour finir, les élèves répondaient individuellement à des questions sur les textes, mesurant leur compréhension.

Tableau 1. Synthèse des phases de la controverse en lien avec les objectifs disciplinaires et le travail spécifique sur les habiletés et règles coopératives introduit pour la moitié des élèves

Phases de la controverse	Règles et habiletés coopératives travaillées pour la moitié des élèves	Objectifs disciplinaires (Module 3)
	Comment exprimer son soutien (10 min)	
Explication des 5 étapes (15 min)		
Importance d'exprimer son soutien et introduction des 3 règles coopératives (5 min) : « J'écoute les idées de mon/ma camarade et je m'assure de bien les comprendre même si je ne suis pas d'accord » ; « Je critique les idées et non les personnes » ; « L'objectif est de construire la meilleure proposition ensemble et non que chacun tente d'avoir raison ».		
	Explication et discussion des trois règles pertinentes pour les différentes phases (10 min)	
1. Lecture individuelle du texte assigné (7 min)		Résumer des arguments donnés dans un texte
2. Chaque partenaire présente les arguments concernant le texte assigné (2X 4 min)	J'écoute les idées de mon/ma camarade et je m'assure de bien les comprendre même si je ne suis pas d'accord (rappel)	Présenter un résumé des arguments donnés dans un texte
3. Discussion critique des deux positions, chacun défend sa position et cherche les limites de l'autre position (8 min)	Je critique les idées et non les personnes (rappel)	Exprimer un désaccord. Rechercher et rédiger des arguments contraires à des arguments donnés. Prendre en compte la position de l'autre
4. Les partenaires changent de position et défendent la position opposée (2X 4 min)	J'écoute les idées de mon/ma camarade et je m'assure de bien les comprendre même si je ne suis pas d'accord (rappel)	Présenter un résumé des arguments donnés dans un texte
5. Les élèves proposent une synthèse pour le duo (10 min)	L'objectif est de construire la meilleure proposition ensemble et non que chacun tente d'avoir raison	Prendre en compte la position de l'autre. Résumer des arguments et arguments contraires dans une lettre. Repérer différentes marques d'organisation utilisées (*ex : c'est vrai que... mais...*)

(Accolade à droite de la colonne du milieu pour les phases 1–5 : « Exprimer son soutien »)

Pour tous les élèves, les trois règles retenues pour une controverse constructive étaient introduites. Pour la moitié des élèves, cette introduction était renforcée par une préparation à la coopération de vingt minutes. Dix minutes étaient consacrées au travail sur l'habileté coopérative ciblée par les enseignantes: les élèves réfléchissaient individuellement, discutaient en duos puis en collectif de la manière dont ils pouvaient exprimer leur soutien. Dix autres minutes permettaient d'expliciter les trois règles retenues. Les élèves étaient amenés à jouer un rôle actif pour déterminer ce qu'ils pouvaient dire et faire pour «écouter les idées du camarade et s'assurer de bien les comprendre même en cas de désaccord», proposer des exemples et contre-exemples pour «critiquer les idées et non les personnes» et reformuler la règle «construire la meilleure proposition ensemble sans tenter d'avoir raison». Nous avons filmé les interactions entre élèves et deux juges ont codé ces vidéos pour tester les effets de cette préparation à la coopération lors de la controverse.

Les résultats montrent que les élèves qui ont bénéficié de cette courte préparation à la coopération ont montré davantage de soutien, ont posé plus de questions et ont été plus attentifs à leur partenaire; globalement ils ont mieux coopéré que les élèves qui n'ont pas bénéficié de cette préparation. Les élèves ayant bénéficié de cette préparation ont également eu tendance à mieux répondre aux questions sur le texte (Golub, 2011; Golub & Buchs, 2014). En somme, une courte préparation à coopérer a suscité des interactions plus constructives.

Nous avons également voulu tester l'effet d'un travail spécifique sur les habiletés coopératives dans le contexte de l'enseignement universitaire lors d'une séance de travail (une heure trente) dans un cours de statistiques (Buchs, Gilles & Butera, 2015). Les étudiants réalisaient deux exercices d'entrainement dans l'une des trois modalités suivantes: travail individuel, duos coopératifs ou duos coopératifs avec sensibilisation aux habiletés coopératives. Pour le travail en duos, les consignes proposaient aux étudiants d'expliquer comment ils s'y prenaient pour résoudre les exercices. Dans la condition duos coopératifs avec sensibilisation aux habiletés coopératives, nous avons également souligné les bénéfices de la coopération pour les apprentissages et ajouté une présentation d'environ dix minutes sur la manière dont on peut s'y prendre pour expliquer son mode de résolution des problèmes. Des exemples concrets étaient proposés pour que les étudiants expliquent leur manière de procéder, s'assurent de bien comprendre la manière de procéder du partenaire et suggèrent d'autres manières de faire (voir Tab. 2).

Tableau 2. Exemple de tableau coopératif proposé pour travailler les habiletés coopératives lors d'un séminaire de statistiques.

J'explique ma manière de procéder	
• Je m'engage dans la discussion • J'essaie d'être le plus clair possible	• J'explique les différentes étapes («je commence par ..., puis je ...» • J'explique les raisons («je fais comme ceci parce que ....») • J'explique mes stratégiesJ'explique la manière concrète de m'y prendre
Je m'assure de comprendre la manière de procéder de mon partenaire	
• J'encourage mon partenaire à développer • Je laisse mon partenaire expliquer son idée sans lui couper la parole • J'écoute les propositions de mon partenaire, même si je ne suis pas d'accord	• J'exprime ma compréhension ses idées («d'accord, je comprends») • J'exprime mes difficultés («je ne comprends pas, est-ce que tu peux m'expliquer de nouveau s'il te plait?») • Je reformule ce que la partenaire dit pour m'assurer d'avoir compris • Je pose des questions pour l'inviter à expliciter • Je m'interroge sur les problèmes potentiels
Je suggère d'autres manières de faire	
• Je m'engage dans la discussion	• Je suggère des alternatives («et si on commence par», «moi je ferais plutôt...») • Je propose des stratégies différentes

Suite à ces exercices, les étudiants donnaient leurs impressions et travaillaient individuellement sur un exercice permettant de mesurer les apprentissages. Les résultats indiquent que les étudiants ont obtenu les moins bonnes performances suite à un travail individuel et les meilleures performances suite à un travail en duos coopératifs avec sensibilisation aux habiletés coopératives, les duos coopératifs sans sensibilisation aux habiletés coopératives se situant entre les deux. Dans les duos, les étudiants sensibilisés aux habiletés coopératives ont rapporté une relation de meilleure qualité, une plus grande coopération, un investissement plus important dans le travail ainsi qu'une plus faible préoccupation concernant la comparaison sociale des compétences. Cette étude montre qu'un travail de brève durée sur des habiletés coopératives pertinentes est réalisable et constructif dans un contexte d'enseignement à l'université.

Faire réfléchir les apprenants sur leurs apprentissages et le fonctionnement des équipes

Une manière d'améliorer continuellement l'efficacité du travail en équipe consiste à pousser les élèves à réfléchir à la manière dont ils ont travaillé. Cette réflexion critique permet de discuter de ce que les apprenants ont fait de positif pour répondre aux objectifs et de ce qu'ils aimeraient améliorer (Gillies, 2007). Il peut s'agir d'un commentaire spontané sur le fonctionnement du travail d'équipe, d'une discussion ouverte à partir d'une série de questions (en lien avec une habileté coopérative ou un rôle), ou encore d'une fiche d'(auto)évaluation à remplir. L'enseignant peut contribuer à cette réflexion en faisant des commentaires basés sur les observations qu'il a pu faire lors du travail. Cependant, cette réflexion critique menée à la suite des activités en équipe s'avère d'autant plus bénéfique pour les apprentissages lorsque les apprenants y jouent un rôle actif (Johnson *et al.*, 1990).

Des pistes pour organiser le travail en équipes

Une tâche de groupe dans des petites équipes

L'apprentissage coopératif propose de faire travailler les apprenants en groupe sur une tâche commune sans supervision directe de l'enseignant. Il nous semble important de proposer une tâche qui soit réellement une tâche de groupe, à savoir une tâche qui ne peut pas être réalisée de manière individuelle. Une tâche de groupe nécessite de mobiliser des informations, des connaissances, des stratégies de résolution de problèmes, du matériel ou des habiletés qu'aucun des membres de l'équipe ne possède en totalité (Cohen, 1994a). L'apport de la part de chaque membre devient alors nécessaire pour atteindre l'objectif de l'équipe et stimule les interactions.

De notre point de vue, les équipes devraient compter entre deux et cinq apprenants pour favoriser les interactions face-à-face individualisées entre les membres. Si de nombreux ouvrages proposent de faire des groupes hétérogènes (par exemple des élèves de niveau faible, moyen et fort), les résultats de recherche suggèrent que cette composition ne génère pas toujours des bénéfices pour tous les apprenants (Webb & Palincsar, 1996). Il serait plus efficace de composer les équipes selon plusieurs critères sans se limiter à une seule compétence (Lou *et al.*, 1996). Varier les compositions (basées sur le choix des élèves, le choix de l'enseignant, le hasard) et observer les interactions qui prennent place pourrait constituer une piste de réflexion intéressante.

Deux principes complémentaires sont centraux pour organiser le travail de groupe: l'interdépendance positive et la responsabilisation individuelle (Johnson & Johnson, 2005; Y. Sharan, 2010). Les recherches suggèrent que la manière de structurer ces deux principes favorise les interactions constructives entre les apprenants.

RENFORCER LA RESPONSABILISATION INDIVIDUELLE

Pour éviter que le travail ne soit fait que par certains apprenants (que certains se reposent sur les autres ou que certains s'approprient le travail sans laisser la possibilité aux autres de s'investir), il est important que chaque apprenant se sente responsable pour faire sa part de travail. La responsabilité individuelle dans l'équipe revient à faire des efforts pour atteindre l'objectif commun et à se sentir responsable pour faciliter les efforts des partenaires. L'enseignant veille alors à rendre possible et nécessaire la contribution de tous les membres pour l'atteinte des objectifs (par exemple, s'assurer que chacun peut faire ce qui lui est demandé, faire des groupes de petite taille, demander à un membre au hasard d'expliquer la position du groupe, observer les contributions de chacun, donner à chacun une tâche unique ou un rôle spécifique). Rendre visible les apprentissages de chacun permet aux apprenants de s'entraider de manière plus efficace.

STRUCTURER L'INTERDÉPENDANCE POSITIVE

L'interdépendance sociale représente une situation dans laquelle les individus partagent un but commun, et le résultat de chacun est affecté par les actions des autres. L'interdépendance est positive lorsque les apprenants perçoivent qu'ils sont liés positivement à leurs coéquipiers et que les efforts de chaque partenaire aident tous les membres à réussir. L'interdépendance positive liée aux buts ou aux objectifs amène les élèves à identifier leur but ou objectif commun et leur complémentarité, et à percevoir qu'ils ne peuvent atteindre leur but/objectif que si les autres membres de leur équipe l'atteignent également. Cette interdépendance positive liée aux buts/objectifs est indispensable, et devrait, selon nous, être formulée en termes d'apprentissage pour tous les élèves liés aux objectifs scolaires (et pas seulement en termes d'un produit collectif). Ajouter une interdépendance positive liée aux récompenses peut s'avérer utile lorsque les élèves ont besoin d'être stimulés pour coopérer (Cohen, 1994b; Slavin, 1990). Cette interdépendance réside dans le fait que les récompenses obtenues par les membres de l'équipe dépendent de l'atteinte des objectifs de l'équipe. Les membres reçoivent une même évaluation ou récompense («soit tous les membres sont récompensés, soit personne ne l'est», Stevahn, Bennett & Rolheiser, 1995, p. 58), par exemple l'attribution d'une note unique ou l'ajout de points bonus à tous les membres si des critères prédéfinis sont atteints par les membres de l'équipe. Il nous semble important que cette interdépendance repose sur les apprentissages et/ou les progrès individuels de chaque membre. Structurer l'interdépendance positive par l'intermédiaire des moyens utilisés pour travailler dans les équipes (par exemple distribuer des ressources complémentaires, Lambiotte *et al.*, 1987; ou spécifier différents rôles, Schellens *et al.*, 2007) permet d'augmenter la responsabilité individuelle et s'avère positif pour la coopération et les apprentissages.

Dans nos travaux, nous avons étudié de manière plus approfondie la question de l'interdépendance liées aux ressources à travers la distribution des informations lors d'un travail sur des textes. Dans tous les dispositifs, nous avons structuré l'interdépendance positive en soulignant que l'objectif était de travailler de manière coopérative et de veiller à l'apprentissage du partenaire. Les étudiants travaillaient sur des contenus dont la maitrise était importante pour l'examen final. Pour renforcer la responsabilité individuelle, nous avons proposé aux étudiants de travailler en duos avec des rôles (O'Donnell, 1999). Dans la condition d'interdépendance positive liée aux ressources, les étudiants travaillaient sur des informations complémentaires: chaque apprenant ne lisait qu'un seul texte pour lequel il jouait le rôle de responsable, et prenait connaissance de l'autre texte par l'intermédiaire de son partenaire. Nous avons comparé ce dispositif à un dispositif sans interdépendance liée aux ressources dans lequel les apprenants travaillaient sur des informations identiques: les deux partenaires lisaient silencieusement l'un des textes et l'un des apprenants jouait le rôle de responsable en résumant les informations à son partenaire placé dans un rôle d'écoutant actif. Les rôles étaient inversés pour le second texte.

Nous avons étudié les dynamiques engendrées par la distribution des informations sur les interactions sociales et les apprentissages à l'université lors d'un travail sur des textes de psychologie sociale (voir Buchs,

2008 pour une synthèse et le Tab. 3). Une première étude (Buchs, Butera & Mugny, 2004, étude 1) a mis en évidence que le travail sur des informations complémentaires renforce la coopération et l'investissement des étudiants (le temps passé à discuter des textes, le nombre de questions et de réponses apportées), mais ne facilite pas forcément l'apprentissage. En effet, avec des textes complexes, les écoutants dans cette condition ont obtenu les moins bonnes performances. Plusieurs éléments soulignent que la qualité de l'apport informationnel est un élément important dans cette condition. Il se peut que la difficulté des textes proposés n'ait pas permis aux responsables de restituer correctement les informations. C'est pourquoi, dans une deuxième étude, des textes plus abordables ont été proposés (Buchs *et al.*, 2004, étude 2). Les résultats soulignent qu'avec ces textes, les écoutants travaillant sur des informations complémentaires n'ont pas été pénalisés; bien au contraire, et comme les résultats de Lambiotte *et al.* (1987) l'ont montré, les étudiants ont mieux appris suite à un travail portant sur des informations complémentaires que sur des informations identiques. Parallèlement, travailler sur des informations identiques renforce les confrontations de points de vue et la comparaison sociale des compétences, donnant lieu à des confrontations relationnelles compétitives (Buchs *et al.*, 2008). Les résultats indiquent que ces confrontations compétitives ont permis d'expliquer les moins bons apprentissages différés lorsque les étudiants ont travaillé avec des informations identiques (Buchs *et al.*, 2004). En d'autres termes, les confrontations compétitives étaient responsables des effets négatifs sur la performance différée du travail sur des informations identiques (Figure 3).

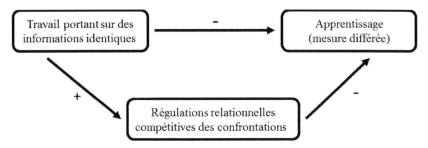

Figure 3. Les régulations relationnelles compétitives des confrontations comme médiateurs des effets négatifs du travail sur des informations identiques.

De plus, les résultats montrent que la corrélation entre la compétence perçue du partenaire et les apprentissages des étudiants n'était positive que lors d'un travail sur des informations complémentaires. Au contraire, ce lien devenait négatif lors d'un travail portant sur des informations identiques. Nous avons également trouvé cette interaction entre la compétence du partenaire et les apprentissages des apprenants également à l'école primaire (Buchs, 2007; Buchs, Chanal & Butera, 2013). Ces études montrent que plus le partenaire est perçu comme compétent ou il se montre compétent (Buchs & Butera, 2009), moins les apprenants tirent profit de leur discussion, ce qui souligne que la compétence du partenaire est néfaste pour les apprentissages des apprenants lorsque le travail sur des informations identiques favorise la comparaison sociale.

Tableau 3. Synthèse des dynamiques de l'interdépendance des ressources

	Informations identiques	Informations complémentaires
Responsabilité	Moyenne	Forte
Investissement	Moyen	Fort
Type interactions	Échanges, confrontations	Résumé, questions, explications
Comparaison sociale	Forte (régulation relationnelle compétitive des conflits)	Faible
Compétence du partenaire	Menaçante et néfaste	Bienvenue et positive
	La comparaison sociale menaçante pour les compétences perturbe les apprentissages	Les interactions constructives ne sont positives pour les apprentissages que lorsque l'apport informationnel est de bonne qualité

Ces résultats soulignent un premier écueil lors de la mise en place de l'apprentissage coopératif, à savoir la facilité avec laquelle les étudiants basculent dans un mode compétitif en dépit des consignes qui encouragent la coopération. En effet, le simple fait de lire les mêmes textes offre la possibilité aux étudiants de se comparer et ils utilisent cette possibilité pour questionner leurs compétences respectives, ce qui les détourne du travail approfondi sur les textes. Lors d'un travail portant sur des informations identiques, la relation entre les étudiants est orientée vers la comparaison sociale des compétences, ce qui stimule des confrontations régulées de manière compétitive et active une menace sur les compétences propres. Cette comparaison sociale menaçante est responsable des effets négatifs d'un travail sur des informations identiques sur les apprentissages et permet de comprendre pourquoi la compétence du partenaire devient problématique lorsque les étudiants travaillent sur des informations identiques. Ces résultats reflètent à notre sens la difficulté de proposer des dispositifs de travail coopératif dans un contexte éducatif compétitif sans proposer une préparation à la coopération. Dans la suite de nos travaux, nous avons introduit des éléments visant à atténuer la menace des compétences afin d'améliorer l'apprentissage lors d'un travail sur des informations identiques. L'impossibilité de prendre des notes et de s'appuyer sur un support lors des échanges (Buchs et al., 2010) et une interdépendance positive des récompenses (Buchs et al., 2011) renforcent alors les apprentissages lors d'un travail sur des informations identiques.

Nos résultats soulignent par ailleurs que la coopération et l'investissement des étudiants n'entrainent pas automatiquement de bons résultats en termes d'apprentissage. En effet, lorsque les étudiants travaillent sur la base d'informations complémentaires, la qualité de l'apport informationnel du partenaire vient modérer les effets positifs de l'interdépendance des ressources. Si le travail sur des informations complémentaires entraîne des interactions sociales positives, renforce la coopération et l'investissement des étudiants, il ne facilite pas forcément l'apprentissage. Une bonne qualité de l'apport informationnel du partenaire est nécessaire. Les éléments qui contribuent à améliorer la qualité de la transmission des informations entre les partenaires favorisent l'apprentissage dans cette situation. Dans nos études, des textes abordables (Buchs et al., 2004), un partenaire compétent (Buchs & Butera, 2009), ainsi que la possibilité d'améliorer la qualité de l'exposé (Buchs et al., 2010) se sont révélés des éléments positifs à prendre en compte.

Il ressort de ces recherches que lors d'un travail portant sur des informations complémentaires, une attention particulière devait être portée à la qualité de l'apport informationnel des partenaires pour que les interactions positives entre étudiants favorisent un bon apprentissage. En revanche, lors d'un travail portant sur des informations identiques, une attention particulière devrait être portée à minimiser la comparaison sociale des compétences entre les apprenants. Préparer les apprenants à coopérer en travaillant le climat, les habiletés coopératives et la réflexion sur le fonctionnement des équipes offre donc une piste d'intervention intéressante, comme nous l'avons souligné dans la première partie de ce chapitre.

En résumé, ce bref aperçu de la structuration des dispositifs d'apprentissage coopératif donne quelques pistes sur la manière dont l'enseignant peut renforcer le rôle actif des élèves dans la construction des savoirs en même temps qu'il illustre la complexité des situations d'enseignement-apprentissage en classe.

Références bibliographiques

Abrami, P.C., Chambers, B., Poulsen, C., De Simone, C., d'Apollonia, S. & Howden, J. (1996). *L'apprentissage coopératif: théories, méthodes, activités*. Montréal: Les Éditions de la Chenelière.

Annis, L.F. (1983). The processes and effects of peer tutoring. *Human Learning, 2*(1), 39-47.

Blatchford, P., Kutnick, P., Baines, E. & Galton, M. (2003). Toward a social pedagogy of classroom group work. *International Journal of Educational Research, 39*(1-2), 153-172.

Buchs, C. (2007). Travail en duo sur des textes à l'école primaire: le rôle de la distribution des informations. *Actualités psychologiques, 19*, 73-77.

Buchs, C. (2008). La distribution des informations dans les dispositifs d'apprentissage entre pairs. In Y. Rouiller & K. Lehraus (Eds.), *Vers des apprentissages en coopération: rencontres et perspectives* (pp. 57-80). Berne: Peter Lang.

Buchs, C. & Butera, F. (2009). Is a partner's competence threatening during dyadic cooperative work? It depends on resource interdependence. *European Journal of Psychology of Education, 24*, 145-154.

Buchs, C., Butera, F. & Mugny, G. (2004). Resource interdependence, student interactions and performance in cooperative learning. *Educational Psychology, 24*, 291-314.

Buchs, C., Chanal, J. & Butera, F. (2013). *Dual effects of partner's competence: resource interdependence in cooperative learning at elementary school*. Manuscrit soumis.

Buchs, C., Darnon, C., Quiamzade, A., Mugny, G. & Butera, F. (2008). Régulation des conflits socio-cognitifs et apprentissage. *Revue française de pédagogie, 163*, 105-125.

Buchs, C., Gilles, I., Antonietti, J.-P & Butera, F. (2016). Why students need training to cooperate: A test in statistics learning at university. *Educational Psychology,* 36(5), 956-974.

Buchs, C., Gilles, I., Dutrévis, M. & Butera, F. (2011). Pressure to cooperate: Is positive reward interdependence really needed in cooperative learning? *British Journal of Educational Psychology,* 81(1), 135-146.

Buchs, C., Pulfrey, C., Gabarrot, F. & Butera, F. (2010). Competitive conflict regulation and informational dependence in peer learning. *European Journal of Social Psychology,* 40, 418-435.

Cohen, E.G. (1994a). *Le travail de groupe: Stratégies d'enseignement pour la classe hétérogène.* Montréal: Les Éditions de la Chenelière.

Cohen, E.G. (1994b). Restructuring the classroom: Conditions for productive small groups. *Review of Educational Research,* 64(1), 1-35.

Darnon, C., Buchs, C. & Butera, F. (2006). Apprendre ensemble: buts de performance et buts de maîtrise au sein d'interactions sociales entre apprenants. In B. Galand & E. Bourgeois (Eds.), *(Se) Motiver à apprendre* (pp. 125-134). Paris: Presses universitaires de France.

Doise, W. & Mugny, G. (1997). *Psychologie sociale et développement cognitif.* Paris: A. Colin.

Fuchs, L.S., Fuchs, D., Kazdan, S. & Allen, S. (1999). Effects of peer-assisted learning strategies in reading with and without training in elaborated help giving. *The Elementary School Journal,* 99(3), 201-219.

Gillies, R.M. (2007). *Cooperative learning: Integrating theory and practice.* Thousand Oaks: Sage.

Gillies, R.M. (Ed.) (2015). *Collaborative Learning: Developments in Research and Practice.* New York: Nova Science Publishers.

Gilly, M., Fraisse, J. & Roux, J.-P. (2001). Résolution de problèmes en dyades et progrès cognitifs chez des enfants de 11 à 13 ans: dynamiques interactives et mécanismes sociocognitifs. In A.-N. Perret-Clermont & M. Nicolet (Eds.), *Interagir et connaître* (pp. 79-102). Paris: L'Harmattan.

Golub, M. (2011). *Le travail sur les habiletés coopératives, lors d'une séquence de groupe structurée, en vue d'augmenter les bénéfices de la coopération pour les élèves.* Mémoire de maitrise Analyse et Intervention dans les Systèmes Éducatifs (AISE), Université de Genève.

Golub, M. & Buchs, C. (2014). Preparing pupils to cooperate during cooperative controversy in Grade 6: A way to increase positive interactions and learning? *European Journal of Psychology of Education.* doi: 10.1007/s10212-013-0207-0

Howden, J. & Kopiec, M. (1999). *Structurer le succès: un calendrier d'implantation de la coopération*. Montréal: Les Éditions de la Chenelière.

Howden, J. & Martin, H. (1997). *La coopération au fil des jours: des outils pour apprendre à coopérer*. Montréal : Les Éditions de la Chenelière.

Johnson, D.W. & Johnson, F.P. (2006). *Joining together. Group theory and group skills* (9th edition). Boston: Allyn & Bacon.

Johnson, D.W. & Johnson, R.T. (1989). *Cooperation and competition, theory and research*. Minneapolis: Interaction Book Company.

Johnson, D.W. & Johnson, R.T. (2005). New developments in social interdependence theory. *Genetic, Social, and General Psychology Monographs, 131*, 285-358.

Johnson, D.W. & Johnson, R.T. (2007). *Creative controversy: Intellectual challenge in the classroom*. Minneapolis: Interaction Book Company.

Johnson, D.W. & Johnson, R.T. (2015). Theoretical approches to cooperative learning. In R.M. Gillies (Ed.), *Collaborative Learning: Developments in Research and Practice* (pp. 17-46). New York: Nova Science Publishers.

Johnson, D.W., Johnson, R.T. & Holubec, E. (2008). *Cooperation in the classroom* (8th edition). Minneapolis: Interaction Book Company.

Johnson, D.W., Johnson, R.T., Roy, P. & Zaidman, B. (1985). Oral interaction in cooperative learning groups: Speaking, listening, and the nature of statements made by high-, medium-, and low-achieving students. *The Journal of Psychology, 119*(4), 303-321.

Johnson, D.W., Johnson, R.T., Stanne, M.B. & Garibaldi, A. (1990). Impact of group processing on achievement in cooperative groups. *The Journal of Social Psychology, 130*(4), 507-516.

King, A. (2007). Beyond literal comprehension: A strategy to promote deep understanding of text. In D. S. McNamara (Ed.), *Reading comprehension strategies: Theories, interventions, and technologies.* (pp. 267-290). Mahwah: Erlbaum.

Lambiotte, J.G., Dansereau, D.F., O'Donnell, A.M., Young, M.D., Skaggs, L.P., Hall, R.H. & Rocklin, T.R. (1987). Manipulating cooperative scripts for teaching and learning. *Journal of Educational Psychology, 79*(4), 424-430.

Lou, Y., Abrami, P.C., Spence, J.C., Poulsen, C., Chambers, B. & d'Apollonia, S. (1996). Within-class grouping: A meta-analysis. *Review of Educational Research*, 109-131.

Maehr, M.L. & Midgley, C. (1991). Enhancing student motivation: A schoolwide approach. *Educational Psychologist, 26,* 399-427.

Meece, J.L., Anderman, E.M. & Anderman, L.H. (2006). Classroom goal structure, student motivation, and academic achievement. *Annual Review of Psychology, 57,* 487-503.

Muller Mirza, N. & Buty, C. (Eds.) (2015). *L'argumentation dans les contextes de l'éducation.* Berne: Peter Lang.

Muller Mirza, N. & Perret-Clermont, A.-N. (Eds.) (2009). *Argumentation and education: Theoretical foundations and practices.* Dordrecht, Heidelberg, London, New York: Springer.

O'Donnell, A.M. (1999). Structuring dyadic interaction through scripted cooperation. In A.M. O'Donnell & A. King (Eds.), *Cognitive perspectives on peer learning, the Rutgers invitational symposium on education series* (pp. 179-196). Mahwah: Erlbaum.

Perret-Clermont, A.-N. (1996). *La construction de l'intelligence dans l'interaction sociale.* Berne: Peter Lang.

Perret-Clermont, A.-N. & Nicolet, M. (Eds.) (2001). *Interagir et connaître. Enjeux et régulations sociales dans le développement cognitif.* Paris: L'Harmattan.

Quiamzade, A., Mugny, G., Falomir-Pichastor, J.M. & Chatard, A. (2006). De la psychologie sociale développementale à l'influence sociale dans les tâches d'aptitudes. In R.-V. Joule & P. Huguet (Eds.), *Bilans et perspectives en psychologie sociale* (Vol. 1, pp. 171-205). Grenoble: Presses universitaires de Grenoble.

Rouiller, Y. & Howden, J. (2010). *La pédagogie coopérative: reflets de pratiques et approfondissements.* Montreal: Les Éditions de la Chenelière.

Sarrazin, P., Tessier, D. & Trouilloud, D. (2006). Climat motivationnel instauré par l'enseignant et implication des élèves en classe: l'état des recherches. *Revue française de pédagogie, 157,* 147-177.

Schellens, T., Van Keer, H., De Wever, B. & Valcke, M. (2007). Scripting by assigning roles: Does it improve knowledge construction in asynchronous discussion groups? *Computer-Supported Collaborative Learning, 2,* 225-246.

Sharan, S. (Ed.) (1999). *Handbook of cooperative learning methods.* Westport: Greenwood.

Sharan, Y. (2010). Cooperative learning for academic and social gains: Valued pedagogy problematic practice. *European Journal of Education, 45*(2), 300-310.

Slavin, R.E. (1990). *Cooperative Learning: Theory and Research and Practice*. Englewood Cliffs: Prentice-Hall.

Slavin, R.E. (2014). Cooperative learning and academic achievement: Why does groupwork work? *Anales de Psicologia, 30*(3), 785-791.

Slavin, R.E., Sharan, S., Kagan, S., Hertz-Lazarowitz, R., Webb, C. & Schmuk, R.E. (1985). *Learning to cooperate, cooperating to learn*. New York: Plenum Press.

Stevahn, L., Bennett, B. & Rolheiser, C. (1995). *L'apprentissage coopératif: rencontre du cœur et de l'esprit*. Toronto: Educational Connections.

Webb, N.M. (1985). Student interaction and learning in small groups. A research summary. In R.E. Slavin, S. Sharan, S. Kagan, R. Hertz-Lazarowitz, C. Webb & R. Schmuk (Eds.), *Learning to cooperate, cooperating to learn* (pp. 147-172). New York: Plenum Press.

Webb, N.M. (2009). The teacher's role in promoting collaborative dialogue in the classroom. *British Journal of Educational Psychology, 79*(1), 1-28.

Webb, N.M. & Farivar, S.H. (1994). Promoting helping behavior in cooperative small groups in middle school mathematics. *American Educational Research Journal, 31*(2), 369-395.

Webb, N.M. & Palincsar, A.S. (1996). Group processes in the classroom. In D.C. Berliner & R.C. Calfee (Eds.), *Handbook of educational psychology* (pp. 841-873). New-York: Macmilan.

Yerly, C. (2001). La lettre au courrier des lecteurs. In J. Dolz, M. Noverraz & B. Schneuwly (Eds.), *S'exprimer en français: séquences didactiques pour l'oral et pour l'écrit* (pp. 105-123). Bruxelles: De Boeck.

Créer un objet nouveau en classe.
Un dispositif d'innovation pédagogique et d'observation[1]

Anne-Nelly Perret-Clermont et Marcelo Giglio

POUR APPRENDRE: FAUT-IL IMITER ET REPRODUIRE?
OU CRÉER DE NOUVEAUX OBJETS?

La diffusion massive d'une certaine interprétation des travaux de Vygotski, de Bruner, et des chercheurs qui se sont inspirés de ces auteurs, a transformé en lieu commun une vision de l'interaction enseignant[2] – élèves qui n'est fidèle ni à ses inspirateurs ni à la réalité.[3] Nous allons commencer par décrire ce «lieu commun» pour pouvoir montrer ensuite comment, en prenant le contre-pied de cette théorie, s'ouvrent des horizons nouveaux tant pour l'étude des processus d'enseignement-apprentissage que pour le développement de compétences professionnelles. Nous espérons donc inviter à une approche critique de cette représentation sociale; et mettre à disposition des formateurs d'enseignants (voire des enseignants eux-mêmes) une méthodologie qui puisse, d'une part, leur permettre de se situer comme acteurs principaux d'une

---

[1] Cette recherche s'est inscrite dans le cadre du projet Knowledge Practices Laboratory (KP-Lab) du 6e Programme-cadre européen (www.kp-lab.org) que nous remercions de son soutien.

[2] Nous utilisons le masculin par commodité, mais il est bien évident que notre intention est de décrire le rôle de l'enseignant dans sa complexité et que celui-ci engage autant les hommes que les femmes. Les différences de genre n'ont pas (encore) fait l'objet d'analyses de notre part dans ce corpus. Il en va de même pour les élèves, garçons et filles.

[3] Nous parlons bien ici de la caricature (représentation sociale) que l'on retrouve trop souvent et non pas du modèle théorique lui-même, infiniment plus riche et fécond.

scène sur laquelle ils créent des occasions pour leurs élèves d'être engagés, eux aussi, dans des activités créatives; et, d'autre part, tant que professionnels, de conduire une observation critique de ce qui s'y passe de façon à pouvoir ajuster leurs actions au fur et à mesure et élargir leurs connaissances des processus en jeu. Formateurs d'enseignants, enseignants, élèves et chercheurs s'accompagnent mutuellement dans leurs tentatives, autocritiques et réflexives, de mener à bien leurs activités. La réussite de la création d'un objet est au centre de ces activités. Dans l'exemple étudié, cet objet est différent pour chaque catégorie d'acteurs même si leurs actions sont conjointes: pour les élèves, il s'agit de composer une petite pièce musicale à présenter devant la classe; pour l'enseignant il s'agit de rendre possibles ces créations par les élèves et d'en améliorer la qualité grâce à des savoirs enseignés de façon contextualisée au moment adéquat (*just-on-time*); pour les formateurs d'enseignants, il s'agit de pouvoir ajuster les informations et soutiens à apporter aux stagiaires en fonction d'observations précises de leurs besoins, difficultés et stratégies, mais aussi des conduites des élèves ainsi que des interactions maître-élèves; pour les chercheurs c'est l'occasion d'apporter des ressources conceptuelles et un soutien méthodologique au service de ces observations; d'avoir comme objet d'étude non pas des sujets «à la 3ᵉ personne» dont on parle («ils font», «ils disent», «ils pensent», etc.) mais, avec des partenaires qui s'expriment en «1ᵉʳᵉ personne» («je souhaite», «je prévois», «je réagis», «je fais l'hypothèse», etc.), de pouvoir observer, *in situ* et dans le temps, des dynamiques sociocognitives complexes et leurs fruits.

L'objet d'étude est alors le triangle pédagogique (Engeström, 1987; Schubauer-Leoni, Perret-Clermont & Grossen, 1992; Chapman, 1991; Houssaye, 2000; Zittoun, Gillepsie, Cornish & Psaltis, 2007) en mouvement, dans sa dynamique, avec ses heurs et ses malentendus.

DÉPASSER UNE THÉORIE PSEUDO-VYGOTSKIENNE RÉDUCTRICE

Dans la représentation sociale de l'activité d'enseignement-apprentissage qui circule et nous préoccupe, l'apprentissage est souvent vu comme une fin en soi, indépendante du contexte d'ensemble des activités qui le permettent, et comme n'ayant aucun lien avec la *création* de savoirs. Apprendre semble n'avoir comme finalité que l'acquisition de savoirs et de compétences définis de façon plus ou moins abstraite. De plus, le rapport de l'enseignant ou de l'élève aux objets ne retient guère

Créer un objet nouveau en classe 211

l'attention, celle-ci étant braquée sur le savoir au point, parfois même, de confondre l'objet et le savoir. Enseigner se réduirait à un partage des connaissances possédées par l'expert. Il est comme postulé qu'il va de soi que tout élève réputé «normal» entrera en matière dans l'activité proposée par l'enseignant, répondra à son désir de transmission et s'engagera non seulement pour accomplir la tâche imposée mais aussi pour s'approprier les savoirs que l'effectuation de cette tâche est supposée faire naître. Cette représentation voit l'expert comme une sorte d'image de l'état que l'élève doit atteindre et envisage ce dernier s'identifiant suffisamment à l'enseignant pour souhaiter s'approprier ses connaissances à travers l'activité conjointe. D'intérêt propre pour l'objet de la part de l'une ou l'autre de ces personnes (enseignant, élève), on ne parle pas.

En ce qui concerne l'enseignant, cette représentation pseudo-vygotskienne fait comme si, porteur de connaissances, il allait quasi naturellement savoir ajuster ses discours et actions à celles de l'élève de façon à le soutenir tant dans sa participation à l'action que dans ses efforts d'apprentissage. Il rejoindrait (par instinct?) la zone proximale de développement du novice, étayerait naturellement l'action et le discours de l'apprenant pour en garantir la réussite et celle-ci, en retour, donnerait sens à cette activité. Ce faisant, l'expert fournirait aussi des ressources sémiotiques au novice qui, peu à peu, deviendrait capable de réaliser seul ce à quoi il ne savait que participer jusqu'à présent. Le novice se mettrait à élaborer alors son propre discours et sa propre réflexion – mais on ne voit guère comment ce discours de l'enseignant et ses savoirs pourraient devenir une réalité propre de l'élève alors que ce dernier est confiné dans un rôle d'imitateur.

Redécouvrir le plaisir de créer des objets

Pour contribuer à dépasser cette représentation sociale très réductrice de la situation d'enseignement-apprentissage nous allons exposer ici une démarche (tant pédagogique que de recherche scientifique) qui cherche à redonner, au sein d'une approche vygotskienne, une place à l'objet et à l'intérêt de l'élève pour l'objet. Cette démarche vise aussi à instrumenter les enseignants en formation avec une méthodologie leur permettant d'observer, à des fins professionnelles, la complexité de la situation d'enseignement-apprentissage. Nous emprunterons à Claparède (1931) et à Piaget (1947) l'hypothèse selon laquelle l'activité propre de l'enfant, et en particulier son intérêt, joue un rôle fondamental dans l'apprentissage. Nous nous inscrivons ainsi dans une longue tradition, reprise notamment par le philosophe Henri Bergson, le biologiste Jean Piaget et les pédagogues de l'École active, en considérant que la créativité caractérise le vivant: une pensée vivante est une pensée créative qui s'approprie des savoirs pour répondre à des problèmes qu'elle se pose dans son rapport au monde, y compris au monde des objets et des personnes (et pas au seul monde abstrait des idées et des savoirs). Cette appropriation s'accompagne nécessairement d'une forme de «traduction», tirant un savoir de son contexte initial (celui de sa genèse) pour le «translater» (le faire passer) dans le contexte actuel qui préoccupe le penseur. Ce déplacement nécessite plus ou moins d'ajustements. C'est un processus de réappropriation, de transformation d'un outil en instrument (Rabardel, 1995), qui est marqué par les motifs d'intérêt de la personne concernée et par les exigences du contexte *hic et nunc*. Il comprend nécessairement une part de créativité. Il est important de travailler à mettre en évidence ce rôle essentiel de la créativité dans l'apprentissage, notamment dans sa double dimension d'accommodation bien décrite par Piaget: créativité comme travail d'accommodation de l'objet (matériel ou conceptuel) avec le plaisir d'agir, de faire, de comprendre, de maîtriser et de prévoir; créativité comme transformation des schèmes mentaux pour les adapter à la réalité des objets (matériels ou conceptuels) à saisir. Ces schèmes concernent la perception, la mémoire mais aussi la possibilité de se les représenter voire de les imaginer autres, selon les vues de l'esprit, lui-même toujours créatif. Plaisir ludique mais aussi un plaisir à se sentir vivant, à expérimenter ses forces et ses potentialités, à s'imaginer dans un ailleurs, à se projeter dans un monde en création, à découvrir le face-à-face avec cet objet qui est comme une extériorisation d'une partie de soi et qui, en même temps, revêt une autonomie propre: tout être humain peut le ressentir en ayant l'occasion d'être actif et de créer des objets. Ce plaisir peut entrer en résonance avec celui des compagnons d'aventure d'une action conjointe, à condition que ceux-ci (adultes et camarades), grâce à un cadre adéquat, respectent l'espace propre de chacun et sa possibilité d'initiative.

Un enjeu pour l'école

Dans la représentation sociale courante de l'enseignement-apprentissage, lorsque l'expert a partagé son savoir, ce dernier peut valider cet apprentissage et reconnaître l'élève comme un nouvel expert de la question apprise à condition que l'élève démontre le mettre en œuvre de la façon attendue par l'expert. La connaissance, initialement présente chez l'enseignant, est alors considérée comme reproduite chez l'élève. Mais cette représentation sociale ne fait pas explicitement place ni à la créativité du novice qui viendrait enrichir celle de l'expert, ni à une coconstruction d'objets (matériels ou conceptuels) nouveaux qui naîtraient de cette interaction enseignant-élève. Une telle représentation sociale est très conservatrice du point de vue socio-cognitif: en effet, elle offre une explication de comment se *reproduisent* les savoirs des maîtres, mais elle ne permet pas de comprendre comment surgissent des savoirs *nouveaux* dans une société. Elle n'invite pas à découvrir comment peuvent naître de l'interaction entre experts, mais aussi entre experts et novices, des solutions nouvelles. Or, notre époque demande de plus en plus explicitement à l'école de développer ce genre de compétences à l'innovation: résoudre des problèmes nouveaux, créer conjointement des solutions dans des situations complexes, gérer des actions et des connaissances distribuées au sein d'une équipe, anticiper des actions qui n'ont pas encore eu lieu en s'y ajustant mutuellement, se souvenir de solutions coconstruites pour en faire des «acquis» c'est-à-dire des savoirs validés et reproductibles, trouver des solutions à des problèmes imprévus. Il est important que l'école puisse faire recours à une psychologie de l'apprentissage qui s'intéresse à ces compétences et qui permette de redessiner les activités respectives des enseignants et des élèves de façon à permettre et nourrir leur éclosion.

Remarquons aussi que cette représentation sociale que nous voulons revisiter (comme d'autres chercheurs, par exemple: Fernandez, Wegerif, Mercer & Rojas-Drummond, 2001), reprend les travaux d'origine de Bruner (Wood, Bruner & Ross, 1976; Bruner, 1983) mais en ne tenant aucun compte du fait qu'ils portaient sur la relation entre la mère et son très jeune enfant ou sur la relation entre des éducateurs (éducatrices surtout) et de jeunes enfants (par exemple: Wertsch, 1988; Rogoff, 1990). La généralisation est naïve et distord le regard porté sur d'autres relations. Les propriétés de la relation spécifique entre une mère et un jeune enfant ne se retrouvent pas à l'identique dans une relation institutionnelle différente, par exemple celle d'un enseignant avec un élève (voire plutôt d'un enseignant avec un large groupe d'élèves en classe). Tous les apprentissages ne naissent pas uniquement de ce type de relation (même si la puissance de ces apprentissages initiaux est certes fascinante). De plus, la représentation sociale courante tend à idéaliser cette relation «maternante» ce qui contribue aussi à distordre le regard.

Elle néglige aussi le fait que, dans ses travaux, Vygostki (1925/1971; 1930/2004; 1931/1994) étudiait la créativité; et que Bruner ainsi que ses successeurs (par exemple: Barth, 2004) considèrent que les découvertes actives de l'apprenant ont un rôle essentiel. Différents courants de recherche (Bruner, 1996; Edwards & Mercer, 1987; Mehan, 1979) rendent attentifs au rôle fondamental de l'enseignant non seulement dans la transmission des connaissances mais aussi dans la mise en place de différents formats d'interaction au sein de la classe avec des styles communicationnels adaptés aux différentes tâches et buts recherchés (César & Kumpulainen, 2009; Mercer, 1995; Mercer, Wegerif & Dawes, 1999; Schwarz, 2009). Ces buts ne peuvent pas être confondus avec (ou réduits à) des enjeux, importants à un moment du développement, qui se limiteraient à séduire et à susciter l'imitation d'une figure maternelle.

L'APPRENTISSAGE D'UNE CONNAISSANCE S'ACCOMPAGNE DE L'APPRENTISSAGE D'UN MODE D'INTERACTION ET D'UNE POSTURE À L'ÉGARD DU SAVOIR

En laboratoire, l'étude expérimentale d'interactions dyadiques entre experts et novices (Tartas, Baucal & Perret-Clermont, 2010; Tartas & Perret-Clermont, 2008) montre que ce qui est appris n'est pas seulement une connaissance, mais aussi un format d'interaction, un mode d'interaction. Le transfert de ces apprentissages dans de nouvelles relations ne va pas de soi, et d'autant moins si le novice pense qu'il s'agit de normes langagières ou de règles d'action auxquelles il s'agirait essentiellement de se conformer alors même que ce n'est pas cela que l'expérimentateur attend des enfants.

Piaget avait déjà attiré l'attention sur le rôle essentiel de l'apprenant qui ne peut répondre à une question (et donc, apprendre) que lorsqu'il se la pose vraiment. Il faut qu'un «conflit» naisse d'une contradiction entre ses attentes et ce qu'il perçoit de la réalité: il y a alors un «conflit cognitif» qu'il lui faut résoudre pour ne pas demeurer dans un sentiment de déséquilibre (Inhelder, Sinclair & Bovet, 1974; Piaget, 1947). Il a été montré par la suite que ce conflit cognitif est le plus souvent, en fait, un conflit «socio-cognitif» car naissant non pas d'un feed-back «silencieux» de la réalité, mais d'une opposition de points de vue entre personnes. Pour qu'il y ait apprentissage, les travaux sur le conflit socio-cognitif ont démontré qu'il n'est pas toujours indispensable qu'il y ait un expert: des novices interagissant entre eux sont également susceptibles, dans certaines conditions assez précises, de faire des apprentissages en créant des connaissances nouvelles (Ames & Murray, 1982; Doise & Mugny, 1981; Howe, 2010; Littleton & Howe, 2010; Littleton & Light 1999; Perret-Clermont, Grossen, Nicolet & Schubauer-Leoni, 1996; Schwarz, Perret-Clermont, Trognon & Marro Clément, 2008). Ces résultats peuvent être lus comme éclairant sous un jour nouveau la relation interpersonnelle qui permet l'apprentissage: elle n'est pas nécessairement asymétrique et transmissive. Ces résultats montrent que des novices interagissant entre eux sont parfois susceptibles de produire des connaissances nouvelles qu'aucun d'eux ne détenait avant. Ils attirent aussi l'attention sur les conditions qui permettent non seulement la transmission de savoirs déjà maîtrisés par l'un des partenaires de l'interaction mais aussi la création de savoirs nouveaux pour les uns et les autres. Et ceci est d'importance pour qui veut comprendre l'élaboration de la pensée et ne pas se limiter à la seule description de la reproduction de savoirs déjà détenus. Créer un objet nouveau (matériel ou conceptuel) nécessite de faire quelque chose de neuf avec de l'ancien, individuellement ou collectivement. Comment cela se fait-il? Comment un enseignant peut-il soutenir ce processus? On ne le sait guère. La conversation a des règles et les processus cognitifs en jeu dans ces conversations sont dialogiques. Il peut être intéressant de les observer de près et c'est un des buts de la méthodologie qui sera présentée ci-dessous.

QUEL EST L'OBJET DE L'ACTIVITÉ CONJOINTE?

Il existe souvent un flou quant à l'intention des activités pédagogiques: s'agit-il de réaliser au mieux la tâche, de trouver une solution, de créer un objet ou de produire un résultat fort attendu (et souvent sanctionné à l'école par une note)? Ou bien est-il prioritaire d'apprendre (au sens de développer des savoirs conscients et parfois abstraits), la tâche n'étant que le prétexte à l'apprentissage et non pas une fin en soi? Très souvent le programme scolaire, voire l'enseignant, visent l'apprentissage tandis que l'élève croit devoir s'adonner prioritairement à l'effectuation réussie de la tâche (et ceci d'autant plus si elle fait l'objet d'une note). Or, d'un point de vue scientifique, l'on sait souvent peu de choses des rapports entre effectuation réussie et apprentissage: l'un n'entraîne pas nécessairement l'autre.

Des études s'appuyant sur la théorie de l'activité (par exemple: Engeström, 1987; Engeström, Riettiner & Punamäki, 1999; Muller Mirza, 2005; Hakkarainen *et al.*, 2006; Burnard & Younker, 2008; Muller Mirza & Perret-Clermont, 2008a; Ludvigsen, Lund, Rasmussen & Säljö, 2011) invitent à revisiter ces travaux sur l'enseignement-apprentissage en s'interrogeant plus systématiquement sur l'objectif de l'activité dans laquelle enseignant et élèves sont engagés: le but officiel en est généralement la transmission de savoirs – mais est-ce bien ce qui se passe dans les faits? L'observation (Perret, 1985; Perret & Perret-Clermont, 2004) montre qu'il s'agit là d'une ambition qui reste souvent formulée de façon approximative et abstraite, suivie d'une opérationnalisation souvent soignée mais sans vérification scientifique que l'objectif visé est atteint. Du point de vue des élèves, il est souvent surtout question de réussir au plus vite l'effectuation des tâches prescrites par l'enseignant, conformément à un jeu d'exigences institutionnelles. Et l'enseignant, comment gère-t-il, consciemment ou non, le double enjeu: réussir la tâche et apprendre? Comment se joue la division institutionnelle des rôles entre maître et élèves, la place des outils et des objets, l'adaptation réciproque des buts, souvent implicites, de chacun?

Dans le prolongement de ces interrogations, on pourra aussi se demander à quelles conditions le savoir enseignant est transmissible. Par exemple, si un enseignant parvient à enseigner de façon satisfaisante à ses élèves, sera-t-il capable pour autant de transmettre son savoir-faire à des collègues enseignants ou à de jeunes stagiaires en formation? Quels problèmes rencontrera ce transfert? Qu'est-ce qui le facilite? Très souvent les «méthodes pédagogiques» ont été présentées comme si elles avaient une existence en soi. Mais en fait, elles n'existent que par leur contextualisation et sont dépendantes de l'interprétation qu'en font ceux qui les utilisent en fonction de l'insertion institutionnelle de leur activité, de l'évolution de la classe, de leurs buts et de nombreuses autres réalités, souvent implicites, qui sous-tendent la situation. Il en résulte que chaque utilisation d'une «méthode pédagogique» est chaque fois une «nouvelle édition», différente, parfois même peu comparable, des précédentes (Bonvin, 2008; Cardinet & Weiss, 1976; Muller Mirza & Perret-Clermont, 2008b; Sandoval, 2002). Le recours à une méthode place l'enseignant nécessairement devant une sorte de paradoxe: elle lui offre un cadre et des ressources pour guider son action mais, en même temps, il lui faut rester créatif pour accommoder cet instrument aux conditions du terrain. Quelles sont les conditions d'indépendance et d'«agentivité» de l'enseignant face à ce qu'une méthode semble prescrire? Comment un formateur peut-il à la fois informer, «former» et soutenir l'innovation? L'apprenant enseignant, tout comme l'élève, a besoin d'un cadre à la fois sécure et ouvert, permettant la création mais aussi l'appropriation de savoirs détenus par d'autres qui ne restent pas abstraits et puissent s'inscrire *just in time* dans l'action.

Si le rôle de l'enseignant n'est donc pas uniquement de transmettre, si les pairs sont susceptibles d'avoir un rôle dans les progrès cognitifs de l'apprenant, alors comment faire avancer la compréhension des différentes modalités d'action de l'enseignant et comment les y former? Nous allons travailler ces questions d'une part en raison de l'intérêt scientifique d'une saisie sur le vif des processus évoqués ci-dessus; et d'autre part en raison de nos intérêts pour le terrain professionnel puisque l'un d'entre nous (Marcelo Giglio), après avoir été musicien, est formateur d'enseignants et en charge de développer des programmes de recherche sur les processus d'apprentissage et de formation. À tous les niveaux, il s'agit de permettre l'expression de la créativité de la personne qui apprend (que ce soit l'enfant élève ou l'adulte en perfectionnement professionnel).

SE DOTER D'UNE MÉTHODOLOGIE D'OBSERVATION

OBSERVER CES PROCESSUS: EXEMPLE DANS UNE SITUATION DE CRÉATION MUSICALE EN CLASSE

Nous ne tenterons pas de justifier ici le choix de la musique comme objet pour cette recherche, vu qu'il est né de nos prédilections personnelles et des circonstances. Mais remarquons d'emblée qu'il ne s'agit pas d'une discipline mineure ni en ce qui concerne les traditions scolaires (la musique s'enseigne comme branche scolaire depuis l'Antiquité et dans presque tous les pays du monde) ni en termes de la complexité des savoirs en jeu. Giglio a fait remarquer que même si les programmes scolaires contemporains insistent sur l'importance de favoriser la créativité musicale, dans les faits, presque toujours l'école privilégie un répertoire à écouter, la lecture, le chant voire l'interprétation instrumentale, mais semble négliger (ou être désemparée devant) l'activité de création musicale (Giglio, 2006; Giglio & Oberholzer, 2006). Pourtant, l'observation des activités musicales des jeunes hors de l'école révèle que non seulement ils sont capables de créer de la musique, mais qu'en plus cela leur plaît énormément – la place qu'elle tient dans leurs loisirs avec leurs camarades est bien connue.

Notre démarche a pour intention d'examiner comment faire une place à l'activité de création musicale au sein des activités en classe, ceci en s'appuyant sur une démarche d'observation *in situ*, notamment des savoir-faire nécessaires de la part de l'enseignant. Nous cherchons donc à développer une méthodologie d'observation qui permette de reprendre les questions évoquées ci-dessus: observer des élèves en train de créer (en l'occurrence des objets musicaux); observer des élèves acquérant et mettant utilement en jeu des savoirs détenus par l'enseignant; observer les rapports entre activité de réalisation et apprentissage avec une attention particulière portée aux prises de conscience, aux formulations de solutions techniques, aux appropriations d'apports externes, etc.

À cette fin, Giglio a développé progressivement des séquences pédagogiques (Giglio, 2010, 2013, 2015; Giglio & Perret-Clermont, 2010) qui mettent en leur centre la création collective de compositions musicales puis leur enrichissement progressif par des apports de l'enseignant en fonction des besoins des élèves ou des désirs de créer des ouvertures de la part de l'enseignant. Ces séquences pédagogiques, Giglio les a d'abord perfectionnées à travers différents essais avec ses propres élèves. Ensuite il les a mises dans les mains des stagiaires dont il avait la responsabilité et en a observé le fonctionnement. Et pour finir, il les a transmises à d'autres enseignants de différents pays, en les accompagnants d'un dispositif d'observation. Parallèlement donc à l'activité pédagogique, un dispositif d'observation, partiellement inspiré de celui d'autres chercheures (Schubauer-Leoni, 1986; Schubauer-Leoni & Leutenegger, 2002), comprenant auto-observations, enregistrements audio et vidéo, travail réflexif avec les élèves et entretiens *post hoc* avec les enseignants, permet, tant aux enseignants qu'aux formateurs-chercheurs, de capter des informations sur ce qui se passe.

Le dispositif d'action et d'observation

Ce dispositif d'innovation pédagogique et de recherche «Prédire, décrire et observer» (Giglio & Perret-Clermont, 2012) comprend plusieurs volets:
1) des séquences pédagogiques itératives conçues par Giglio avec l'intention de: a) offrir un espace dans lequel les élèves peuvent créer en

petits groupes un objet musical et, à cette occasion, ressentir la nécessité de développer des solutions ou d'acquérir des savoirs; b) délimiter des temps d'enseignement articulés à cette activité de production de la part des élèves;
2) un effort de la part de l'enseignant pour se représenter la scène pédagogique et se préparer à l'observer de façon à être sensible à ce qui s'y passe, notamment en matière d'imprévus. À cette fin, l'enseignant, avant chaque itération de la séquence, consigne par écrit, aussi précisément que possible mais de façon relativement spontanée, sa préparation de cette action pédagogique et comment il se représente son déroulement (difficultés attendues de la part de la classe dans son ensemble ou d'élèves en particulier, ajustements prévus, tâches au contraire prévues comme aisées, hypothèses sur les conduites des apprenants, durée de l'activité, etc.);
3) un enregistrement audio et vidéo du déroulement de la leçon; et un recueil des traces écrites laissées par les élèves;
4) un «mini récital» (également enregistré) au cours duquel les groupes d'élèves exécutent leurs compositions devant toute la classe;
5) une réflexion, après le mini récital, au cours de laquelle l'enseignant engage une discussion avec la classe et l'un des élèves, muni d'un enregistreur tel un animateur de radio-télévision, fait le tour de chaque élève (la classe est assise en rond) en lui demandant de commenter son expérience (activité de composition, usage des ressources et savoirs déjà en sa possession, travail de groupe, production, etc.);
6) un travail de confrontation de la part de l'enseignant entre ses attentes et prédictions initiales (telles qu'il les avait consignées) et ce qui s'est effectivement passé;
7) de plus, certains enseignants ont accepté d'être aussi interviewés, seuls ou en groupe, en visionnant les enregistrements selon une démarche inspirée de l'entretien en autoconfrontation croisée (Clot, Faïta, Fernandez & Scheller, 2001).

La structure itérative des séquences pédagogiques

Des séquences pédagogiques ont donc été peu à peu développées, qui consistent en une invitation faite aux élèves, âgés en général de 6 à 13 ans, de créer en petits groupes une mélodie ou un rythme. Ces séquences pédagogiques tentent de reproduire, dans une certaine mesure, les conditions de «travail» des jeunes qui ont été observés hors de l'école composant en groupe de musiciens en herbe, se montrant en mini récital, développent leurs commentaires en cercle de discussion, etc. Ces séquences sont ici accompagnées de phases d'enseignement visant à élargir les savoirs des élèves et à les outiller pour faire face aux difficultés qu'ils rencontrent.

Ces séquences pédagogiques ont pris la forme générale suivante qui est itérative (une fois la phase 5 achevée, une autre activité proche s'enchaîne, débutant à nouveau par une phase 1, et visant à mettre à profit les savoirs acquis lors de la première itération):

Phase 1	L'enseignant présente aux élèves l'activité à réaliser: par exemple la composition d'une mélodie ou d'un rythme.
Phase 2	Composition de la mélodie ou du rythme par les petits groupes d'élèves avec des instruments simples de l'école: synthétiseur, antaras, flûtes de Pan et percussions en Argentine; xylophones, pianos et percussions au Canada (figure 1); flûte à bec, guitares et percussions au Brésil; xylophones, métallophones et percussions en Suisse.
Phase 3	Mini-récital: présentation par les groupes de leur composition (figure 1).
Phase 4	Discussion avec l'ensemble de la classe: l'enseignant invite les élèves à parler de leurs productions et à réfléchir sur leur mode de travail et leur usage des ressources et savoirs déjà en leur possession (figure 1).
Phase 5	L'enseignant transmet (même parfois de façon très formelle) de nouveaux savoirs afin d'offrir aux élèves de nouvelles ressources pour enrichir leurs futures productions, leurs modes de travail, leurs prises de conscience de ce qui est en jeu, leurs réflexions.
Phase 6 = Phase 1	L'enseignant présente aux élèves une nouvelle activité à réaliser qui tirera profit de leur expérience acquise et des nouveaux savoirs. Le but reste la création et le récital.
Phase 2, etc.	

Figure 1. Images des différentes phases (2, 3 et 4-5)
d'une séquence pédagogique.

QUELQUES EXEMPLES PARMI LES OBSERVATIONS RECUEILLIES

Nous allons présenter ici quelques-unes de nos observations en rapport avec les principales questions de recherche que nous avons présentées. Elles ne sont qu'un premier aperçu pour donner une idée de la richesse et des potentialités du corpus que notre méthodologie permet de recueillir.[4]

PLACER L'ACTIVITÉ CRÉATIVE DE L'ÉLÈVE AU CENTRE D'UNE LEÇON: OUI, C'EST POSSIBLE

Le premier résultat est le constat qu'il y a effectivement moyen, à certaines conditions, de placer l'activité créative de groupes d'élèves au centre d'une leçon en classe (et ceci même lorsque le mobilier scolaire n'est pas prévu à cet effet). Les élèves peuvent réussir à créer un rythme ou une mélodie et à le donner en spectacle, et ceci dans des contextes scolaires fort différents. Une fois la tâche comprise, on observe chez les

---

4 Afin d'en améliorer l'intelligibilité des extraits illustrés, nous utilisons une convention de symboles de la manière suivante:
 - chaque pause de 2 secondes est signalée par une barre oblique {//=4 secondes}
 - l'ajout d'un complément de phrase ou d'une explication du contexte est écrit entre deux crochets [ ]
 - les passages supprimés et qui ne nous semblent pas nécessaires pour ce chapitre sont marqués entre deux parenthèses (…)
 - les dernières syllabes tenues sont signalées par des points de suspension …

élèves un enthousiasme réel à produire une pièce musicale, à l'écrire et à l'exécuter devant le public de la classe. L'objet est au centre de l'activité, il naît de leurs efforts.

Les productions sonores des élèves prennent différentes formes (voir les exemples donnés dans la figure 2 à titre d'illustration) que nous n'allons pas décrire ici. Et leurs productions écrites (ébauches de partitions) dénotent des stratégies diverses avec des problèmes techniques de différentes natures (que l'enseignant pourra éventuellement reprendre ultérieurement dans les phases 5) mais ces difficultés ne les empêchent pas d'avancer dans leur entreprise de composition musicale.

Mais force est de constater que si cette séquence, qui offre aux élèves un espace pour créer, n'est pas difficile à mettre en œuvre, cela ne va pas cependant toujours de soi pour tous les enseignants ni pour tous les élèves. Le dispositif nous permet d'investiguer pourquoi, notamment grâce aux consignations que les enseignants ont faites de leurs attentes et prédictions avant l'action. Voyons ce qu'il en ressort.

LES PRÉDICTIONS DES ENSEIGNANTS RÉVÈLENT DES CRAINTES QUI AURAIENT PU ÊTRE PARALYSANTES SANS SOUTIEN

Certains enseignants ne pensaient pas qu'une telle séquence pédagogique pouvait fonctionner dans leur classe et essayaient avec une certaine réticence voire beaucoup de craintes. Par exemple, certains enseignants prédisent que les élèves (et en conséquence eux-mêmes) rencontreront beaucoup de difficultés durant la tâche de composition musicale (phase 2):

> Au début de la préparation, les élèves vont être un peu perdus. Il faudra que je les laisse le plus possible se débrouiller tout seuls mais si je vois que ça ne marche pas du tout, je m'approcherai du groupe pour l'aider. Ils risquent également de ne pas très bien s'entendre dans le groupe, mais ils vont devoir se mettre d'accord assez vite pour pouvoir faire une production à la fin du temps imparti. (Prédictions de l'enseignante Hélène – classe avec des élèves de 11-12 ans en Suisse)

> Une fois la phase 2 entamée, il faudra peut-être expliquer à nouveau la consigne à certains groupes. Il faudra beaucoup de temps aux groupes pour commencer et pour prendre des décisions; peut-être ils ne voudront pas passer à jouer ce qu'ils produisent ou ils demanderont de présenter leur création depuis leur table (phase 3), ce problème va me poser le défi de trouver

Créer un objet nouveau en classe

d'autres manières de les motiver[5]. (Prédiction de l'enseignant Sergio – classe avec des élèves de 12-13 ans en Argentine)

Ils craignent aussi parfois que la phase 4 (donc celle au cours de laquelle une réflexion collective animée par l'enseignant vise à faire réfléchir les élèves sur les démarches dans lesquelles ils se sont engagés) ne se déroule pas bien:

> Il faudra faire très attention à ce que je demande et à comment je relance les dires des élèves: comment réussir à lire la partition? J'espère, cette fois-ci, que je vais me faire comprendre par les élèves. J'ai l'impression que c'est difficile pour eux de réfléchir sur leurs démarches. (Prédictions de l'enseignante Hélène en Suisse).

Mais d'autres enseignants, par contre, ne s'attendent pas à des difficultés. Nous remarquons cependant qu'il s'agit souvent d'enseignants qui se sont déjà familiarisés avec la démarche lors d'itérations antérieures: ils ont pris confiance. Notre impression est que plus le champ d'initiative créative laissé aux élèves est grand, plus l'enseignant craint l'imprévu de ce qui pourrait s'y dérouler et que l'objet lui échappe. Mais, après quelques essais, il commence à avoir une image plus précise et informée de ce qui peut s'y passer et est rassuré.

LES ÉLÈVES S'INVESTISSENT DANS LA TÂCHE ET CHERCHENT À RÉUSSIR

L'objet de l'activité (la tâche de composition) de la phase 2 semble avoir été facilement investi par la plupart des élèves. Cet extrait d'un propos d'élève (recueilli durant la phase 4) en témoigne. Répondant à notre question «Comment vous avez composé ensemble la pièce musicale?», l'élève Mateo (11 ans – en Suisse) déclare:

> […] et pis après on a essayé de faire chacun quelque chose qu'on pensait être bien pis après on a tout réuni ensemble et on l'a.., on l'a faite et pis on a fait

---

5 "Una vez iniciada la fase 2 quizás haya que volver a explicar la consigna a algunos de los grupos; a todos les llevará un tiempo empezar y tomar decisiones; tal vez no quieran pasar a tocar lo que produjeron o pidan presentarlo desde el banco (fase 3), cuestión que me va a desafiar para encontrar otras maneras de motivación".

des améliorations. Par exemple, j'ai dit, c'est un exemple, j'ai dit à Sacha qui fallait peut-être pas faire ça, ou faire des autres choses on s'est entraidé.

Sa camarade Laura (12 ans) continue:

Ben en fait, on a travaillé un peu seuls, on trouvait des partitions, on cherchait, on devait se débrouiller tout seuls un moment et après on a essayé de rassembler tout et pis euh on a, euh on a un peu enlevé ce qui était de trop euh, d'ailleurs où euh… Pis de la poser.

Par contre, la phase 4 de discussion générale et de réflexion sur la démarche (dont l'objet est effectivement beaucoup moins clair et plus abstrait), c'est nouveau! Les élèves ne comprennent pas toujours d'emblée ce que l'on attend d'eux. Nous avons interrogé des élèves sur leur expérience de la phase 4 en leur demandant de nous raconter comment ils ont réfléchi et discuté avec l'enseignant et leurs camarades de leurs démarches. Mateo:

On n'a pas d'idée. Pas d'idée tout de suite. Parce que bon les questions on ne les entend pas directement, alors elles sont compliquées pour la plupart et alors on ne comprend pas ce qu'il faut faire. […] parce que quand il y en a un qui comprend, il commence à dire ben c'est plutôt on répète ce qu'il dit, mais en arrangeant un peu. […] Euh, ben ouais c'est comme elle dit ouais on recopie un peu, mais en arrangeant les choses, mais au fond d'eux peut-être qu'ils n'ont pas tout à fait compris ben par exemple moi l'autre fois quand on a enregistré, j'avais pas tellement compris, mais je disais ce que les autres ont dit, mais en rajoutant un peu ce que je pensais. Et quand on s'entend parler, on a envie de dire ouais, faut dire ça, et dire ça… .

Mateo nous livre là un joli exemple de l'effort d'un élève pour rejoindre l'attente de l'enseignant, trouver du sens à une activité imposée et avancer (sans trop comprendre la direction)! Il nous faudra à nouveau réfléchir à cette phase dont l'objet (en l'occurrence l'objet de cette activité est: verbaliser et conceptualiser ce qui s'est passé) n'est probablement pas un «vrai objet» pour les enfants (même s'il l'est pour des psychopédagogues).

Créer un objet nouveau en classe 225

DES ENSEIGNANTS POSITIVEMENT SURPRIS PAR LES ATTITUDES ET RÉALISATIONS DES ÉLÈVES

Il est intéressant de considérer la différence entre ce que les enseignants prédisent avant l'action et ce qu'ils remarquent après la leçon.

Chez l'enseignant Sergio, par exemple, ce ne sont pas ses prédictions qui évoquent ses inquiétudes, mais ses notes après la leçon (avec des élèves de 12 à 13 ans). C'est cet exercice de retour sur l'expérience qui semble lui faire prendre conscience que, dans le fond, il se sentait très tendu:

> Je me suis senti mis sous pression en croyant que tout allait mal se passer, j'ai souffert et j'étais inconfortable et je cherchais comment j'allais pouvoir sauver la situation. Quand les groupes ont commencé à écrire leur composition, je croyais qu'ils n'avaient rien compris, que je n'avais pas su leur expliquer la démarche et je m'attendais au pire résultat. Mais il n'en fut point ainsi. Quand j'ai commencé à parcourir les groupes, j'ai remarqué qu'ils travaillaient bien et que les partitions émergeaient avec créativité, ce que j'ai pu vérifier quand ils ont restitué ce qui avait été produit.[6] (Notes de Sergio après la leçon)

Cet enseignant, comme d'autres d'ailleurs, craint donc que les élèves ne comprennent ni l'entrée en matière ni l'activité, et cela lui pèse. Il se demande comment il pourra poursuivre son action pédagogique dans une telle situation pleine d'imprévus. Pourtant, il va constater (sur le moment et en visionnant l'enregistrement vidéo) que, contrairement à ce qu'il s'imaginait, les élèves parviennent effectivement à créer une partition et l'exécuter.

L'enseignante Hélène témoigne du même cheminement:

> Contrairement à ce que je pensais, nous avons très vite commencé le travail sans poser des questions innombrables et inutiles. Le fait d'avoir un schéma au tableau et les positions des groupes très éloignées a aidé à cet objectif. (Notes d'Hélène après la leçon)

---

6 "Me sentí presionado creyendo que todo saldría mal, sufrí incomodidad y buscaba la manera de salvar la situación. Una vez que los grupos empezaron a escribir la composición creía que no habían entendido absolutamente nada. Y que yo no había sabido llegar con el escenario y esperaba el peor resultado".

Des prises de conscience motivantes et le plaisir d'améliorer les gestes professionnels

La lecture des notes des enseignants montre que leurs prédictions avant la leçon sont parfois maigres et donnent une image relativement indifférenciée des processus d'interaction, de collaboration voire d'apprentissage qui sont en jeu. Mais les notes rédigées après l'action révèlent des prises de conscience tant de leurs attentes que de leurs comportements. Bien sûr, ce décalage est particulièrement présent chez les enseignants en formation mais il existe chez chacun (la réalité est toujours plus complexe, subtile et imprévue que ce que l'on s'imagine!).

Karine, enseignante stagiaire d'une classe suisse avec des élèves de 6-7 ans, planifie une leçon au cours de laquelle les élèves devront créer et exécuter une pièce musicale avec une série d'objets (papiers, bâtons, boîtes de conserve, etc.) avec la ferme intention de se conduire de façon à faciliter le travail de groupe désiré et l'autonomie des élèves engagés dans un travail de création. Dans ses prédictions, elle écrit:

> Lors du travail de groupe, j'aiderai les enfants seulement s'ils ont besoin de moi. Je les laisserai faire leurs essais et leur composition tout seuls, je ne veux pas trop les influencer. Je passerai tout de même vers eux pour voir comment ils procèdent. (Prédiction de l'enseignante stagiaire Karine, en Suisse)

Mais, après la leçon, elle consigne:

> [Durant la phase 2 de la séquence pédagogique consacrée à la composition en groupe], je ne peux pas m'empêcher d'intervenir et d'essayer d'inciter les élèves dans leurs découvertes pour obtenir le plus possible de résultats. (Notes de l'enseignante stagiaire Karine après la leçon)

Karine constate qu'elle avait pris la décision de ne pas intervenir durant l'activité créative des élèves mais, après la leçon, elle prend conscience du fait qu'elle n'a pas pu s'empêcher de prendre part à l'activité des élèves pour y placer ses propres idées.

Au sujet de la discussion réflexive avec toute la classe (Phase 4), Patricia, stagiaire également dans une classe suisse avec des élèves de 7-8 ans, prédit que, suite à cette activité, les enfants tireront des enseignements généraux:

Créer un objet nouveau en classe 227

> Les enfants nous feront part de ce qu'ils ont pu découvrir. Ce qui amènera peut-être une discussion, sur tel ou tel élément soulevé [...] Puis, nous allons tenter de mettre des termes musicaux sur les éléments que les enfants ont mis en évidence. (Prédictions de l'enseignante stagiaire Patricia, en Suisse)

Après la réalisation de la leçon, Patricia écrit:

> [durant la discussion] les enfants m'ont expliqué ce qu'ils avaient remarqué dans les ateliers, mais ne sont pas parvenus à trouver une règle ou une explication claire. (Notes de l'enseignante stagiaire Patricia après la leçon)

Elle prend ainsi conscience de ses attentes inadaptées, ce qui va lui permettre par la suite de redéfinir son rôle.

Ces prises de conscience de la part des enseignants sont facilitées par différents éléments du dispositif: l'effort de prédiction puis de confrontation avec la réalité; l'existence d'enregistrements sonores et vidéo qui soutiennent l'effort d'objectivation et rendent possible le visionnement de ce qui s'est effectivement passé; l'occasion qu'offre le tiers (le chercheur ou le formateur-chercheur) d'en parler. Tout aussi important est, sans doute, le fait que l'enseignant est placé dans un rôle professionnel actif et créatif: il ne lui est pas demandé de simplement «appliquer» la séquence mais de la tester et de la modifier avec la liberté de conclure, éventuellement, qu'elle ne lui convient pas. Cette liberté de l'enseignant d'explorer son rôle, de le créer et recréer, de modifier si nécessaire certains des éléments de la séquence, de les adapter au mobilier, instruments et autres objets en présence, d'intervenir selon son gré et son interprétation des besoins des élèves, etc. semble primordial. C'est en étant le maître de son activité que l'enseignant peut s'engager pleinement dans son examen critique afin de mieux atteindre ses propres objectifs. Il nous a semblé pouvoir observer alors que, surpris en bien par la créativité qui se déploie sous ses yeux, et motivé par ses propres diagnostics des besoins des élèves, l'enseignant prend alors plaisir à son activité voire à améliorer ses propres savoir-faire.

L'enseignant découvre alors, de façon beaucoup plus différenciée, la nature de l'activité dans laquelle s'engagent les élèves et les difficultés qu'elle leur pose voire l'ingéniosité de leurs solutions ou ébauches de solutions.

Les interactions sociales ne sont pas nécessairement fécondes: il faudra apprendre à les organiser et faire intervenir des savoirs nouveaux de façon judicieuse

Il ne suffit pas de mettre les élèves en petits groupes pour que d'emblée ils sachent travailler ensemble. Il ne suffit pas qu'un enseignant veuille aider ses élèves pour que son geste soit efficace. Les interactions sociales doivent s'organiser selon certaines architectures pour être fécondes. Mais quelles sont-elles? Ce travail de prédiction-confrontation, d'observation et de réflexion permet de repérer des lignes de force que des explications pourront soutenir le moment venu.

Ainsi, l'enseignant peut se rendre compte, par exemple, que le «travail de groupe» attendu des élèves se spécifie notamment en capacités à s'organiser, à répartir les rôles, à gérer les conflits, à intégrer les activités de chaque instrumentiste, etc. Les élèves doivent aussi saisir l'ensemble de l'activité et s'accorder sur son effectuation (sous-tâches). Ceci se fait d'abord par essais et erreurs, chacun se laissant conduire par l'assurance de l'un ou au contraire en contredisant l'initiative de l'autre. La conscience des erreurs ou impasses naît progressivement chez l'élève en butant sur des problèmes précis. L'aide sollicitée auprès de l'enseignant peut le soutenir pour trouver ou adopter une solution. Le risque existe aussi que devant la difficulté, l'élève démissionne en s'en remettant à l'enseignant. Ce dernier aura alors à remettre la balle en jeu.

Un phénomène très fréquent dans ce corpus est la découverte par l'enseignant de son «interventionnisme»: actions et prises de parole trop fréquentes qui, même lorsqu'elles sont parfaitement bien intentionnées, coupent l'élan des élèves. Ils sont plusieurs qui s'en déclarent fort surpris et désireux de faire des efforts pour se mettre par moments en «retrait silencieux», une posture pédagogique qui n'est pas passive mais «contemplative».

On remarque que plus l'enseignant, depuis cette posture, perçoit le bourdonnement actif de ses élèves et ses composantes (richesses et limites), plus il prend conscience tant des multiples rôles qu'il est susceptible d'assumer que des savoirs qu'il va pouvoir transmettre, en temps voulu, à ses novices. Cela signifie cependant que l'enseignant va peut-être se trouver confronté à ses propres limites. Par exemple, les enseignants généralistes (qui n'ont souvent que peu de connaissances musicales) peuvent prendre conscience de leurs difficultés à continuer la leçon dans les phases 4 et 5 de la séquence qui requièrent d'eux un

Créer un objet nouveau en classe 229

enseignement (et donc une expertise) précis, et se découvrir donc un besoin de formation continue:

> Il faudra faire très attention à ce que je demande et à comment je relance les dires des élèves: comment réussir à lire la partition? J'espère, cette fois-ci, que je vais me faire comprendre par les élèves. J'ai l'impression que c'est difficile pour eux de réfléchir sur leurs démarches. Il sera temps pour moi de reprendre ce que les élèves ont dit d'intéressant pour faire un peu de théorie. Je ne suis pas du tout sûre de ce que je vais leur dire. J'espère que je ne dirai pas trop de bêtises. (Prédictions de l'enseignante généraliste Hélène)

Durant un entretien réalisé après une série de mises en œuvre de séquences pédagogiques, l'enseignant Sergio (enseignant spécialiste de musique) dit:

> J'attendais d'autres résultats // ou travailler depuis un espace plus confortable, le mien, n'est-ce pas non? J'ai travaillé avec une certaine gêne mais, finalement, j'ai vu de très bonnes réalisations […] Cela a été vraiment une situation // (qui me concernait moi) en tant qu'enseignant, dans cette gêne. Les élèves// on voit qu'ils ont bien compris et qu'ils ont pu produire des choses et c'était vraiment ça l'objectif.[7]

Il explique aussi que, s'il devait conseiller un autre collègue sur la manière de s'y prendre pour conduire une séquence pédagogique de ce type, il lui dirait:

> […] faudrait s'approcher (des groupes) pour voir, ben, pour demander comment ça va? Avez-vous des doutes? Regardez chaque aspect de ce que vous travaillez. Cherchez ensemble. Voyez comment vous pouvez vous répartir les tâches dans le groupe. Et marcher dans la classe, n'est-ce pas? Ne pas rester dans un seul lieu en espérant que les élèves lui disent «bon, nous avons fini». S'y mettre sans intervenir trop, disons. C'est-à-dire, nous sommes ensemble, nous sommes présents. Nous sommes en train de travailler en groupes, chaque groupe compose sa propre mélodie, mais nous sommes

---

7 "Yo esperaba otros resultados // o trabajar en un lugar más cómodo que por ahí es el mío, ¿no? Trabajé con cierta / incomodidad pero después yo vi muy buenos logros al final […] Esta fue nada más que una situación verdaderamente // mía como docente / de esa incomodidad. Los alumnos // se ve que entendieron bien y pudieron producir cosas […] ese era el objetivo / de última".

tous impliqués dans le même travail [composer]. Je ne sais pas quoi lui dire d'autre [...] Qu'il soit sensible, en observant ce qu'ils [les élèves] manifestent quand ils répondent, quand ils commentent ce qu'ils ont travaillé.... [...] Pour voir quelles suggestions leur faire pour les prochains travaux[8].

En guise de conclusion

Assumer le rôle d'enseignant de façon créative

Ces différentes leçons utilisant ces séquences pédagogiques ont pu donner une place à la créativité de l'élève. Quand l'enseignant met en œuvre de telles séquences qui donnent à ses élèves l'occasion de produire ensemble un objet musical et non pas seulement de l'écouter, de le lire ou de l'interpréter, nous avons constaté que surviennent quelques obstacles : ce n'est pas facile de composer puis d'écrire une mélodie et l'enseignant fait facilement des interruptions inopportunes du travail des élèves ; ce n'est pas facile de réussir à faire discuter les élèves entre eux. À partir de ces constatations, les séquences pédagogiques ont été adaptées peu à peu et parviennent maintenant à donner différents moments de parole à l'enseignant et aux élèves pour favoriser une agentivité de l'élève dans son rapport à la musique et aux apprentissages en classe. Le rôle de l'enseignant s'y est trouvé bousculé et l'enseignant a lui-même dû apprendre à assumer son rôle de façon créative face à un processus qui comprend une part d'inconnu : ce que les élèves créeront. Effectivement, demander à des élèves de simplement imiter et reproduire ce que fait ou sait l'enseignant n'est pas angoissant : tout au plus le risque sera de constater que les élèves n'y parviennent pas. Tandis qu'in-

---

8 "se vaya acercando (aux groupes) para ver, bueno, preguntar ¿cómo están?, ¿tienen alguna duda? // Fíjense cada aspecto de lo que estén trabajando. Que lo busquen juntos. Que vean cómo se pueden repartir las actividades, dentro del grupo. E ir caminándolo en el salón, ¿no? No quedarse en un solo lugar esperando que los alumnos le digan // bueno ya está, terminamos. Ir metiéndose sin intervenir del todo, digamos. Es decir, estamos juntos, estamos presentes. Estamos trabajando en grupos [distintas composiciones], pero, todos en un mismo trabajo [componer]. No sé qué otra cosa más le diría. Que esté sensible, observando lo que [los alumnos] manifiestan cuando contestan, cuando comentan lo que han trabajado.... [...] Para ver qué sugerencias les hace para los próximos trabajos".

viter les élèves à produire du neuf, c'est d'emblée se mettre dans une situation (relativement) imprévisible, puisque l'on ne sait pas ce que les enfants vont faire. Certains enseignants vivent initialement cette ouverture vers un inconnu comme très déstabilisante, eux qui ont l'impression de devoir être les «maîtres» de la situation. Dans l'état actuel du dépouillement de notre corpus, c'est là un des enseignements majeurs: la crainte de la production inattendue des élèves. Mais la démarche montre aussi que celle-ci peut s'apprivoiser, pas à pas. L'expérience rendant d'ailleurs l'«inattendu» plus «attendu».

UN CADRE POUR CRÉER ET APPRENDRE: DU SILENCE À LA PAROLE DE L'ENSEIGNANT

L'autre fruit de l'exploration actuelle des données est cette découverte (qui prend un relief particulier au sein d'un enseignement de musique!): c'est l'importance du silence de l'enseignant. Silence qui permet d'entendre les musiques que produisent les élèves. Silence qui permet d'entendre l'élève ou le groupe d'élèves au travail. Silence qui permet à l'enseignant de prendre la parole au moment adéquat et d'avoir plus de chances d'être compris. Et silence du formateur-chercheur qui permet à l'enseignant (devant la vidéo, notamment, mais aussi dans le face à face avec ses prévisions et ses notes) de s'entendre et de chercher à se comprendre.

Nous sommes au début d'un projet de recherche que nous étendons à d'autres branches d'enseignement. Et, comme les élèves devant leurs créations, comme les enseignants lorsqu'ils peuvent se sentir pleinement auteurs de leurs (intrigants) gestes professionnels, nous sommes gagnés par un certain enthousiasme comme formateurs et chercheurs. Même si nos séquences pédagogiques et nos démarches d'observation ont encore à être travaillées en profondeur.

RÉFÉRENCES BIBLIOGRAPHIQUES

Ames, G.J. & Murray, F.B. (1982). When two wrongs make a rigth: Promoting cognitive change by social conflict. *Developmental Psychology, 18*, 894-897.
Barth, B.-M. (2004). *L'apprentissage de l'abstraction*. Paris: Retz.

Bonvin, F. (2008). *Argumentation et apprentissage en sciences à l'école primaire: analyse en classe d'une séquence pédagogique intégrant une situation de débat portant sur les orages*. Mémoire de Licence, Université de Neuchâtel.

Bruner, J.S. (1983). *Le développement de l'enfant: savoir faire, savoir dire*. Paris: Presses universitaires de France.

Bruner, J.S. (1996). *L'éducation, entrée dans la culture. Les problèmes de l'école à la lumière de la psychologie culturelle*. Paris: Retz.

Burnard, P. & Younker, B.A. (2008). Investigating children's musical interactions within the activities systems of group composing and arranging: An application of Engeström's Activity Theory. *International Journal of Educational Research, 47*(1), 60-74.

Cardinet, J. & Weiss, J. (1976). *L'enseignement de la lecture et ses résultats*. Berne: Peter Lang.

César, M. & Kumpulainen, K. (2009). *Social Interactions in Multicultural Settings*. Rotterdam: Sense Publishers.

Chapman, M. (1991). The epistemic triangle: operative and communicative components of cognitive competence. In M. Chandler & M. Chapman (Eds.), *Criteria for competence: Controversies in the conceptualization and assessment of children's abilities* (pp. 209-228). Hillsdale: Erlbaum.

Claparède, E. (1931). *L'éducation fonctionnelle*. Neuchâtel/Paris: Delachaux & Niestlé.

Clot, Y., Faïta, D., Fernandez, G. & Scheller, L. (2001). Entretiens en autoconfrontation croisée: une méthode en clinique de l'activité. *Éducation permanente, 146*, 17-27.

Doise, W. & Mugny (1981). *Le développement social de l'intelligence*. Paris: Interéditions.

Edwards, D. & Mercer, N. (1987). *Common knowledge: The growth of understanding in the classroom*. Londres: Methuen.

Engeström, Y. (1987). *Learning by expanding: An activity-theoretical approach to developmental research*. Helsinki: Orienta-Konsultit.

Engeström, Y., Riettiner, R. & Punamäki, R.-L. (Eds.) (1999). *Perspectives on activity theory*. Cambridge: Cambridge University Press.

Fernandez, M., Wegerif, R., Mercer, N. & Rojas-Drummond, S. (2001). Re-conceptualizing «Scaffolding» and the Zone of Proximal Development in the Context of Symmetrical Collaborative Learning. *Journal of Classroom Interaction, 36*(1-2), 40-54.

Giglio, M. (2006). The Music Education of seven cantons in the French-speaking part of Switzerland: A comparative study. In M. Baroni, A.R. Addessi, R. Caterina & M. Costa (Eds.), *9th International Conference on Music Perception and Cognition. European Society for the Cognitive Sciences of Music* (pp. 1400-1404). Bologne: Bologna University Press. Repéré à http://www.marcocosta.it/icmpc2006/pdfs/134.pdf

Giglio, M. (2010). Activité créative dans des contextes scolaires d'éducation musicale: formes de collaboration entre les élèves et actions de l'enseignant. Développer des séquences pédagogiques et les observer. *Cahiers de psychologie et éducation, 46*, 5-7.

Giglio, M. (2013). *Cuando la colaboración creativa cambia la forma de enseñar*. Santander: Editorial Universidad Cantabria.

Giglio, M. (2015). *Creative Collaboration in Teaching*. London: Palgrave MacMillan.

Giglio, M. & Oberholzer, B. (2006). L'éducation musicale en Suisse romande: une tentative d'état des lieux. *L'Éducateur, 1*, 26-29.

Giglio, M. & Perret-Clermont, A.-N. (2010). A teaching sequence granting space to the students' collaborative creation in the music classroom: Some observations. In G. Mota & A. Yin (Eds.), *Proceeding of the 23rd International Seminar on Research in Music Education* (pp. 96-101). Changchun: North East Normal University. Repéré à http://doc.rero.ch/record/28053

Giglio, M. & Perret-Clermont, A.-N. (2012). Prédire, agir, observer. Une méthodologie pour développer séquences pédagogiques et savoirs professionnels. *Pratiques de recherche dans les institutions de formation des enseignant-e-s, 14*, 127-140. Repéré à http://www.revuedeshep.ch/site-fpeq/Site_FPEQ/14_files/09_giglio.pdf

Hakkarainen, K., Ilomäki, L., Paavola, S., Muukkonen, H., Toiviainen, H., Markkanen, H. & Richter, C. (2006). Design Principles and Practices for the Knowledge Practices Laboratory (KP-Lab) project. In W. Nejdl & K. Tochtermann (Eds.), *Innovative Approaches for Learning and Knowledge Sharing. Proceedings of the first European Conference on Technology- Enhanced Learning, EC-TEL. Lecture Notes in Computer Science* (pp. 603-608). Berlin: Springer.

Houssaye, J. (2000). *Le triangle pédagogique* (3e éd.). Berne: Peter Lang.

Howe, C. (2010). *Peer groups and children's development*. Oxford: Blackwell.

Inhelder, B., Sinclair, A. & Bovet, M. (1974). *Apprentissage et structures de la connaissance*. Paris: Presses universitaires de France.

Littleton, K. & Howe, C. (2010). *Educational dialogues: Understanding and promoting productive interaction.* Londres: Routledge.

Littleton, K. & Light, P. (Eds.) (1999). *Learning with Computer. Analysing Productive Interaction.* New York: Routledge.

Ludvigsen, S., Lund, A., Rasmussen, I. & Säljö, R. (Eds.) (2011). *Learning across sites: New tools, infrastructures and practices.* Londres: Routledge.

Mehan, H. (1979). *Learning Lessons: Social Organization in the Classroom.* Cambridge: Harvard University Press.

Mercer, N. (1995). *The guided construction of knowledge: Talk amongst teachers and learners.* Francfort: Multilingual Matters Ltd.

Mercer, N., Wegerif, R. & Dawes, L. (1999). Children's Talk and the Development of Reasoning in the Classroom. *British Educational Research Journal, 25*(1), 95-111.

Muller Mirza, N. (2005). *Psychologie culturelle d'une formation d'adultes: l'île aux savoirs voyageurs.* Paris: L'Harmattan.

Muller Mirza, N. & Perret-Clermont, A.-N. (2008a). Dynamiques interactives, apprentissages et médiations: analyses de constructions de sens autour d'un outil pour argumenter. In L. Fillietaz & M.-L. Schubauer-Leoni (Eds.), *Processus interactionnels et situations éducatives* (pp. 231-253). Bruxelles: De Boeck.

Muller Mirza, N. & Perret-Clermont, A.-N. (2008b, septembre). *Theory informed design and expanding learning in pupils, teachers and researchers. Lessons learned from case studies in the teaching of argumentation.* Communication au Congrès ISCAR, San Diego, États-Unis.

Perret, J.-F. (1985). *Comprendre l'écriture des nombres.* Berne: Peter Lang.

Perret, J.-F. & Perret-Clermont, A.-N. (2004). *Apprendre un métier dans un contexte de mutations technologiques.* Paris: L'Harmattan.

Perret-Clermont, A.-N., Grossen, M., Nicolet, M. & Schubauer-Leoni, M.-L. (1996). *La construction de l'intelligence dans l'interaction sociale.* Berne: Peter Lang.

Piaget, J. (1947). *La psychologie de l'intelligence.* Paris: A. Colin.

Rabardel, R. (1995). *Les hommes et les technologies. Approche cognitive des instruments contemporains.* Paris: A. Colin.

Rogoff, B. (1990). *Apprenticeship in Thinking: Cognitive Development in Social Context.* New York: Oxford University Press.

Sandoval, W.A. (2002, avril). *Learning from designs: Learning environments as embodied hypotheses.* Papier présenté à l'Annual meeting of the American Educational Research Association, New Orleans, États-Unis.

Schubauer-Leoni, M.-L. (1986). *Maître-élève-savoir: analyse psychosociale du jeu et des enjeux de la relation didactique*. Thèse de doctorat en sciences de l'éducation, Université de Genève.

Schubauer-Leoni, M.-L. & Leutenegger, F. (2002). Expliquer et comprendre dans une approche clinique/expérimentale du didactique «ordinaire» In F. Leutenegger & M. Saada-Robert (Eds.), *Expliquer et comprendre en sciences de l'éducation* (pp. 227-251). Bruxelles: De Boeck.

Schubauer-Leoni, M.-L., Perret-Clermont, A.-N. & Grossen, M. (1992). The construction of adult child intersubjectivity in psychological research and in school. In M.V. Cranach, W. Doise & G. Mugny (Eds.), *Social Representations and the social Bases of Knowledge* (pp. 69-77). Berne: Hogrefe & Huber Publishers, Lewiston.

Schwarz, B.B. (2009). Argumentation and Learning. In N. Mirza Muller & A.-N. Perret-Clermont (Eds.), *Argumentation and Education: Theoretical Foundations and Practices* (pp. 91-126). Heidelberg/Londres/New York: Springer.

Schwarz, B.B., Perret-Clermont, A.-N., Trognon, A. & Marro Clément, P. (2008). Emergent learning in successive activities: Learning in interaction in a laboratory context. *Pragmatics and Cognition, 16*(1), 57-91.

Tartas, V., Baucal, A. & Perret-Clermont, A.-N. (2010). Can you think with me? The social and cognitive conditions and the fruits of learning. In K. Littletown & C. Howe (Eds.), *Educational Dialogues: Understanding and promoting productive Interaction* (pp. 64-82). Londres: Routledge.

Tartas, V. & Perret-Clermont, A.-N. (2008). Socio-cognitive dynamics in dyadic interaction: How do you work together to solve Kohs cubes? *European Journal of Developmental Psychology, 5*(5), 561-584.

Vygotski, L.S. (1925/1971). *The psychology of art*. Cambridge: MIT Press.

Vygotski, L.S. (1930/2004). Imagination and creativity in childhood. *Journal of Russian and East European Psychology, 42*(1), 7-97.

Vygotski, L.S. (1931/1994). Imagination and creativity of the adolescent. In R. Van Der Veer & J. Valsiner (Eds.), *The Vygotsky Reader* (pp. 266-288). Cambridge/Oxford: Blackwell.

Wertsch, J.V. (1988). Précurseurs sociaux du fonctionnement cognitif individuel: le problème des unités d'analyse. In R.A. Hinde, A.-N. Perret-Clermont & J.S. Hinde (Eds.), *Relations interpersonnelles et développement des savoirs* (pp. 395-414). Fribourg: Fondation Fyssen et DelVal.

Wood, D., Bruner, J. & Ross, G. (1976). The role of tutoring in problem solving. *Journal of Child Psychology and Psychiatry, 17*, 89-100.

Zittoun, T., Gillepsie, A., Cornish, F. & Psaltis, C. (2007). The metaphor of the triangle in theories of human development. *Human Development, 50*(4), 208-229.

Conclusion: pistes de réflexion scientifiques, pédagogiques et de formation pour enrichir l'enseignement

Marcelo Giglio et Francesco Arcidiacono

Les contributions des auteurs de cet ouvrage ont présenté différentes perspectives scientifiques d'étude des interactions sociales en classe ainsi que dans la formation professionnelle pour ce qui est des processus d'enseignement-apprentissage vécus à l'école, en formation initiale et continue des enseignants. À partir de ces constats, nous pouvons affirmer que les interactions sociales dans la classe peuvent porter sur différents espaces internes et externes à l'école, sur des pratiques et gestes d'enseignants dans différentes situations qui peuvent occasionner des apprentissages en lien avec des outils. Dans l'optique de notre intérêt pour la professionnalisation et la formation des enseignants, ces travaux, effectués dans différents contextes socioculturels et institutionnels, contribuent à l'enrichissement des savoirs sur les pratiques d'enseignement dans de multiples situations d'interaction enseignant-élèves et entre élèves.

Pour tenter de conclure ce livre, nous aimerions utiliser certaines définitions qui prennent des sens différents dans les études auxquelles elles sont principalement associées. En dépassant leur cadre conceptuel, nous proposons une relecture (bien évidemment non exhaustive) des chapitres, dans le but d'en valoriser les liens et les points communs, en les nuançant les uns par rapport aux autres.

DIFFÉRENTS ESPACES D'INTERACTIONS SOCIALES

Ce livre fait référence à différentes situations et espaces de l'école (et en dehors de l'école) qui sont liés lors de différentes interactions sociales. Dans leur contribution, Zittoun et Grossen ont analysé deux types d'interaction dans des espaces distincts: d'une part, elles ont étudié des espaces de réappropriation qui sont donnés aux élèves en tant que «cadres créés»; d'autre part, dans leurs analyses elles identifient une «mise en lien» entre certains savoirs scolaires au sein d'une leçon et des situations culturelles extrascolaires. En effet, un élève peut s'approprier un savoir, mais dans un dialogue autre que celui offert ou valorisé par l'enseignant ou par le cadre institutionnel de l'école. L'étude de Zittoun et Grossen nous invite à rendre attentifs les enseignants, ainsi que les formateurs d'enseignants, à la multiplicité et à la nature multivariée des dialogues mobilisés dans différents espaces: soit en classe, soit en dehors de l'espace de la classe ou de l'école.

Une deuxième étude, présentée par Muller Mirza et Grossen, nous montre que toute situation peut faire écho à d'autres situations culturelles, voire à des expériences diverses. C'est peut-être à travers ce lien entre une situation présente et située et d'autres situations antérieures ou postérieures que l'élève peut bien interpréter ce qui se passe ou, au contraire, se trouver dans une situation de malentendu.

Mais comment «orchestrer» ces espaces d'interaction sociale? Dans ce livre plusieurs scénarios, situations et dispositifs ont été présentés. Par exemple, dans le dispositif proposé aux enseignants par Rossi, Pontecorvo et Arcidiacono il est indispensable d'organiser l'espace de la classe afin de le structurer pour que les élèves puissent explorer différents outils. Mais parfois, cet effort ne suffit pas à lui seul, car, comme le montre l'étude de César, ce ne sont pas que les enseignants qui construisent des scénarios d'apprentissage formel, surtout quand ils accordent leur «pouvoir» aux élèves en utilisant des mécanismes *d'inter-empowerment*. Ces deux études nous montrent l'importance des interprétations des élèves quant à ce qui leur est demandé et par rapport aux attentes de l'enseignant. Pour César et Barth, dans leurs chapitres respectifs, l'enjeu pédagogique est de soutenir l'élève dans sa construction d'une image capable de le valoriser lui-même. Ces espaces nécessitent une relation de confiance (en soi et en l'autre) pour évoluer dans une activité cognitive. Mais ces espaces impliquent parfois d'autres éléments et les enseignants peuvent avoir une grande difficulté à laisser produire en classe les élèves. En effet, d'après les observations de Riat et Groothuis, les enseignants nécessitent une transformation de leurs pratiques pour qu'une écriture provisoire émerge chez les élèves, pour les laisser entreprendre le rôle de lecteur-scripteur novice sans que l'enseignant prenne ce rôle à leur place. De même, dans leur chapitre, Perret-Clermont et

Giglio montrent comment, à travers l'offre d'un espace dans lequel les élèves peuvent créer un objet nouveau en classe en petits groupes (dans leur exemple: une courte pièce musicale), les enseignants ont besoin de développer des solutions ou d'acquérir des savoirs professionnels. Plusieurs enseignants s'interrogent sur les manières de poursuivre les actions pédagogiques dans de telles situations créatives pleines d'imprévus, par exemple quand, à l'opposé de ce qu'ils imaginaient, les élèves parviennent à créer une partition et l'exécuter face à la classe.

DES RELATIONS ENSEIGNANT-ÉLÈVES NÉCESSITANT DES PRATIQUES DISTINCTES

Comme déjà souligné dans l'introduction, les actions de la personne qui guide l'acte formel d'une classe, soit l'enseignant, le professeur, l'animateur, ont un rôle clé pour chaque action de l'apprenant. Cet ouvrage nous offre des exemples de plusieurs de ces actions qui s'explicitent à la fois dans une «action» et une «réaction» au sein d'interactions sociales en classe. Nous avons pu observer divers scénarios intéressants dans lesquels la pratique des enseignants doit s'adapter aux espaces d'action, de dialogue et de discussion. Le scénario proposé par Barth, par exemple, permettrait aux élèves des aller-retour entre les pensées analogiques et analytiques. L'étude de Barth montre la nécessité d'une «action enseignante» qui puisse maintenir une attention conjointe vers le but d'élaborer le sens du savoir abordé. Pour l'auteure, la difficulté de l'enseignant est de permettre aux élèves de devenir progressivement conscients de leurs démarches cognitives en adoptant et développant une autonomie d'action et de prise de responsabilité dans leurs apprentissages. C'est l'expérience positive qui peut donner progressivement une plus grande confiance pour s'engager dans ses propres initiatives ou aborder ses propres questions. Tartas, dans son chapitre, propose un scénario qui nécessite aussi différentes actions de l'enseignant pour permettre aux élèves de transformer les multiples manières de réfléchir sur un phénomène scientifique à travers une argumentation en lien avec une démarche d'investigation scientifique. César, elle aussi, nous montre l'importance des pratiques mises en place par les enseignants pour que les élèves puissent être capables d'utiliser des mécanismes d'*inter-* et *intra-empowerment* de manière autonome dans des situations scolaires et dans d'autres contextes. À ces actions et pratiques mises en place par les enseignants, s'ajoutent d'autres situations dans lesquelles le rôle de l'enseignant ou sa fonction sont très importants dans l'orchestration de la classe et dans l'organisation de certaines architectures qui rendent possibles des apprentissages spécifiques. Par exemple, dans une situation de partage d'expériences personnelles et d'émotions en classe, comme proposé par Muller Mirza et Grossen, l'enseignant joue un rôle de «chef d'orchestre» pour ouvrir cet espace et pour permettre aux élèves de prendre la parole et exprimer des émotions qui feront l'objet d'observations, de discussions et de partages avec les autres. Cette étude nous porte à postuler qu'il serait important que l'enseignant puisse dépasser le cadre de sur-généralisation, de références aux stéréotypes ou aux catégories nationales ou culturelles, voire les risques de sur-particularisation ou de sur-personnalisation des expériences déjà vécues par certains élèves. Muller Mirza et Grossen ont observé une pratique par laquelle l'enseignant favorise une transformation des émotions dans le but de secondarisation: un mouvement d'aller-retour discursif entre les expériences propres aux individus et une expérience partagée ou collective de la classe.

Dans le chapitre de Rossi, Pontecorvo et Arcidiacono, proposant des situations de lecture et de production écrite, nous avons aussi pu constater l'importance de la fonction de l'enseignant dans le soutien d'un groupe d'élèves à la recherche de solutions partagées. Ce soutien permettrait aux élèves une focalisation de l'attention davantage sur ses propres actions et ses productions écrites. Le scénario proposé par Perret-Clermont et Giglio met l'accent sur les *a priori* à dépasser par l'enseignant qui doit conduire dans une même leçon des aller-retour entre les objets créés (une pièce musicale), les objets communiqués (un mini-concert) et les objets discutés (une métaréflexion). D'après les observations réalisées par les auteurs et les enseignants participants, il ne suffirait pas de mettre les élèves en groupes pour qu'ils apprennent immédiatement à travailler ensemble. Il ne suffit pas non plus que l'enseignant aide ses élèves. Toute interaction sociale dans une classe nécessite de s'organiser pour que les élèves puissent être guidés.

Conclusion

UNE DYNAMIQUE RELATIONNELLE QUI NÉCESSITE LA DISCUSSION ET L'INTERPRÉTATION

À partir de ce que l'on écoute, *in situ* ou ailleurs (Bakhtine, 1929/1981), les interactions sociales se façonnent et peuvent prendre du sens au travers des interprétations attribuées à chaque situation. C'est le cas des scénarios présentés par César dans lesquels, lors des tâches mathématiques proposées par l'enseignant, émerge une intersubjectivité que l'élève est ou n'est pas capable de cerner avec les camarades qui travaillent avec lui. Ceci demanderait une relation de confiance (en soi et en l'autre), nécessaire pour faire évoluer une dynamique relationnelle dans une activité commune en groupe. Comme souligné par Barth, il s'agit d'un enjeu principal, car l'activité cognitive émerge toujours dans des espaces relationnels. La prise de conscience pourrait donner accès à la pensée propre de l'élève et lui permettrait d'agir sur elle. Dans son chapitre, Barth illustre un scénario par une présentation de petits moments en classe dans lesquels l'enseignant pose une question sur ce que les élèves ont appris, puis d'autres questions concernant les outils de la pensée: par exemple la façon dont l'élève a appris et la façon dont il/elle peut montrer sa propre compréhension et sa manière de réussir. Toutefois, dans les situations de créativité, les discussions en classe semblent être bien plus difficiles. Dans l'étude de Perret-Clermont et Giglio, les enseignants doivent aussi se dégager de certains savoirs non fondés sur les capacités discursives des élèves pour réfléchir sur les manières de créer une musique: l'objet de discussion (la collaboration créative entre élèves) n'est pas toujours clair pour certains élèves et il devient vite abstrait. En effet, il s'agit d'un objet de discussion nouveau pour les élèves qui ont en outre de la peine à comprendre ce que l'on attend d'eux.

Les stratégies pour guider une discussion en classe ne semblent pas être transversales aux différentes situations proposées dans ce livre. L'objet de discussion peut façonner ou déterminer les actions nécessaires de l'enseignant et les dynamiques discursives entre l'enseignant et les élèves. Par exemple, l'étude proposée par Muller Mirza et Grossen place les émotions en tant qu'objet de discussion en classe: dans ce cas, il n'est pas facile pour l'enseignant de maîtriser la situation. Pourtant, même si les enseignants sont conscients de cette difficulté, cet espace de discussion devient une occasion d'enseignement, car il contribue à développer de nouvelles connaissances sur différents objets liés aux expériences personnelles des élèves. Dans un tel cas, les émotions peuvent devenir des objets d'observation, de discussion et de mise en perspective dans un dialogue en classe.

La matérialité des objets a été aussi explorée dans le chapitre de Iannaccone. Cette matérialité occupe une large partie des espaces disponibles de la classe, soit «privés» (pour un élève), soit «publics» (pour toute la classe). D'après Iannaccone, les différentes dimensions des objets entrent aussi en jeu en fonction de la logique d'usage perçue par les sujets. D'après l'auteur, les élèves semblent établir une relation entre eux avec plusieurs «entités matérielles» qui les entourent.

Un dernier aspect, qui mérite une attention particulière dans nos pistes de réflexion scientifiques, pédagogiques et de formation d'enseignants, concerne le fait qu'un dialogue en classe peut renvoyer à différentes situations et expériences. C'est le cas des discussions philosophiques observées par Zittoun et Grossen au secondaire II: si, pour un enseignant, un sujet de discussion sur un contenu peut renvoyer, *a priori*, à une leçon préalable, pour un élève ce même sujet peut renvoyer à d'autres situations vécues, en créant parfois des tensions et des positionnements différents quant à l'objet à discuter en classe.

DIVERSIFIER LES MODALITÉS D'INTERAGIR AVEC L'AUTRE POUR APPRENDRE EN CLASSE

Dans son chapitre, César reprend la distinction conçue par Christiansen et Walther (1986) entre *tâche* et *activité*: dans une classe, une tâche serait un travail projeté par l'enseignant; une activité inclurait les actions réalisées par les élèves quand ils s'engagent dans la résolution d'une tâche proposée par l'enseignant. Mais souvent les tâches ne sont qu'un prétexte pour l'apprentissage et probablement non pas un but en soi. Perret-Clermont et Giglio, dans leur chapitre, postulent que très souvent le plan d'étude (ou le curriculum), voire l'enseignant, vise un apprentissage tandis que l'élève peut croire qu'il doit s'engager surtout à la réalisation réussie d'une tâche. Du point de vue scientifique, il est légitime de s'interroger à propos des liens existant entre la réussite dans la réalisation d'une tâche et l'apprentissage. Du point de vue pédagogique, il serait évident que l'une des activités, «la tâche à réaliser», n'entraîne pas automatiquement l'autre activité, «l'apprentissage». Une vision plus glo-

Conclusion 243

bale et une organisation de l'espace sont donc fondamentales pour favoriser le processus d'apprentissage. À ce propos, dans sa contribution, Buchs présente un cadre des approches pédagogiques qui se focalisent sur les interactions sociales entre apprenants, les processus sociocognitifs et les conditions sociales d'enseignement-apprentissage. L'*apprentissage coopératif* offrirait des pistes pour apprendre à coopérer et coopérer pour apprendre, ainsi que pour structurer le travail en groupe. La méthode présentée par l'auteure propose des principes généraux qui peuvent guider l'enseignant dans la structuration du travail de groupe, en lui permettant de s'approprier et d'ajuster les activités à son contexte.

Mais comment créer une *culture d'apprentissage* qui pourrait s'expliciter par une réelle activité vécue par les élèves, leur permettant de donner du sens à ce que signifie apprendre et faire évoluer leur conception du savoir? Pour Barth, il est possible de passer de la *transmission* à la *transaction* pour générer une *transformation* des savoirs. Pour Perret-Clermont et Giglio, une transformation de la pensée pourrait s'accompagner d'une traduction d'un savoir issu d'un premier contexte dans un nouveau contexte, avec plus ou moins d'ajustements. De plus, ce passage pourrait inclure une part de créativité. Comme le souligne Iannaccone, lorsque les élèves sont placés face à des problèmes à résoudre sans une solution prédéterminée par une planification didactique (cf. l'exemple de la fabrication d'un bateau solaire ou de la construction d'un robot), ils se trouvent face à de réels problèmes et doivent trouver des solutions. Ce type d'activité engage les élèves à l'exploration et à la création de nouvelles stratégies pour dépasser les obstacles et les imprévus propres aux activités scolaires moins formalisées.

Quelques enjeux des interactions sociales en classe

Plusieurs contributions de cet ouvrage incitent à se questionner sur ce qui permet l'apprentissage dans une situation d'interactions sociales en classe. Dans les pages de ce livre, nous voyons que, de différentes manières et en différents contextes, les interactions sociales d'une classe ont toujours des perspectives culturelles internes et externes dans une construction négociée entre plusieurs aspects d'une activité commune. Dans la classe, cet agir avec l'autre ne peut pas être dissocié des objets en jeu, des outils, des instruments et des artefacts disponibles ou à créer. Les observations et analyses proposées dans les pages de ce livre nous permettent de mieux comprendre la complexité de ces situations, ces enjeux et d'identifier certains obstacles possibles.

Même si le titre de l'ouvrage pourrait laisser penser que ce livre traite uniquement de situations dans la classe, les auteurs montrent bien que les multiples interactions sociales «dans la classe» et «hors la classe» ne doivent pas être considérées séparément et font partie de différents espaces de transformation pour l'élève et, par conséquent, de l'enseignant, voire dans les analyses d'un chercheur ou dans les perspectives de la formation des enseignants. En effet, d'après les différentes contributions, nous constatons l'importance de prendre en compte les multiples espaces (de la classe, de l'école ou hors l'école) et les temps observés ou évoqués lors d'une situation d'enseignement-apprentissage. Tant pour le chercheur dans ses observations comme pour l'enseignant dans sa pratique, ces multiples espaces se conjuguent avec des objets et les outils à disposition. Certes, tant pour la recherche que pour la pratique d'enseignement, il serait indispensable de situer tout «agir», «interagir» et «réagir» en classe toujours en lien avec des objets et outils à disposition dans un temps et un espace qui fait probablement appel à d'autres objets, outils, temps et/ou espaces. De plus, il ne faudrait pas considérer cette riche complexité indépendamment des tâches planifiées par l'enseignant ou des activités réelles des élèves, des pratiques concrètes d'enseignement et de la multiplicité des discours en jeu dans ces actes d'enseignement-apprentissage qui se réalisent au sein de la classe.

Références bibliographiques

Bakhtine, M. (1929/1981). *The dialogical imagination.* Austin: University of Texas Press.

Christiansen, B. & Walther, G. (1986). Task and activity. In B. Christiansen, A.G. Howson & M. Otte (Eds.), *Perspectives on mathematics education* (pp. 243-307). Dordrecht: Reidel.

Notes biographiques des auteur(e)s

Francesco Arcidiacono est professeur, responsable du Département Recherche de la Haute École Pédagogique BEJUNE (Suisse). Au sein de la même institution il est responsable de projets de recherche, coordinateur de l'unité de recherche «Hétérogénéité, intégration scolaire et relation pédagogique» et coordinateur de la formation à la recherche. Il est aussi chargé d'enseignement à l'Université de Neuchâtel (Suisse). Il a été professeur invité à l'Université de Lausanne (Suisse) et il a dirigé le laboratoire de recherche *Italian Center on Everyday Lives of Families* à l'Université «Sapienza» de Rome (Italie). Il a été plusieurs fois chercheur et professeur invité dans différentes universités en Europe et aux États-Unis. Ses intérêts de recherche concernent les processus de socialisation dans les contextes éducatifs et le rôle des interactions sociales en famille et à l'école. Il a été responsable de nombreux projets internationaux de recherche. Il dirige actuellement un projet soutenu par le Fonds National de la Recherche Scientifique visant à favoriser des synergies entre pratiques d'enseignement et de recherche au sein des pays de l'Est de l'Europe. Il est membre de comités d'édition de différentes revues et auteur de nombreuses publications internationales.

Britt-Mari Barth est professeure émérite à l'Institut supérieur de pédagogie de l'Institut catholique de Paris (France). Elle a été professeure invitée à l'Université de Harvard en 1993-1994, à l'Université catholique de Louvain-la-Neuve en 1999-2000 et à l'Université catholique de l'Ouest en 2003-2009. Ses travaux portent sur le processus enseigner-apprendre, notamment sur le rôle de l'enseignant dans la médiation socio-cognitive des apprentissages. Elle est l'auteure de trois ouvrages: *L'Apprentissage de l'abstraction*, *Le Savoir en construction* et *Élève chercheur, enseignant médiateur – donner du sens aux savoirs* (publiés aux Éditions Retz, Paris, et aux éditions Chenelière, Montréal). Ses écrits sont traduits en huit langues. Elle est actuellement impliquée dans des dispositifs de recherche et de formation des enseignants. Par ailleurs, elle est membre du Conseil du 3ᵉ cycle à l'Institut supérieur de pédagogie et de plusieurs conseils scientifiques ainsi qu'habilitée à diriger des recherches à l'Université de Sherbrooke à Québec.

Céline Buchs est docteure en psychologie sociale et maître d'enseignement et de recherche dans la Section des sciences de l'éducation à l'Université de Genève (Suisse). Ses travaux portent, d'une part, sur les processus sociocognitifs dans les dispositifs d'apprentissage entre pairs, notamment sur l'apprentissage coopératif, et d'autre part, sur la question de la menace des compétences dans les situations d'enseignement-apprentissage. Elle est engagée dans la formation des enseignants et secrétaire de l'International Association for the Study of Cooperation in Education (IASCE).

Margarida César a été professeure au Département d'éducation et vice-directrice du Centre de recherche en éducation (1996-2000) de la Faculté des Sciences à l'Université de Lisbonne (Portugal). Actuellement, elle est chercheure associée du Centre de recherche en psychologie socioculturelle à l'Université de Neuchâtel (Suisse). Elle a été professeure invitée à l'Université de Paris 8 (2002). Elle a une licence en psychologie (1981), un doctorat en éducation (1995) et une agrégation en éducation (2004). Ses recherches portent sur les interactions sociales, le travail collaboratif, l'éducation inclusive et interculturelle, le *dialogical self*, les représentations sociales, le succès scolaire et les processus d'apprentissage. Elle était responsable des SIG 10 – *Social Interactions in Learning and Instruction* (2003-2007) et SIG 15 – *Special Educational Needs* (2003-2005). Elle a été invitée par l'UNICEF pour représenter le Portugal au congrès sur l'éducation inclusive (2001), par l'OCDE pour élaborer un rapport sur les enfants et adolescents portugais à risque (2006) et par l'Assemblée de la République Portugaise pour une conférence sur l'éducation spéciale (2012).

Marcelo Giglio est au bénéfice d'une longue expérience d'enseignant, de formateur d'enseignants et d'enseignement universitaire en Argentine et en Suisse. Il est actuellement coordinateur de l'unité de recherche *Savoirs et Didactiques* et professeur à la HEP-BEJUNE (Suisse) ainsi que chargé d'enseignement et chercheur associé à l'Institut de psychologie et éducation de l'Université de Neuchâtel (Suisse). Ses recherches portent sur la collaboration créative et réflexive entre élèves, la relation enseignant-élèves dans une situation pédagogique innovante ainsi que les changements et innovations éducatifs (psychologie éducationnelle, sciences de l'éducation, développement professionnel des enseignants ou didactique de la musique). Ses dernières publications: *Réactions des formateurs d'enseignants à un nouveau curriculum scolaire* (Giglio et al., Ed. HEP-BEJUNE, 2014), *Cuando la colaboración creativa cambia la forma de enseñar* (University of Cantabria Press, 2013) et *Creative Collaboration in Teaching* (Palgrave MacMillan, 2015).

Patricia Groothuis est formatrice-chercheure à la Haute École Pédagogique BEJUNE (Suisse). En tant que spécialiste en didactique du français et en sciences de l'éducation pour les deux premières années du cycle 1 (élèves de 4-6 ans), elle enseigne en formation initiale principalement et intervient ponctuellement en formation continue. Ses travaux de recherche à la HEP-BEJUNE, menés conjointement avec Christine Riat, s'insèrent à l'unité de recherche *Interactions sociales dans la classe et approches didactiques* (coordinateur Dr M. Giglio). La présente publication est issue d'une recherche relative à l'entrée dans l'écrit et à l'implémentation du nouveau moyen d'enseignement/apprentissage «Dire écrire lire au cycle 1 de l'école romande» dans les degrés 1 et 2 de la scolarité obligatoire dans l'espace BEJUNE.

Michèle Grossen est professeure de psychosociologie clinique à l'Université de Lausanne (Suisse). Ses recherches s'inscrivent dans une approche socioculturelle et dialogique de la cognition et du langage. Elles portent principalement sur les interactions d'enseignement-apprentissage à l'école, ainsi que sur l'étude de l'entretien clinique (Grossen & Salazar Orvig, 2006. *L'entretien clinique en pratiques. Analyse des interactions verbales d'un genre hétérogène*. Paris: Belin). Dernièrement, elle a travaillé dans deux projets de recherche financés par le Fonds National de la Recherche Scientifique et en lien avec l'école: le projet *Usage de textes littéraires et philosophiques comme ressources symboliques: socialisation et développement de jeunes personnes au secondaire II* (avec Tania Zittoun, requérante principale) et le projet *Transformation des émotions et construction des savoirs: les enjeux identitaires de l'éducation interculturelle dans les pratiques en classe* (avec Nathalie Muller Mirza).

Antonio Iannaccone est professeur de psychologie de l'Institut de psychologie et éducation à l'Université de Neuchâtel (Suisse). Pendant plusieurs années, il a été professeur à l'Université de Salerne (Italie) et responsable de plusieurs laboratoires de recherche dans cette université. En tant que professeur invité, il a enseigné aussi dans plusieurs universités européennes. Son activité scientifique s'est consacrée principalement à l'étude des interactions sociales et aux mécanismes de sociogenèse de la pensée avec une perspective d'investigation toujours attentive aux contextes de formation.

Nathalie Muller Mirza est Maître d'Enseignement et de Recherche en psychosociologie clinique à l'Université de Lausanne (Suisse). Au bénéfice d'une double formation initiale en psychologie sociale de l'apprentissage et en ethnologie, elle développe ses travaux de recherche en adoptant une approche socioculturelle en psychologie. Ceux-ci portent notamment sur le rôle des interactions sociales dans l'apprentissage, et en particulier sur l'argumentation («L'argumentation dans les contextes de l'éducation», co-édité avec C. Buty en 2015 chez Peter Lang), ainsi que sur la place des dimensions culturelles dans le domaine de l'éducation («Sémiotique, culture et développement psychologique», co-édité avec C. Moro en 2014 aux Éditions universitaires du Septentrion). De manière générale, elle cherche à promouvoir une compréhension des processus psychologiques – comme le développement de la pensée, l'apprentissage ou les émotions – qui intègre le rôle fondateur des relations avec autrui et de l'environnement autant symbolique que matériel.

Anne-Nelly Perret-Clermont est professeure honoraire à l'Université de Neuchâtel (Suisse). Après des études de psychologie et d'orientation scolaire et professionnelle aux Universités de Genève, Lausanne et Londres, elle contribue à la formation professionnelle dans différents secteurs (éducatrices de la petite enfance, enseignants primaires et secondaires, animateurs de jeunesse, logopédistes) parallèlement à ses autres engagements universitaires. Ses recherches, dans une perspective socio-culturelle et développementale, portent sur les processus de pensée; l'étude de dispositifs de formation dans des moments de transformations sociales et technologiques; la nature des «espaces de pensée» qui permettent aux personnes d'être créatives dans l'élaboration de leur compréhension d'elles-mêmes et du monde. Elle a participé à différents organes de politique scientifique (Conseil suisse de la science, Fonds National de la Recherche Scientifique), a contribué à la création du fonds pour la recherche appliquée DORE et l'a co-présidé. Elle a été membre du Conseil de l'Université de la Suisse Italienne et participe à la Commission de Prospective du Conseil de l'Université de Neuchâtel.

Clotilde Pontecorvo est professeure émérite de psychologie de l'éducation à l'Université «Sapienza» de Rome (Italie). Elle a été aussi professeure de psychologie de l'alphabétisation et de psychologie de l'interaction discursive et directrice du Département de psychologie des processus de développement et de socialisation au sein de la même université. Ses intérêts de recherche concernent l'acquisition de l'écriture chez les enfants, la relation entre argumentation et pensée, le développement des concepts sociaux au travers des activités discursives dans différents contextes éducatifs, notamment la famille et l'école. Une spécificité de ses études est sa contribution à l'analyse des conversations quotidiennes en tant qu'instrument de socialisation au sein des familles italiennes. Elle a été coordinatrice du *ESF Network on Writing and Written Language*. Elle est auteure de nombreuses publications incluant plus de 200 articles dans des revues nationales et internationales, chapitres dans des ouvrages collectifs, ainsi qu'une trentaine de monographies.

Christine Riat est formatrice-chercheure à la Haute École Pédagogique BEJUNE (Suisse). Elle est spécialiste en didactique pour les deux premières années du cycle 1 (élèves de 4-6 ans); elle assume également des cours en sciences de l'éducation, en réflexion sur les pratiques, ainsi que des ateliers recherche. Sa thèse de doctorat (en cours) porte sur une étude comparée de l'action conjointe maître-élèves (4-6 ans) dans les disciplines du français et des mathématiques. Elle fait partie du Groupe de recherche en didactique comparée à l'Université de Genève (FAPSE), sous la responsabilité de la professeure F. Leutenegger. En parallèle, elle est intégrée à l'unité de recherche HEP-BEJUNE *Interactions sociales dans la classe et approches didactiques* (coordinateur Dr M. Giglio) et mène avec Patricia Groothuis (doctorante) une recherche relative à l'entrée dans l'écrit et à l'implémentation du nouveau moyen d'enseignement/apprentissage «Dire écrire lire» dans les degrés 1 et 2 de la scolarité obligatoire de l'espace BEJUNE.

Franca Rossi est docteure en psychologie sociale et du développement, elle est actuellement chercheure à la Faculté de médecine et de psychologie de l'Université «Sapienza» de Rome (Italie) dans laquelle elle enseigne la psychopédagogie du langage et de la communication. Elle est membre du programme doctoral en psychologie de l'interaction, communication et socialisation. Elle a participé à de nombreux projets de formation d'enseignants dans plusieurs écoles italiennes notamment sur des questions d'alphabétisation. Ses collaborations internationales et travaux de recherche portent sur les processus d'alphabétisation, le rôle des interactions sociales dans le développement du langage ainsi que la formation des enseignants.

Valérie Tartas est professeure de psychologie du développement à l'Université de Toulouse Jean Jaurès (France) dans le laboratoire Cognition Langues Langage et Ergonomie (CLLE)- LTC (Travail et Cognition) et directrice du département de Psychologie du développement. Ses travaux de recherche s'inscrivent dans une perspective développementale et sociohistorique de la cognition. Elle s'intéresse particulièrement au rôle des outils culturels dans les situations sociales d'apprentissage et dans le développement des connaissances chez l'enfant. Elle a participé à différents projets de recherche européens autour des nouvelles technologies pour soutenir les dialogues argumentés en classe dans l'apprentissage des sciences.

Tania Zittoun est professeure à l'Institut de psychologie et éducation de l'Université de Neuchâtel (Suisse). Ses travaux examinent les apprentissages formels et informels, tout au long de la vie. Elle a en particulier examiné les transitions vécues par les personnes (entrée en formation, parentalité, migration) et les ressources qu'elles peuvent mobiliser. Ses travaux ont mis en évidence le rôle de la fiction dans ces processus, ce qui l'a menée, avec Michèle Grossen, à se pencher sur les ressources symboliques à l'école. Elle travaille actuellement sur l'apprentissage des personnes âgées (avec Michèle Grossen) et sur les trajectoires des personnes migrantes, ainsi que sur l'imagination. Ses dernières publications comprennent *Human development in the lifecourse. Melodies of living* (Zittoun *et al.*, Cambridge University Press, 2013), *Activities of thinking in social spaces* (Zittoun & Iannaccone, Eds., Nova, 2014) et *Imagination in human and cultural development* (Zittoun & Gillespie, Routledge, 2016).

Exploration

Ouvrages parus

Education: histoire et pensée

- Catherine Bouve: *L'utopie des crèches françaises au XIXe siècle. Un pari sur l'enfant pauvre*. Essai socio-historique. 308 p., 2010.
- Loïc Chalmel: *La petite école dans l'école – Origine piétiste-morave de l'école maternelle française*. Préface de J. Houssaye. 375 p., 1996, 2000, 2005.
- Loïc Chalmel: *Jean Georges Stuber (1722-1797) – Pédagogie pastorale*. Préface de D. Hameline, XXII, 187 p., 2001.
- Loïc Chalmel: *Réseaux philanthropinistes et pédagogie au 18e siècle*. XXVI, 270 p., 2004.
- Nanine Charbonnel: *Pour une critique de la raison éducative*. 189 p., 1988.
- Marie-Madeleine Compère: *L'histoire de l'éducation en Europe. Essai comparatif sur la façon dont elle s'écrit*. (En coédition avec INRP, Paris). 302 p., 1995.

- Jean-François Condette, *Jules Payot (1859-1940). Education de la volonté, morale laïque et solidarité. Itinéraire intellectuel et combats pédagogiques au cœur de la IIIe République*. 316 p., 2012.
- Lucien Criblez, Rita Hofstetter (Ed./Hg.), Danièle Périsset Bagnoud (avec la collaboration de/unter Mitarbeit von): *La formation des enseignant(e)s primaires. Histoire et réformes actuelles / Die Ausbildung von PrimarlehrerInnen. Geschichte und aktuelle Reformen.* VIII, 595 p., 2000.
- Daniel Denis, Pierre Kahn (Ed.): *L'Ecole de la Troisième République en questions. Débats et controverses dans le* Dictionnaire de pédagogie *de Ferdinand Buisson.* VII, 283 p., 2006.
- Marcelle Denis: *Comenius. Une pédagogie à l'échelle de l'Europe.* 288 p., 1992.
- Patrick Dubois: *Le Dictionnaire de Ferdinand Buisson. Aux fondations de l'école républicaine (1878-1911).* VIII, 243 p., 2002.
- Marguerite Figeac-Monthus: *Les enfants de l'Émile? L'effervescence éducative de la France au tournant des XVIIIe et XIXe siècles.* XVII, 326 p., 2015.
- Nadine Fink: *Paroles de témoins, paroles d'élèves. La mémoire et l'histoire de la Seconde Guerre mondiale de l'espace public au monde scolaire.* XI, 266 p., 2014.
- Philippe Foray: *La laïcité scolaire. Autonomie individuelle et apprentissage du monde commun.* X, 229 p., 2008.
- Jacqueline Gautherin: *Une discipline pour la République. La science de l'éducation en France (1882-1914).* Préface de Viviane Isambert-Jamati. XX, 357 p., 2003.
- Daniel Hameline, Jürgen Helmchen, Jürgen Oelkers (Ed.): *L'éducation nouvelle et les enjeux de son histoire.* Actes du colloque international des archives Institut Jean-Jacques Rousseau. VI, 250 p., 1995.
- Rita Hofstetter: *Les lumières de la démocratie. Histoire de l'école primaire publique à Genève au XIXe siècle.* VII, 378 p., 1998.
- Rita Hofstetter, Charles Magnin, Lucien Criblez, Carlo Jenzer (†) (Ed.): *Une école pour la démocratie. Naissance et développement de l'école primaire publique en Suisse au 19e siècle.* XIV, 376 p., 1999.
- Rita Hofstetter, Bernard Schneuwly (Ed./Hg.): *Science(s) de l'éducation (19e-20e siècles) – Erziehungswissenschaft(en) (19.–20. Jahrhundert). Entre champs professionnels et champs disciplinaires – Zwischen Profession und Disziplin.* 512 p., 2002.
- Rita Hofstetter, Bernard Schneuwly (Ed.): *Passion, Fusion, Tension. New Education and Educational Sciences – Education nouvelle et Sciences de l'éducation. End 19th – middle 20th century – Fin du 19e – milieu du 20e siècle.* VII, 397 p., 2006.
- Rita Hofstetter, Bernard Schneuwly (Ed.), avec la collaboration de Valérie Lussi, Marco Cicchini, Lucien Criblez et Martina Späni: *Emergence des sciences de l'éducation en Suisse à la croisée de traditions académiques contrastées. Fin du 19e – première moitié du 20e siècle.* XIX, 539 p., 2007.
- Jean Houssaye: *Théorie et pratiques de l'éducation scolaire (1): Le triangle pédagogique.* Préface de D. Hameline. 267 p., 1988, 1992, 2000.
- Jean Houssaye: *Théorie et pratiques de l'éducation scolaire (2): Pratique pédagogique.* 295 p., 1988.

- Alain Kerlan: *La science n'éduquera pas. Comte, Durkheim, le modèle introuvable.* Préface de N. Charbonnel. 326 p., 1998.
- Francesca Matasci: *L'inimitable et l'exemplaire: Maria Boschetti Alberti. Histoire et figures de l'Ecole sereine.* Préface de Daniel Hameline. 232 p., 1987.
- Pierre Ognier: *L'Ecole républicaine française et ses miroirs.* Préface de D. Hameline. 297 p., 1988.
- Annick Ohayon, Dominique Ottavi & Antoine Savoye (Ed.): *L'Education nouvelle, histoire, présence et devenir.* VI, 336 p., 2004, 2007.
- Johann Heinrich Pestalozzi: *Ecrits sur l'expérience du Neuhof.* Suivi de quatre études de P.-Ph. Bugnard, D. Tröhler, M. Soëtard et L. Chalmel. Traduit de l'allemand par P.-G. Martin. X, 160 p., 2001.
- Johann Heinrich Pestalozzi: *Sur la législation et l'infanticide. Vérités, recherches et visions.* Suivi de quatre études de M. Porret, M.-F. Vouilloz Burnier, C. A. Muller et M. Soëtard. Traduit de l'allemand par P.-G. Matin. VI, 264 p.,2003.
- Martine Ruchat: *Inventer les arriérés pour créer l'intelligence. L'arriéré scolaire et la classe spéciale. Histoire d'un concept et d'une innovation psychopédagogique 1874–1914.* Préface de Daniel Hameline. XX, 239 p., 2003.
- Jean-François Saffange: *Libres regards sur Summerhill. L'œuvre pédagogique de A.-S. Neill.* Préface de D. Hameline. 216 p., 1985.
- Michel Soëtard, Christian Jamet (Ed.): *Le pédagogue et la modernité. A l'occasion du 250e anniversaire de la naissance de Johann Heinrich Pestalozzi (1746-1827).* Actes du colloque d'Angers (9-11 juillet 1996). IX, 238 p., 1998.
- Alain Vergnioux: *Pédagogie et théorie de la connaissance. Platon contre Piaget?* 198 p., 1991.
- Alain Vergnioux (éd.): *Grandes controverses en éducation.* VI, 290 p., 2012.
- Marie-Thérèse Weber: *La pédagogie fribourgeoise, du concile de Trente à Vatican II. Continuité ou discontinuité?* Préface de G. Avanzini. 223 p., 1997.

Recherches en sciences de l'éducation

- Sandrine Aeby Daghé: *Candide, La fée carabine et les autres.* Vers un modèle didactique de la lecture littéraire. IX, 303 p., 2014.
- Linda Allal, Jean Cardinet, Phillipe Perrenoud (Ed.): *L'évaluation formative dans un enseignement différencié.* Actes du Colloque à l'Université de Genève, mars 1978. 264 p., 1979, 1981, 1983, 1985, 1989, 1991, 1995.
- Claudine Amstutz, Dorothée Baumgartner, Michel Croisier, Michelle Impériali, Claude Piquilloud: *L'investissement intellectuel des adolescents. Recherche clinique.* XVII, 510 p., 1994.
- Bernard André: *S'investir dans son travail: les enjeux de l'activité enseignante.* XII, 289 p., 2013
- Guy Avanzini (Ed.): *Sciences de l'éducation: regards multiples.* 212 p., 1994.

- Daniel Bain: *Orientation scolaire et fonctionnement de l'école.* Préface de J. B. Dupont et F. Gendre. VI, 617 p., 1979.
- Jean-Michel Baudouin: *De l'épreuve autobiographique.* Contribution des histoires de vie à la problématique des genres de texte et de l'herméneutique de l'action. XII, 532 p., 2010.
- Véronique Bedin & Laurent Talbot (éd.): *Les points aveugles dans l'évaluation des dispositifs d'éducation ou de formation.* VIII, 211 p., 2013
- Ana Benavente, António Firmino da Costa, Fernando Luis Machado, Manuela Castro Neves: *De l'autre côté de l'école.* 165 p., 1993.
- Jean-Louis Berger: *Apprendre : la rencontre entre motivation et métacognition.* Autorégulation dans l'apprentissage des mathématiques en formation professionnelle. XI, 221 p., 2015
- Denis Berthiaume & Nicole Rege Colet (Ed.): *La pédagogie de l'enseignement supérieur: repères théoriques et applications pratiques.* Tome 1: Enseigner au supérieur. 345 p., 2013.
- Anne-Claude Berthoud, Bernard Py: *Des linguistes et des enseignants. Maîtrise et acquisition des langues secondes.* 124 p., 1993.
- Pier Carlo Bocchi: *Gestes d'enseignement.* L'agir didactique dans les premières pratiques d'écrit . 378 p., 2015.
- Dominique Bucheton: *Ecritures-réécritures – Récits d'adolescents.* 320 p., 1995.
- Sandra Canelas-Trevisi: *La grammaire enseignée en classe.* Le sens des objets et des manipulations. 261 p., 2009.
- Jean Cardinet, Yvan Tourneur (†): *Assurer la mesure. Guide pour les études de généralisabilité.* 381 p., 1985.
- Felice Carugati, Francesca Emiliani, Augusto Palmonari: *Tenter le possible. Une expérience de socialisation d'adolescents en milieu communautaire.* Traduit de l'italien par Claude Béguin. Préface de R. Zazzo. 216 p., 1981.
- Evelyne Cauzinille-Marmèche, Jacques Mathieu, Annick Weil-Barais: *Les savants en herbe.* Préface de J.-F. Richard. XVI, 210 p., 1983, 1985.
- Vittoria Cesari Lusso: *Quand le défi est appelé intégration. Parcours de socialisation et de personnalisation de jeunes issus de la migration.* XVIII, 328 p., 2001.
- Nanine Charbonnel (Ed.): *Le Don de la Parole. Mélanges offerts à Daniel Hameline pour son soixante-cinquième anniversaire.* VIII, 161 p., 1997.
- Gisèle Chatelanat, Christiane Moro, Madelon Saada-Robert (Ed.): *Unité et pluralité des sciences de l'éducation. Sondages au cœur de la recherche.* VI, 267 p., 2004.
- Florent Chenu: *L'évaluation des compétences professionnelles. Une mise à l'épreuve expérimentale des notions et présupposés théoriques sous-jacents.* 347 p., 2015.
- Christian Daudel: *Les fondements de la recherche en didactique de la géographie.* 246 p., 1990.
- Bertrand Daunay: *La paraphrase dans l'enseignement du français.* XIV, 262 p., 2002.
- Jean-Marie De Ketele: *Observer pour éduquer.* (Epuisé)
- Jean-Louis Derouet, Marie-Claude Derouet-Besson (éds.): *Repenser la justice dans le domaine de l'éducation et de la formation.* VIII, 385 p., 2009.

- Ana Dias-Chiaruttini: *Le débat interprétatif dans l'enseignement du français.* IX, 261 p., 2015
- Joaquim Dolz, Jean-Claude Meyer (Ed.): *Activités métalangagières et enseignement du français. Actes des journées d'étude en didactique du français (Cartigny, 28 février – 1 mars 1997).* XIII, 283 p., 1998.
- Pierre Dominicé: *La formation, enjeu de l'évaluation.* Préface de B. Schwartz. (Epuisé)
- Pierre-André Doudin, Daniel Martin, Ottavia Albanese (Ed.): *Métacognition et éducation.* XIV, 392 p., 1999, 2001.
- Pierre Dominicé, Michel Rousson: *L'éducation des adultes et ses effets. Problématique et étude de cas.* (Epuisé)
- Andrée Dumas Carré, Annick Weil-Barais (Ed.): *Tutelle et médiation dans l'éducation scientifique.* VIII, 360 p., 1998.
- Jean-Blaise Dupont, Claire Jobin, Roland Capel: *Choix professionnels adolescents. Etude longitudinale à la fin de la scolarité secondaire.* 2 vol., 419 p., 1992.
- Vincent Dupriez, Jean-François Orianne, Marie Verhoeven (Ed.): De l'école au marché du travail, l'égalité des chances en question. X, 411 p., 2008.
- Raymond Duval: *Sémiosis et pensée humaine – Registres sémiotiques et apprentissages intellectuels.* 412 p., 1995.
- Eric Espéret: *Langage et origine sociale des élèves.* (Epuisé)
- Jean-Marc Fabre: *Jugement et certitude. Recherche sur l'évaluation des connaissances.* Préface de G. Noizet. (Epuisé)
- Georges Felouzis et Gaële Goastellec (Éd.): *Les inégalités scolaires en Suisse. École, société et politiques éducatives.* VI, 273 p., 2015.
- Monique Frumholz: *Ecriture et orthophonie.* 272 p., 1997.
- Pierre Furter: *Les systèmes de formation dans leurs contextes.* (Epuisé)
- Monica Gather Thurler, Isabelle Kolly-Ottiger, Philippe Losego et Olivier Maulini, *Les directeurs au travail. Une enquête au cœur des établissements scolaires et socio-sanitaires.* VI, 318 p., 2017.
- André Gauthier (Ed.): *Explorations en linguistique anglaise. Aperçus didactiques.* Avec Jean-Claude Souesme, Viviane Arigne, Ruth Huart-Friedlander. 243 p., 1989.
- Marcelo Giglio & Francesco Arcidiacono (Eds): *Les interactions sociales en classe: réflexions et perspectives.* VI, 250 p., 2017.
- Patricia Gilliéron Giroud & Ladislas Ntamakiliro (Ed.): *Réformer l'évaluation scolaire: mission impossible.* 264 p. 2010.
- Michel Gilly, Arlette Brucher, Patricia Broadfoot, Marylin Osborn: *Instituteurs anglais instituteurs francais. Pratiques et conceptions du rôle.* XIV, 202 p., 1993.
- André Giordan: *L'élève et/ou les connaissances scientifiques. Approche didactique de la construction des concepts scientifiques par les élèves.* 3e édition, revue et corrigée. 180 p., 1994.
- André Giordan, Yves Girault, Pierre Clément (Ed.): *Conceptions et connaissances.* 319 p., 1994.

- André Giordan (Ed.): *Psychologie génétique et didactique des sciences*. Avec Androula Henriques et Vinh Bang. (Épuisé)
- Corinne Gomila: *Parler des mots, apprendre à lire. La circulation du métalangage dans les activités de lecture*. X, 263 p. 2011.
- Armin Gretler, Ruth Gurny, Anne-Nelly Perret-Clermont, Edo Poglia (Ed.): *Etre migrant. Approches des problèmes socio-culturels et linguistiques des enfants migrants en Suisse*. 383 p., 1981, 1989.
- Francis Grossmann: *Enfances de la lecture. Manières de faire, manières de lire à l'école maternelle*. Préface de Michel Dabène. 260 p., 1996, 2000.
- Jean-Pascal Simon, Francis Grossmann (Ed.): *Lecture à l'Université. Langue maternelle, seconde et étrangère*. VII, 289 p., 2004.
- Michael Huberman, Monica Gather Thurler: *De la recherche à la pratique. Eléments de base et mode d'emploi*. 2 vol., 335 p., 1991.
- Institut romand de recherches et de documentation pédagogiques (Neuchâtel): Connaissances mathématiques à l'école primaire: J.-F. Perret: *Présentation et synthèse d'une évaluation romande*; F. Jaquet, J. Cardinet: *Bilan des acquisitions en fin de première année*; F. Jaquet, E. George, J.-F. Perret: *Bilan des acquisitions en fin de deuxième année*; J.-F. Perret: *Bilan des acquisitions en fin de troisième année*; R. Hutin, L.-O. Pochon, J.-F. Perret: *Bilan des acquisitions en fin de quatrième année*; L.-O. Pochon: *Bilan des acquisitions en fin de cinquième et sixième année*. 1988-1991.
- Daniel Jacobi: *Textes et images de la vulgarisation scientifique*. Préface de J. B. Grize. (Epuisé)
- René Jeanneret (Ed.): *Universités du troisième âge en Suisse*. Préface de P. Vellas. 215 p., 1985.
- Samuel Johsua, Jean-Jacques Dupin: *Représentations et modélisations: le «débat scientifique» dans la classe et l'apprentissage de la physique*. 220 p., 1989.
- Constance Kamii: *Les jeunes enfants réinventent l'arithmétique*. Préface de B. Inhelder. 171 p., 1990, 1994.
- Helga Kilcher-Hagedorn, Christine Othenin-Girard, Geneviève de Weck: *Le savoir grammatical des élèves. Recherches et réflexions critiques*. Préface de J.-P. Bronckart. 241 p., 1986.
- Georges Leresche (†): *Calcul des probabilités*. (Epuisé)
- Francia Leutenegger: *Le temps d'instruire. Approche clinique et expérimentale du didactique ordinaire en mathématique*. XVIII, 431 p., 2009.
- Even Loarer, Daniel Chartier, Michel Huteau, Jacques Lautrey: *Peut-on éduquer l'intelligence? L'évaluation d'une méthode d'éducation cognitive*. 232 p., 1995.
- Georges Lüdi, Bernard Py: *Etre bilingue*. 4e édition. XII, 223 p., 2013.
- Valérie Lussi Borer: *Histoire des formations à l'enseignement en Suisse romande*. X, 238 p., 2017
- Pierre Marc: *Autour de la notion pédagogique d'attente*. 235 p., 1983, 1991, 1995.
- Jean-Louis Martinand: *Connaître et transformer la matière*. Préface de G. Delacôte. (Epuisé)
- Jonas Masdonati: *La transition entre école et monde du travail. Préparer les jeunes à l'entrée en formation professionnelle*. 300 p., 2007.

- Marinette Matthey: *Apprentissage d'une langue et interaction verbale.* XII, 247 p., 1996, 2003.
- Paul Mengal: *Statistique descriptive appliquée aux sciences humaines.* VII, 107 p., 1979, 1984, 1991, 1994, 1999 (5e + 6e), 2004.
- Isabelle Mili: *L'œuvre musicale, entre orchestre et écoles.* Une approche didactique de pratiques d'écoute musicale. X, 228 p., 2014.
- Henri Moniot (Ed.): *Enseigner l'histoire. Des manuels à la mémoire.* (Epuisé)
- Cléopâtre Montandon, Philippe Perrenoud: *Entre parents et enseignants: un dialogue impossible?* Nouvelle édition, revue et augmentée. 216 p., 1994.
- Christiane Moro, Bernard Schneuwly, Michel Brossard (Ed.): *Outils et signes. Perspectives actuelles de la théorie de Vygotski.* 221 p., 1997.
- Christiane Moro & Cintia Rodríguez: *L'objet et la construction de son usage chez le bébé. Une approche sémiotique du développement préverbal.* X, 446 p., 2005.
- Lucie Mottier Lopez: *Apprentissage situé. La microculture de classe en mathématiques.* XXI, 311 p., 2008.
- Lucie Mottier Lopez & Walther Tessaro (éd.): *Le jugement professionnel, au cœur de l'évaluation et de la régulation des apprentissages.* VII, 357 p., 2016.
- Gabriel Mugny (Ed.): *Psychologie sociale du développement cognitif.* Préface de M. Gilly. (Epuisé)
- Romuald Normand: *Gouverner la réussite scolaire. Une arithmétique politique des inégalités.* XI, 260 p., 2011.
- Sara Pain: *Les difficultés d'apprentissage. Diagnostic et traitement.* 125 p., 1981, 1985, 1992.
- Sara Pain: *La fonction de l'ignorance.* (Epuisé)
- Christiane Perregaux: *Les enfants à deux voix. Des effets du bilinguisme successif sur l'apprentissage de la lecture.* 399 p., 1994.
- Jean-François Perret: *Comprendre l'écriture des nombres.* 293 p., 1985.
- Anne-Nelly Perret-Clermont: *La construction de l'intelligence dans l'interaction sociale.* Edition revue et augmentée avec la collaboration de Michèle Grossen, Michel Nicolet et Maria-Luisa Schubauer-Leoni. 305 p., 1979, 1981, 1986, 1996, 2000.
- Edo Poglia, Anne-Nelly Perret-Clermont, Armin Gretler, Pierre Dasen (Ed.): *Pluralité culturelle et éducation en Suisse. Etre migrant.* 476 p., 1995.
- Jean Portugais: *Didactique des mathématiques et formation des enseignants.* 340 p., 1995.
- Nicole Rege Colet & Denis Berthiaume (Ed.): *La pédagogie de l'enseignement supérieur: repères théoriques et applications pratiques. Tome 2. Se développer au titre d'enseignant.* VI, 261 p., 2015
- Yves Reuter (Ed.): *Les interactions lecture-écriture.* Actes du colloque organisé par THÉODILE-CREL (Lille III, 1993). XII, 404 p., 1994, 1998.
- Philippe R. Richard: *Raisonnement et stratégies de preuve dans l'enseignement des mathématiques.* XII, 324 p., 2004.
- Marielle Rispail et Christophe Ronveaux (Ed.): *Gros plan sur la classe de français. Motifs et variations.* X, 258 p., 2010.

- Yviane Rouiller et Katia Lehraus (Ed.): *Vers des apprentissages en coopération: rencontres et perspectives.* XII, 237 p., 2008.
- Guy Rumelhard: *La génétique et ses représentations dans l'enseignement.* Préface de A. Jacquard. 169 p., 1986.
- El Hadi Saada: *Les langues et l'école. Bilinguisme inégal dans l'école algérienne.* Préface de J.-P. Bronckart. 257 p., 1983.
- Muriel Surdez: *Diplômes et nation. La constitution d'un espace suisse des professions avocate et artisanales (1880-1930).* X, 308 p., 2005.
- Valérie Tartas: *La construction du temps social par l'enfant.* Préfaces de Jérôme Bruner et Michel Brossard XXI, 252 p., 2008.
- Sabine Vanhulle: *Des savoirs en jeu aux savoirs en «je». Cheminements réflexifs et subjectivation des savoirs chez de jeunes enseignants en formation.* 288 p., 2009.
- Joëlle Vlassis: *Sens et symboles en mathématiques. Etude de l'utilisation du signe «moins» dans les réductions polynomiales et la résolution d'équations du premier degré à inconnue.* XII, 437 p., 2010.
- Gérard Vergnaud: *L'enfant, la mathématique et la réalité. Problèmes de l'enseignement des mathématiques à l'école élémentaire.* V, 218 p., 1981, 1983, 1985, 1991, 1994.
- Nathanaël Wallenhorst: *L'école en France et en Allemagne. Regard de lycéens, comparaison d'expériences scolaires.* IX, 211 p., 2013.
- Jacques Weiss (Ed.): *A la recherche d'une pédagogie de la lecture.* (Epuisé)
- Richard Wittorski, Olivier Maulini & Maryvonne Sorel (éds). Les professionnels et leurs formations. Entre développement des sujets et projets des institutions. VI, 237 p., 2015
- Tania Zittoun: *Insertions. A quinze ans, entre échec et apprentissage.* XVI, 192 p., 2006.

www.peterlang.com